光緒餘姚縣志

5

紹興大典

史部

中華書局

餘姚縣志卷二十二

名宦

三國　吳

朱然字義封丹陽故鄣人也六字據朱治傳訂嘗與孫權同書學結恩愛至權統事以然爲餘姚長時年十九後遷山陰令三國志本傳縣城然爲令時所築嘉泰會稽志案然長餘姚他政蹟無攷惟縣之有城實始於此雖後經改建已非故址肇造之功所不容沒今依舊志用冠此卷

朱桓字休穆吳郡吳人也孫權爲將軍桓給事幕府除餘姚長遇疫癘穀食荒貴桓分部良吏躬親醫藥餐粥相繼士民感戴之終青州牧三國志本傳案嘉泰會稽志作朱亘蓋避欽宗諱也

呂岱字定公廣陵海陵人也爲郡縣吏避亂南渡孫權統

事岱詣幕府處法應問甚稱權意召署錄事出補餘姚長召募精健得千餘人會稽東冶五縣賊呂合秦狼等爲亂以岱爲督軍校尉與將軍蔣欽等將兵討之遂禽合狼五縣平定拜昭信中郎將累封番禺侯三國志本傳　案嘉靖志稱岱寬簡有雅量好賢愛士云云未知所據俟攷

晉

山遐字彥休河內懷人也爲餘姚令時江左初基法禁寬弛豪族多挾藏戶口以爲私附遐繩以峻法到縣八旬出口萬餘晉書山濤傳　案遐爲濤子簡之子鄉貫依濤錄之

孫統字承公中都人令餘姚居職務大體不事苛細縣中大治乃窮覽名勝酌酒賦詩士民喜覩其風采焉嘉靖志　案居

職三語晉書本傳不載嘉泰會稽志亦第云不留心碎務嘉靖志雖去統時代較遠必有所本康熙志備錄其文今仍之

宋

張永爲餘姚令有稱績嘉泰會稽志

梁

劉杳字士深平原人爲餘姚令在縣清絜湘東王繹發教褒美之南史劉懷珍傳

沈瑀字伯瑜吳興武康人也爲餘姚令縣大姓虞氏千餘家請謁如市前後令長莫能絕自瑀到非訟訴無所自通以法繩之縣南又豪族數百家子弟縱橫遞相庇廕厚自封植百姓甚患之瑀召其老者爲石頭倉監少者補縣僮

皆號泣道路自是權右屏迹瑀初至富吏皆鮮衣美服以自彰別瑀怒曰汝等下縣吏何自擬貴人悉使著芒屩麤布侍立終日足有躄跌輒加榜箠由是士庶駭怨瑀廉潔自守故得遂行其意南史本傳　嘉靖志先是山陰呂文度有寵於齊武帝治邸餘姚殊横吳人顧憲之臨郡表除之餘姚諸大豪吏此兩人鷹擊毛摯爲治皆屏息重足然細民頗安枕矣

唐

王恕字士寬太原人大歷中詔權知餘姚縣事時海寇初殄邑焚田荒恕乃營邑室剏器用復流庸闢菑畬凡江南列邑之政恕冠其首乾隆府志引白居易王士寬墓誌

宋

謝景初字師厚陽夏人以甲科爲大理評出知餘姚視民

如子民所利害相緩急爲設方略務在利之姚北瀕海歲苦海患爲築隄禦之詳在海隄記案今志水利境內多湖陂豪强侵爲田具奏禁止民每爭水泉乃隱度湖陂之高卑廣狹灌溉邛畝土門啟閉晷刻謂之規繩簿記之令諸鄉植利戶詣官點對排列甲次定季巡視并置木牓敢違準違敕旨論其後令王敘趙子潚常褚皆梓之名曰湖經家給之自是有盜湖爭利者證經乃息瀕海民多盜煮海禁之不止乃頒示約束令民無失利法亦罔忤而鹽課倍昔又飭勵學官化誨子弟當是時王安石知鄞韓縝知錢塘景初知姚其弟景溫知會稽吳越令視此四人爲法嘉靖志

嘉泰會稽志景初知餘姚梅聖俞以詩送之云云景初故知制誥絳之子詩極高豫章黃庭堅娶其女自以爲從景初得

句法而景初之姑實歸聖俞其淵源所從來遠矣梅堯
臣詩我從淮上歸君向海澨去安知無幾舍邂逅不相遇
頗如飛空雲到月不得附月行既不留雲亦值風故誠知
會合難豈是忘所赴我雖躡新屨心不忘舊屨誰謂若世
人食瓜思棄瓠君南我赴北日見鴻鴈度茲欲遠寄書鴈
行且高據但謂金石言於時儻無忤　范仲淹送謝廷評
知餘姚詩世德踐甲科青紫信可拾故園特榮輝高門復
樹立餘姚二山下東南最名邑煙水萬人家熙熙自翔集
又得賢大夫坐堂恩信敷春風爲君來綠波滿平湖乘興
訪隱淪令逢賀者無文藻淩雲處定得江山助未能同先
舟離尊少留駐行行
道不孤明月相隨去

韓宗道字持正嘉祐四年進士知餘姚縣有治績授堂金石文字
續跋　梅堯臣送韓持正知餘姚詩君家二仲父連爲吳越宰錢唐與蕭山治蹟應無改魚鰕莫厭鮮網罟從人采天晴姚江清縣鼓潮翻海

李子筠爲餘姚主簿號李水晶初有茶商航海與海船相
遭更相疑爲盜鉦鼓交鳴格鬭殺傷十餘人繫理蕭山吏

求主名不能得連歲年不決時趙抃守越檄子筠治之子筠曰犯時不知在律勿問具聞於州杖而遣之守以爲處議當於法也甚任之嘉靖志

陳宋輔仙居人覺民子也政和初進士召對首論二蔡坐貶餘姚簿有名嘉靖志

汪思温字汝直鄞人擢甲科授雄州教授轉餘姚令姚鄞壤連俗近思温察於利害所舉民好所去民惡愛戴如父母前令謝景初所築海隄歲久潮汐決齧思温修其功並海七鄉田盡復故又念水利大計曲愼其防語在湖陂記案今詳水利終顯謨閣學士嘉靖志

李穎士字茂實福州人登進士第建炎二年知餘姚縣三

年金人入越州州守李鄴以城降穎士募鄉兵數千列旗幟以拒之金人不知地勢又不測兵多寡爲之小卻彷徨不敢進者一晝夜高宗得自定海登舟航海遷兩官擢通判州事紹興中爲刑部郎中乾隆志引揮麈三編

趙子潚字清卿宋宗室廉能仁謹人也其知姚時有李程葉允者持縣事大豪也子潚發其奸窮究事情論報具獄由是縣官始尊得一意治民又縣喜訟每投牒率千百子潚口決手判無一弗稱平者好引縣人子弟趨於學新學宮厚廩餼給之及去縣民立碑誌思仕終龍圖學士嘉靖志

楊襲璋字懷玉淮南人同上舍出身調餘姚尉能威制豪強窮捕海寇終其任盜竊屏息值淮南道梗不得歸百姓

喜爲營田宅居之遂卜家焉嘉靖志

史浩字直翁鄞人代同縣魏杞尉姚其後浩與杞俱入相世傳以爲盛事浩好修禮教捐俸購地作射圃創二亭每朔望引諸生入射其中又封表嚴光墓道建客星庵祀之乾道四年知紹興復置義田山陰會稽餘姚三縣湖田七百餘畝地三十六畝山一百十六畝官至右丞相封會稽郡王加封越王嘉靖志參萬歷府志宋史有傳

沈煥字叔晦定海人乾道五年進士授餘姚尉歷官幹辦浙東安撫司公事歲旱常平使分擇官屬振䘏煥得餘姚上虞二縣無復流殍宋史本傳

蔣綸字德言鄞人淳熙十年授餘姚縣十三年七月到任

邑素號壯縣綸以便親爲之貌不勝衣年又少吏民望而易之府主耶密一世吏師威望赫然綸一見白事當其意退而視篆遇事風生未浹日聲稱流聞滯訟冰釋兩造至前或片言折之無不厭服書判傳播道路皆以爲神明催科徭役綱目簡明不妄施一箠而官府夙辦受役者俛首聽令密及部使者大稱之以餘力修學校葺傳舍講序拜以崇義禮歌鹿鳴以勸多士應酬曲當下情益通纔半歲屬疾卒闔境相弔樓鑰撰墓誌銘

湯宋彥本姓殷金壇人以祖敏肅廕入仕遷知餘姚前政多不善去宋彥推誠遇民吏聞善輒從民感其意吏亦喜爲盡力賦入常先諸邑以通判慶元府去任繼改浙東安

撫使參議官乾隆志引劉漫塘集

施宿字武子長興人其爲縣推經術以飾吏治不事細謹民所關大計勇毅任之尤加意風教修學宫及子陵祠市田置書教誨學者姚北瀕海歲役民修隄勞費甚宿於是稍爲石隄建莊田二千畝以備修隄之役功與謝景初同稱詳在海隄記嘉靖志案修隄今詳水利

趙善湘字清臣宗室近屬昆弟皆以文儒自奮嘉泰間案乾隆志作慶元二年今據孫應時南驛記正知餘姚縣聰敏豈弟多善政嘗新南驛爲邑官到罷寓家之地邑人孫應時記之孫應時撰南驛記

元

馬驥鉅野人尉餘姚以廉幹聞父老立碑記其聲績嘉靖志

脫脫字子安燉煌人初判黃巖累遷餘姚州達魯花赤廉明寬大平居持重人莫能窺其際臨事迅決張弛得宜民蒙其惠遷陝西行臺御史老稚涕泣攀送爲立遺愛碑碑燬於火復請史官歐陽玄爲文更置之嘉靖志

李恭字敬甫關隴人爲知州廉平不苛又習文法吏奸不行先是州民役於官者必歲終乃代廢其生作恭爲更定每季代之州產紅小米令歲市白米充稅恭疏請以土產輸又營廟學乞增置師弟子員墾湖田數百畝益其廩捎立蒙古學每從學官弟子論難經義士民立碑頌德後避地餘姚卒州人裒金葬之元季之亂州人請以其子樞知餘姚明初改知奉化稱良牧嘉靖志

宇文公諒字子貞歸安人以甲科任州同晝之所爲必册記之夜乃焚香告天以明不欺存問耆老孤寡引儒碩遇之有禮夏旱禱雨輒應民頌別駕雨累官廉訪僉事嘉靖志

汪文璟字辰良常山人舉進士初判餘姚聲爲廉平擢翰林編修詔擇循良復以文璟知是州任德弛刑細弱安利有豪商武斷海瀕又奸出鹽利誣民文璟按治之然不爲嚴誅務以長者化導之修舉庠序之教身課其業誘進諸生有文翁之風歲旱徒跣禱山川七日得雨有秋海寇竊發官兵壓境文璟從容應之百姓無擾及去任皆懷思其德爲樹碑焉後浙江盜起文璟擇地避之曰不如餘姚其民愛我乃家焉洪武元年卒年八十九嘉靖志

郭文煜字彥達大梁人嗣文璟爲州以化治稱其後有盧夢臣者名聲等於文煜州人並見思焉嘉靖志

傅常字仲常鉛山人舉進士調餘姚判官嘗視州符奸沮滯決吏民服之至正原佚年分秋海上有警宣閫檄常偵賊定海而常所受徒民兵與賊遇弗敵死之常居官有冰蘗聲戍海之役借人一被褐以往其在海上念其母每泣數行下蓋忠孝廉潔之士實不知兵死皆惜之母及其兄不能歸因以爲家嘉靖志

劉輝字文大汴人爲州同知郡守下輝均田賦是時州籍燬於火豪猾乘時詭匿甚難蹤迹輝手植二柏於庭禱之曰事成則榮不成則否乃躬履畝鱗次圖之曰魚鱗圖置

流水簿兜圖之實又爲鼠尾册定上中下三戸均其徭役每田一邱給民印署烏由一紙令按由檢田即無由莫敢業田也於是還其田之匿於民者萬七千二百畝有奇先是輝受府檄出舍於外晝夜隱度鬢髮爲改及是賦役平柏果榮吏民愛之如甘棠樹碑記之嘉靖志

葉恆字敬常鄞人判州有幹局堅忍耐事籌畫久遠數延見父老行誼之士詢咨政理姚有禦海隄潮汐決齧海移内地歲備海修隄垂四十年而患益甚乃更甃石隄二千四百餘丈自是遂無海患會稽楊維禎爲文記之至正閒錄隄功追封仁功侯立廟餘姚詳在水利嘉靖志參乾隆志

桂德稱字彦良以字行慈谿人初爲包山山長移長高節

橫經講道士類宗之除平江路文學掾不赴方國珍據甌越辟彥良立謝之聚徒山中嚅嚌道眞明初起爲皇太子正字終晉府右相嘉靖志

陶安字主敬姑熟人初以鄉貢補明道山長移長高節遷用朱子學諄諄化誨浙東西學者雖至强暴之徒亦慕其化稱安爲善人君子尋以公委去職入明出爲名臣嘉靖志

謝理字玉成天台人世篤古學初授臨海丞至正十八年以分省命治賦餘姚政出一己衆弊盡去民悅服相率詣分省請以理鎮其地分省重違衆意遂允所請讞案明決吏不能欺時湖南中阻由海道以達餘姚爲要衝且近省臺往來之使日夜沓至直傳舍奉飲食者方苦冗煩理悉

裁以法會分省出師而西旌甲蔽野眾懼不能供億理庀材任事供其資糧肅然有度里胥之迹不涉都鄙民用無恐明年春督造御茗於餘姚慈溪境上以先時有病於民備咨其故且屬廉士以輔宿苛乃除嗣諸行省請去適理同姓左丞某統長槍軍至自衢婺佐分省以障東土而餘姚上虞塡駐其眾未幾流言起民以爲憂分省乃還理餘姚單騎而至三日其軍俄警嚴擁列江滸左丞使邀理至軍告以流言日甚理慷慨與辯左丞釋然卽日以其軍去且飭將士毋暴其境斬不聽令者數人於是殆者始安其夏六月不雨理走禱雨輒應民銜其德爲樹善政碣宋僖記之庸庵集　案宋僖善政碣記未書名據嘉靖志汪文璟撰重修城隍廟碑記正

陳侯名佚天台人以學行世其家而有文武才略至正十九年總督鎮兵於餘姚弛四門禁通民夜出入以救涸田履田督之務持大體有成績其明年石堰場官吏慕其德政乃請於分省兼董其職石堰置賦鹽重他場入元以來增至九千引引四百斤煮海之戶興替不恆而有恆賦困於賦重竄徙隕絕者不勝計時令王某丞鄒某皆石堰人以石堰病白行省得減賦賦六千餘引又以賦出內有內阻外侮之不虞因請侯董之侯下令禁苛蘇瘵具有紀度賦成則竈輸於場場輸於檢校所內外率經強弱均分石堰吏民德之爲刻石誌焉宋僖撰陳侯督賦石堰場善政記

明

陳公達清江人洪武初知餘姚廉謹不任威刑務以德化時民籍新附狡黠者重輕其籍役法病不均公達令各詣縣自實而使里甲羣證之皆悉其情僞乃次爲上中下戶倣元劉輝造鼠尾册次序書之亦定役爲三等遇差役視册等差與之無不稱平者後卒於官百姓皆哀痛焉嘉靖志

唐復字復亨武進人洪武末進士知姚爲人直方斷擊無滯撫循小弱甚著恩愛嘉靖志

都祀字文達海豐人以太學生知姚謹廉勤敏好禮士數過高士張一民所執禮甚恭延停盡日一民具蔬菜糲飰祀飲食之極歡治縣號得禮百姓親附之會永樂初營建追督材需者旁午縣獨恃祀無擾卒坐稽慢謫遠民爭輸

材願還祀祀謝之曰以祀故累吾民矣民益德之在縣九年吏胥莫能鉤致一錢然亦不笞辱吏以故吏無怨者瀕行民爭留其鞾於舜江亭後有見鞾泣下者嘉靖志

劉仲戩廬陵人國子生預修永樂大典書成授餘姚知縣有能稱後以言事忤旨謫置景州嘉靖志

黃維字德防星子人性嚴毅善斷初莅縣有丞朱某貪暴無忌每易維維佯愚以觀之已具得其事輒按去之是時民苦折納需銀爲細絲維白諸當路當路者折挫維維愈悉其利害不爲動曰但折挫令免折民細絲令所甘心焉當路者曰令誠愛民以故縣得不折細絲維名由此益賢益敦裕民事民大和輯時縣署學校皆圮維完修之民欣

欣赴工無以爲勞費者嘉靖志

張禧字公錫靈璧人以御史謫知縣喜簡靜不務苛細御百姓甚著恩禮獄訟造庭者令具衣冠曰子見父母豈得廢禮卽不肖此獨有法耳爲縣數月德化大行逃亡復業以尤異擢守杭州父老遮道挽留馬不得前禧下馬謝曰禧何政徒煩父老耳衆皆號泣送至錢塘者餘千人嘉靖志

劉規字應乾巴人以進士知餘姚剛毅有惠愛所推行務當羣情監司或左其事規持之堅弗爲變監司初固以規抗卒亦未嘗不賢規然規固自如不以是置喜戚也時中官暴橫誅求入骨髓民皆股栗欲亡去有司但唯唯規獨挺身當之中官聞規素清白卒不敢虐其民成化七年海

淤大饑疏蠲其租振貸之時廟學俱壞規捐資葺之以憂去百姓至今思焉其後有賈宗錫張弘宜相繼爲縣與規稱三賢令賈張自有傳嘉靖志

張勛歸德州人以吏除主簿爲人守廉不取民一錢或諷以罷官家居無資奈何勛曰吾積俸一二年置地二三頃令子孫耕業其中足矣人皆服其操識事母至孝處職勤慎海溢隄壞勛率衆修完之多稱其功嘉靖志

胡瀛字孟登羅山人以進士知餘姚時日本來朝騷動鄞慈閒瀛備之堅益市瓦器實魚菜糗糧至郎人與數器夷得飽殊歡已輒就道縣得無擾歲饑盡發廩以振弗給則節量溫飽令饑民得傭食其家多所全活又奏免田租已

賜之半復爲請折所弗免者又許之乃監司督折銀甚急瀛罷弗徵坐罰俸又弗徵明年有秋始下令民爭輸恐後曰弗復累我公也民爭燭湖水利積年不決至集衆謁兵瀛量其廕灌邨畝爲塘分其湖爭遂息瀛均徭多右細民細民無不得其情者豪右猶畏之莫敢肆以憂去百姓思之爲立碑焉嘉靖志

張弘宜字時措華亭人初以進士知寧海有聲改知餘姚樂易通儻不修邊幅喜與民興利去害不爲威惕好賢禮士獨疾惡異端禁奸止邪境內淫祠盡毁之以新公宇自劉規胡瀛賈宗錫及弘宜相繼爲治二十餘年閒更此四令黎民稍乂安矣嘉靖志

賈宗錫字原善常熟人由進士知姚用廉靜寬和爲治遷監察御史嘉靖志

周霖字希説乾州人以進士知餘姚剛果有爲獄無停繫人服其能擢監察御史嘉靖志

劉希賢宣城人由吏員初授餘姚簿遭内艱去任後再補餘姚不以家累自隨性狷介忠實無他腸然有執持遇事顧義恥隨俗俯仰以故每與當道抗死之日僚友檢其篋止存俸餘五錢帕二方而已官爲斂其喪歸之嘉靖志

張瓚字宗器六合人由鄉貢知姚爲政平易喜簡靜務爲惠愛正德七年秋海溢溺民浮屍蔽江瓚涕泣躬督瘞之時邑里蕭條民免於溺者皆飢寒不勝瓚力請振之當路

乃猶督租如故瓚俟其行縣檢荒率饑民路號請貸無異
家事當路盛氣加瓚瓚應對如響租終獲免民賴全活然
瓚卒以此忤當路改知他縣嘉靖志

朱豹字子文上海人舉進士知奉化縣有聲選曹謂其能
理繁劇移知餘姚時縣務積弛豹裁治綽有餘力先是縣
遣人押四徒聽里正報其里甲謂之短解里正緣此索財
復仇爲患豹但用里正解遣不以煩細民後令守其法民
便之遷監察御史民爲樹碑思之嘉靖志

邱養浩字以義晉江人以進士知餘姚才識閎敏吏莫能
爲奸遇事執義不移課諸生分異等差不爽毫髮按戢豪
强務在改易亦表識其善良者爲之方格舊時餘姚賦役

多奸欺飛詭影射不可蹤迹養浩洞見弊端定爲橫總册
釐正之稱均平擢監察御史以去民思之樹碑記德嘉靖志
楚書字國賓寧夏人進士知餘姚廉能有執持涖縣一年
卽以憂去百姓久而思之嘉靖志
顧存仁字伯剛太倉人以進士知餘姚才敏善適權變迎
事立解興舉廢墜甚著名譽縣賦役自邱養浩釐正豪猾
復爲奸欺飛詭漏免三辦銀貧民一丁有出銀九錢以上
者存仁乃右丁科田每歲畝出銀六釐充三辦於是無田
者得以無擾富者無能夤緣梓爲書戶給之罔弗稱平監
司推其法於全浙餘姚無邑志謀纂述之未就遷給事中
去丞金韶者字子善顧同郡人能嗣其美志卒有成韶爲

人溫良嗛嗛然政有條理吏奸不行民稱頌之居六年遷

知長汀縣存仁有去思碑詔有韡懸譙上嘉靖志　明史附楊最傳

葉金武進人嘉靖十九年以紹興府通判來攝縣事留意

文教送諸弟子員就學刻弘治壬子至嘉靖庚子續科第

題名記并重刻洪武庚戌至弘治庚戌科第題名記士氣

爲之一振謝丕撰儒學續科第題名記

李忠上元縣人開國功臣成孫世襲三山所百戶正統七

年領兵駕巡船捕倭倭攻大嵩城忠擊殺數十人乘風追

捕忽反風兵死傷頗衆船皆衝散忠自破船沈海死臨山衛志

參許山志

吉恩泗洲人開國功臣慶六世孫五世祖貞陞授三山所

副千戶恩世襲其職有才猷長騎射奉調捕江西常玉洞賊劉六劉七直擣其穴平之事聞以世守海口要地不便遷調獎賚有差衛山志

劉朝恩官臨觀把總嘉靖三十四年五月倭寇三千餘人自後海登岸掠上林及梅川進犯三山所城時朝恩已承檄他委離所一舍聞報即馳還率軍民固守値霖雨城圮者數十丈賊讙呼謂唾手可拔城中洶洶或勸朝恩突走朝恩叱之曰我世受國恩今日正報效之秋豈可以事權去己而規避耶且我去一身之利得矣其如生靈何遂以木障城圮所督戰甚力時城上矢石如雨而未有中賊者朝恩悟曰此幻術也投以生犬首發矢即中其酋帥貫喉

而斃賊驚潰追躡之斬馘數級內外居民全活三四萬人領兵指揮戚毅性勇猛善雙矛與朝恩同誓死堅守嘗倉卒遇賊兵器不及即禦石以投斃十餘人滸山志

馬元忠字北海工詩文高祖全以戰功授臨山指揮僉事元忠襲職十五年歷金盤松海臨觀諸總禽賊首陳自盼等樞臣奇其才命督福建軍進襲倭至寧定洋夜雨龍見目如炬元忠以爲賊射之龍負痛翻濤舟覆越數日元忠屍浮於周巷路下渾顏色如生總制胡宗憲奏聞賜祭土人立廟祀之東山志

胡宗憲字汝欽績溪人嘉靖十七年進士初知益都以艱歸後補餘姚爲人魁岸彭碩不瑣屑簿書筐篋之務民間

有大利病輒以一籌先之縣有勝歸山殘於採石宗憲捐値而歸諸官後爲總督平倭寇復涖餘姚受降縣人爲勒功勝歸山上乾隆志引萬歷志

羅鉄嘉靖間丞才守並著縣人久而稱之餘姚丞多自好者形勝家歸勝於丞廨云乾隆志引萬歷志

周鳴塤字思友蘄水人嘉靖間以進士知餘姚時當軍興之後庶務刓敝鳴塤鋭意振飭初行丈田法爲酌定要束晝一以究成事人莫能欺官至廣東參議乾隆志引萬歷志

張道字以中湖口人嘉靖四十四年進士知餘姚廉明仁恕頌聲大作未幾以憂去後官御史乾隆志引萬歷志

鄧林喬字子楨內江人嘉靖末以進士知餘姚平恕愛人

時縣有水災歲大祲林喬令坊鄉所在作糜飼饑民躬臨視力請當道得穀五千石又多方措設以益之全活甚衆尤加意學校官終左副都御史三邊總督乾隆志引萬歷志

譚璋臨桂人以貢士署教諭先是有易某者內深賊外持詭辨虐用諸生稍意迕便中以危禍諸生人人自危璋素長者誨諸生敦師弟義其於利恥言之諸生貧不能存者必曲爲賙助以是益追惡易而傾心歸譚譚後以憂去諸生追送人人泣下脫其冠懸於學宮以誌思焉嘉靖志

王球字子成爲教諭循謹雅飭視諸生若家人父子諄諄誨掖能舉其職後遷嘉興路教授邑人樹去思碑焉翁大立撰去思碑記

莊天恩字元育華亭人嘉靖十三年舉人任教諭時餘姚諸生卒親師友重掌故而天恩喜獎成新進以故士爭趨其門經品題者多聞人乾隆志引萬歷志

李時成蘄水人案碑作楚黃人據康熙官師志正隆慶五年進士繼鄧林喬知縣事明制版籍十年更造丁產出入動有磨刮攛易之弊時成釐之邑糧稅往無重征自倭夷絡繹兵餉漸廣雜辦繁劇倍於額賦一時督責不勝誅求時成酌其緩急標名易知用一緩二人人樂輸增置學田佐歲修費民死無所歸出公餘買地而葬考治行最明年以內臺召士民留之不得立去思碑翁大立撰去思碑

黃墀豐城人隆慶四年舉人清標雅範弟子以文藝進者

酬對靡倦或以脩脯進輒面赤不問卒於官士論惜之乾隆志引萬歷志

馬應龍武進人舉人爲教諭恂恂儒雅喜接引門下士無苛禮時相申時行許國爲同年友絕口不及之人重其品乾隆志引萬歷志

丁懋遜字允節霑化人萬歷八年進士知餘姚誠心質行政尚簡肅吏畏而民安之學宮縣治屬其鼎新以憂去復除吏科給事中乾隆志引萬歷志明史附王獻可傳

陳勖字世勉寧德人萬歷二年進士知餘姚貌不及中人然有吏才元惡數輩憑族氏莫敢誰何勖以計翦除殆盡尤精於識鑒校士高等者率取科第在邑七年官至廣西

參政乾隆志引萬歷志

葉煒字文光宣城人萬歷十四年進士以才自上高調任會歲饑民孳載道百計起之盜發嚴督掾捕賊鮮有脫者然不波累一人久之外戶可不閉姚俗宴會侈概謝絕曰我與賢士大夫風儉也乾隆志引萬歷志

馬從龍字雲從新蔡人萬歷中以進士知餘姚爲人沈默簡貴遇士大夫恂恂文弱至其守法持重賁育不能奪歲時饋問無所受懲吏胥之蠹酌爲四議切中肯綮舉事未竣以艱去代令江起鵬踵成之乾隆志引萬歷志

楊元臣雲南太和人萬歷間由選貢爲縣丞爲人樸直闒說弗入以病卒不能歸喪縣人憐而賻之乾隆志引萬歷志

董羽宸字邃初華亭人萬歷四十一年進士知餘姚縣時當倭患奸民與市以致闌入羽宸廉得其人按以法海患始息鄉豪有殺其族屬者銜里甲勿以聞羽宸偵知立出其骸於荆棘中民服如神明官至吏部左侍郎乾隆志引舊通志

梁佳植字南有宜春人崇禎進士知餘姚體綏弱未嘗形喜怒人莫窺其際及鞫訟屹然不可移餘姚錢穀久爲吏胥乾沒解户苦之佳植一洗積習民輸賦恐後涖任四載與民休息盜賊鮮少去官滂泣送者無算乾隆通志

袁定字與立華亭人崇禎十年進士知餘姚剛斷有爲葺城垣修學校清糧役尤能發奸摘伏有隸役乘旬攝毆殺一驛夫立斃之歲饑貧民聚衆肆掠捕得數人未及報即

梧殺之而自刎不職隨設法振濟多所全活乾隆通志參府志

王正中字仲撝保定人寧國公之仁從子也崇禎十年進士游高唐州會　大清兵南下轉運銀杠亦避入高唐大軍會高唐州守以銀杠且晚敵物不若鬻免一州士女屠戮正中與押狀事平論死數年得出除知長興縣浙西失守避地紹興魯王泝越以兵部職方主事知餘姚餘姚當紹寧山海衝軍將往來剽奪市販朝得札付暮入根括民舍正中設兵彈壓約各營取饟必經縣否者以盜論總兵陳梧敗於嘉興渡海擄掠鄉聚正中遣兵擊之鄉聚犄角殺梧朝議罪正中黃宗羲力爭梧見殺蓋衆怒正中無罪乃止張國柱掠定海乘潮而西縱兵入姚城正中計折

諭止之田仰荆本徹先後檄江下皆惕息去一年之中屢經悍將而邑免大禍民戴之如父母陞監察御史正中短小敏練喜任事而措置甚大益募驍勇將從海道取海寧海鹽通浙西路於是尚寶卿朱大定太僕卿陳潛夫主事吳乃武皆自浙西來受約束壇山燧火連於武林北門藉無恐又通律呂星象王通喜讀實用書乙酉冬進魯王丙戌年歷及敗遯於民間姚邑遺民沈國模史孝咸韓孔當陳天恕呂章成邵曾可等咸其往來深衣幅巾假醫卜績食　大清康熙六年八月卒於山陰之陳常堰年六十九東南紀事　乾隆通志寓賢正中從閩人柯仲炯受天官之學談之往往有驗

國朝

胥庭清字承公上元人順治四年進士四明山寇亂城門晝閉防守兵聞寇抄略既去始出而盡其所有邨落無寧宇庭清以爲將使民盡爲寇也於是遏兵不出設策招撫以萬計已而平定歲大歉饑民載道庭清發粟振之久亂之後百廢具舉陞工部主事康熙志

康如連字修庵安邑人以進士知餘姚縣多善政康熙二十九年縣大水裂山谷破冢墓湮沒千餘家城不没者二版如連從知府李鐸慟哭於行臺請疏蠲正賦徧勸郡中富室出見糧乃糴溫州米以振有至千金者設振法教職丞尉分詣各鄉親給民無遠哺吏無中漁行振官皆自炊不沾里長半菽凡三振人受米一石五斗轉徙者沿道爲

靡以餉之民困以甦續修縣志閱三月而書成乾隆志
田西坡三山所城守也康熙十三年山賊小王卒黨千餘人突攻所城時城中無兵西坡手銅鎚單騎從南門出鬬於落成橋南殺賊數十人賊鳴鉦西坡騎驚竄乃下鞍步趦且戰且卻至城門已閉躍而登賊自下刺之顛然城中居民緣是得從北門出賊無所掠焚廬而去滸山志
韋鍾藻號岸亭黄岡人康熙十六年舉人四十年知餘姚縣振興義學因邑人改建之請相伞霖地卑溼捐俸買南城角聲苑出佛像而更新之旋因事解篆居武林屢致書促事不以去留易意及成遷圭中堂改題爲姚江書院邑人士立碑以識去思姚江事蹟

梁澤字珩白順德人康熙三十八年舉人知海鹽縣有善政嘗著四無詩揭署壁以自箴署桐鄉調餘姚時盧文弨方貧而弱其父為怨者陷繫訟急澤為懲怨者迎文弨至署豐予供給督課甚嚴後文弨主考廣東澤方家居文弨踵謁留旬日不忍去順德縣志

沈湜字辰令海寧人康熙二年舉人任教諭見學宮日圮首捐修啟聖宮旋佐知縣康如璉修繕學校復親製大成樂器善於汲引士論歸之乾隆志

周助瀾字迴川仁和人雍正十三年舉人任教諭性廉介終日危坐讀書家人告米匱不卹也植梅數十本暇則與諸生賦詩其間辨論古今欣然忘倦遷鎔連知縣乾隆志

趙頎涇縣人以保舉任餘姚知縣安靜善斷民無寃滯暇則親行坊巷勸善良而懲其不率者民畏而愛之調秀水去終河南安陽縣乾隆志

蔣允焄貴筑人由翰林改授知縣乾隆八年涖任發奸摘伏吏胥不能欺遊民橫於市者悉斂迹持法平恕所決罰人無後言加意振刷議濬城河修縣志會以艱去縣人刻其所欲行者爲一書自題曰有志未逮以貽後人仕終福建按察使乾隆志

張松郃陽人雍正八年進士知餘姚縣乾隆十六年發帑金告糴鄰省多方勸富民輸助振卹以是旱不爲患調仁和仕終通判乾隆志

陳九霄武陵人由舉人知餘姚性耿介勤於吏治有妄愬邪教者牽引甚衆九霄廉得其實請於大府盡釋之（乾隆志）

唐若瀛字一峰三原人舉人乾隆四十一年來任餘姚期年政成留意文獻踵前縣主康如璉纂修邑志網羅散失手自參訂厥功甚偉語在前志敘中以課最移知錢塘並有聲

吳高增字敬齋嘉興人嘗署餘姚訓導學宮就圮力任興修值歲祲以工代振賴濟者衆有諸生五人罹於法其情可矜爲白縣釋之（山陰何煟跋敬齋重鋟聖賢像）

定育滿洲人舉人嘉慶六年知餘姚縣振拔士子文風丕振每決科前列者多登薦有兩眼皆青之譽放告無訟牒

司收輒收文字筆削之士皆悅服周卹貧士鄉試給以賓興日自　國初至嘉慶時田賦畝贏銀一釐一忽歲計率三四千有司輒私之余特公之士類而固非余私囊所出也其潔己愛士如此後任石同福崔之煒皆踵行之姚江小志

張吉安字迪安號蒔塘吳縣人乾隆六十年舉人大挑以知縣發浙江嘉慶八年冬補餘姚明年春雨傷稼米價騰涌吉安既請糶倉穀又請於臺使者官運川米五千石繼之民食以足十年復被水鄰邑煮振廠專設縣城擁擠傷亡日數輩吉安分鄉設廠別男女官帑外勸富民協濟訖撤廠無枉死者邑多名區次第修復以工代振尋乞養歸道光九年卒民奉栗主於洞霄宮即吉安所修建以祀蘇

文忠公者也李元度國朝先正事略

夏淮字肇平建德人廩貢嘉慶六年任餘姚訓導訓士有法貧者卹以膏火及卒士皆以詩哭之建德縣志

鹿嗣宗字錫堂定興人監生嘉慶十七年任餘姚以經術飾吏治捐修文廟並作聖廟志輯要有益文教

洪錫光字瑤圃江西人進士道光十七年來知餘姚政通民理尤崇儒術以忤上官旨被鐫其去也風雨交作士民遮道泣送贈聯懸署門有謫我賢良四壁雲山皆失色奪民父母五更風雨亦含悲之句鄉父老猶能追誦之同時譚為霖字萍薌陽江人道光十六年任三山巡檢能詩下士性安淡泊屏絕苞苴世皆以清吏稱之卒於官著有依

雲軒詩鈔行世

陳益字友三閩縣人咸豐元年舉人同治六年署理餘姚縣折獄明允又以平餘緡錢五百千撥充龍山書院膏火著爲令

陶雲升字晴初天津人咸豐二年進士十年知餘姚縣明年粵匪陷邑城身之上海乞師城復再任時瘡痍初平悉心撫字盜感其誠至相約不入境同時署三山巡檢李遇春字協恭平江人有幹才邑勝山坎墩民情强悍喜械鬭遇春爲雲升器重得用嚴法懲治强暴爲之懾伏又捐貲剏設文蔚書院文風一振語見學校志後有李寶森者字仲文光緒七年任三山巡檢儉約清勤有訟其仇者以二

十金賄囑笞二十寶森曰枉法而得錢吾不忍也力卻之

案康熙乾隆兩志以官階爲次今依時代雖微秩實惠在民必著錄公論未容泯也

餘姚縣志卷二十二名宦終

餘姚縣志卷二十三

列傳一

漢

嚴光字子陵一名遵少有高名與光武同遊學及光武即位光乃變名姓隱身不見帝思其賢乃令以物色訪之後齊國上言有一男子披羊裘釣澤中帝疑其光乃備安車玄纁遣使聘之三反而後至舍於北軍給牀褥太官朝夕進膳司徒侯霸與光素舊遣使奉書原注皇甫謐高士傳曰霸使西曹屬侯子道奉書光不起於牀上箕踞抱膝發書讀訖問子道曰君房素癡今爲三公寧小差否子道曰位已鼎足不癡也光曰遣卿來何言子道傳霸言光曰卿言不癡是非癡語也天子徵我三乃來人主尚不見當見人臣乎子道求報光曰我手不能書乃口授之使者嫌少可更足光曰買菜乎求益也使人因謂光曰公聞先

高宗純皇帝御批嚴光以故人不受官爵所謂各行其志一成其高一見其大本傳乃覼縷緣飾如足加帝腹客星上干乾象云云轉覺詭誣失實

生至區區欲即詣造迫於典司是以不獲願因日暮自屈語言光不答乃投札與之口授曰君房足下位至鼎足甚善懷仁輔義天下悅阿諛順旨要領絕霸得書封奏之帝笑曰狂奴故態也車駕即日幸其館光臥不起帝即其臥所撫光腹曰咄咄子陵不可相助爲理邪光又眠不應良久乃張目熟視曰昔唐堯著德巢父洗耳士故有志何至相迫乎帝曰子陵我竟不能下汝邪於是升輿歎息而去復引光入論道舊故相對累日帝從容問光曰朕何如昔時對曰陛下差增於往因共偃臥光以足加帝腹上明日太史奏客星犯御座甚急帝笑曰朕故人嚴子陵共臥耳除爲諫議大夫不屈乃耕於富春山後人名其釣處爲嚴

陵瀨焉建武十七年復特徵不至年八十終於家帝傷惜之詔下郡縣賜錢百萬穀千斛後漢書本傳

黃昌字聖真本出孤微居近學宮數見諸生修庠序之禮因好之遂就經學又曉習文法仕郡爲決曹刺史行部見昌甚奇之辟從事後拜宛令政尚嚴猛好發姦伏皆稱神明朝廷舉能遷蜀郡太守先太守李根年老多悖政百姓侵冤及昌到吏人訟者七百餘人悉爲斷理莫不得所密捕盜帥一人脅使條諸縣强暴之人姓名居處乃分遣掩討無有遺脫宿惡大姦皆奔走它境視事四年徵再遷陳相又遷爲河南太守又再遷潁川太守永和五年徵拜將作大匠漢安元年進補大司農左轉大中大夫卒於官後漢

書本傳

虞國少有孝行後爲日南太守以化治稱常有雙雁宿止廳事每出行縣輒飛逐車國卒於官雁逐喪至姚棲墓上不去至今呼其地曰雙雁國有從曾孫歆亦守日南稱小虞嘉靖志

駟勳會稽郡功曹史楚王英謀反陰疏天下善士事覺顯宗得其錄有會稽太守尹興名乃徵興詣廷尉獄勳與郡門下掾陸續主簿梁宏及掾史五百餘人詣洛陽詔獄就考諸吏不堪痛楚死者大半惟續宏勳掠考五毒肌肉消爛終無異辭赦還鄉里後漢書陸續傳

董昆字文通少遊學師事潁川荀季卿受春秋治律令明

達理法又才能撥煩縣長潘松署功曹史刺史盧孟行部垂念冤結松以孟明察核法令轉署昆爲獄史孟到昆斷正刑法甚得其平孟問昆本學律令所師爲誰昆對荀季卿孟曰史與刺史同師孟又問昆從何職爲獄史松具以實對孟歎曰刺史學律又不及昆召之署文學姚江事蹟引會稽典錄

三國　吳

董襲字元代長八尺武力過人原注謝承漢書稱襲志節慷慨武毅英烈孫策入郡襲迎於高遷亭策見而偉之到署門下賊曹時山陰宿賊黃龍羅周勃聚黨數千人策自出討襲身斬羅勃首還拜別部司馬授兵數千遷揚武都尉從策攻皖又討劉

勳於尋陽伐黃祖於江夏策薨權年少初統事太妃憂之引見張昭及襲等問江東可保安不襲對曰江東地勢有山川之固而討逆明府恩德在民討虜承基大小用命張昭秉衆事襲等爲爪牙此地利人和之時也萬無所憂衆皆壯其言鄱陽賊彭虎等衆數萬人襲與淩統步騭蔣欽各別分討襲所向輒破虎等望見旌旗便散走旬日盡平拜威越校尉遷偏將軍建安十三年權討黃祖祖橫兩蒙衝挾守沔口以栟閭大紲繫石爲矴上有千人以弩交射飛矢雨下軍不得前襲與淩統俱爲前部各將敢死百人人被兩鎧乘大舸船突入蒙衝裏襲身以刀斷兩紲蒙衝乃橫流大兵遂進祖便開門走兵追斬之明日大會權舉

觴屬襲曰今日之會斷紲之功也曹公出濡須襲從權赴之使襲督五樓船住濡須口夜卒暴風五樓船傾覆左右散走舸乞使襲出襲怒曰受將軍任在此備賊何等委去也敢復言此者斬於是莫敢干其夜船敗襲死權改服臨喪供給甚厚吳志本傳

虞翻字仲翔原注吳書曰翻少好學有高氣年十二客有候其兄者不過翻翻追與書曰僕聞虎魄不取腐芥磁石不受曲鍼過而不存不亦宜乎客得書奇之由是見稱太守王朗命爲功曹孫策征會稽翻時遭父喪衰絰詣府門朗欲就之翻乃脫衰入見勸朗避策朗不能用拒戰敗績亡走浮海翻追隨營護到東部候官候官長閉城不受翻往說之然後見納原注吳書曰翻始欲送朗到廣陵朗惑王方平訊言疾來邀我南岳相求故遂南行既至候官又欲投交州翻諫朗曰此

妄書耳交州無南岳安所投乎乃止朗謂翻曰卿有老母可以還矣原注翻別傳曰朗使翻見豫章太守華歆圖起義兵翻未至豫章聞孫策向會稽翻乃還會遭父喪以臣使有節不敢過家星行追朗至侯官朗遣翻還然後奔喪而傳云孫策翻既歸策復之來翻衰絰詣府門勸朗避策則爲大異命爲功曹待以交友之禮身詣翻第原注江表傳曰策書謂翻曰今日之事當與卿共之勿謂孫策作郡吏相待也策好馳騁游獵翻諫曰明府用烏集之衆驅散附之士皆得其死力雖漢高帝不及也至於輕出微行從官不暇嚴吏卒長苦之夫君人者不重則不威故白龍魚服困於豫且白虵自放劉季害之願少留意策曰君言是也然時有所思端坐悒悒有裨諶草創之計是以行耳原注吳書曰策討山越斬其渠帥悉令左右分行逐賊獨騎與翻相得山中翻問左右安在策曰悉行逐賊翻曰危事也令策下馬此草深卒有驚急馬不及縈策但牽之執弓矢以步翻善用矛請在前行得平地勸策乘

馬策曰卿無馬奈何答曰翻能步行日可二百里自征討以來吏卒無及翻者明府試躍馬翻能疏步隨之行一大道得一鼓吏策取角自鳴之部曲識聲小大皆出遂從周旋平定三郡江表傳曰策討黃祖旋軍欲過取豫章特請翻語曰華子魚自有名字然非吾敵也加聞其戰具甚少若不開門讓城金鼓一震不得無所傷害卿便在前具宣孤意翻卽奉命辭行徑到郡請被褠葛巾與敵相見謂歆曰君自料名聲之在海內孰與鄙郡故王府君歆曰不及也翻曰豫章資糧多少器仗精否士民勇果孰與鄙郡又曰不如也翻曰討逆將軍智略超世用兵如神前走劉揚州君所親見南定鄙郡亦君所聞也今欲守孤城自料資糧已知不足不早爲計悔無及也今大軍已次椒邱僕便還去明日日中迎檄不到者與君辭矣翻既去歆明旦出城遣吏迎策策既定豫章引軍還吳饗賜將士計功行賞謂翻曰孤昔再至壽春見馬日磾及與中州士大夫會語我東方人多才耳但恨學問不博語議之閒有所不及耳孤意猶謂未耳卿博學洽聞故前欲令卿一詣許交見朝士以折中國妄語兒卿不願行便使子綱恐子綱不能結見輩舌也翻曰翻是明府家寶而以示人人倘留之則去明府良佐故前不行耳策笑曰然因曰孤有征討事未得還府卿復以功曹爲吾蕭何守會稽耳後三日便遣翻還郡臣松之以爲王華二公於擾攘之時抗猛銳之鋒俱非

所能歆之名德實高於朗而江表傳述翻說華云海內名聲孰與於王此言非也然王公拒戰華逆請服實由孫策初起名微衆寡故王能舉兵豈武勝哉策後威力轉盛勢不可敵華量力而止非必用仲翔之說也若使易地而居亦華戰王服耳按吳歷載翻謂歆曰竊聞明府與王府君齊名中州海內所宗雖在東垂常懷瞻仰歆答曰孤不如王會稽翻復問不審豫章精兵何如會稽對曰大不如也翻曰明府言不如王會稽謙光之談耳精兵不如會稽實如尊教因述孫策才略殊異用兵之奇歆乃答云翻出為當去此說為勝也翻出歆遣使迎策二說有不同

翻出為富春長策薨諸長吏並欲出赴喪翻曰恐鄰縣山民或有奸變遠委城郭必致不虞因留制服行喪諸縣皆效之咸以安寧原注吳書曰策薨權統事定武中郎將暠策之從兄也屯烏程整帥吏士欲取會稽會稽聞之使民守城以俟嗣主之命因令人告諭暠會稽典錄載翻說暠曰討逆明府不竟天年今攝事統衆宜在孝廉翻已與一郡吏士嬰城固守必欲出一旦之命為孝廉除害執事圖之於是暠退臣松之案此二書所說策亡之時翻猶為功曹與本傳不同後翻州舉茂才漢召為侍御史曹公為司空辟皆

不就原注吳書曰翻聞曹公辟曰盜跖欲以餘財汙良家邪遂拒不受翻與少府孔融書并示以所著易注融答書曰聞延陵之理樂覩吾子之治易乃知東南之美者非徒會稽之竹箭也又觀象雲物察應寒溫原其禍福與神合契可謂探賾窮通者也會稽東部都尉張紘又與融書曰虞仲翔前頗爲論者所侵美寶爲質彫摩益光不足以損孫權以爲騎都尉翻數犯顏諫爭權不能悅又性不協俗多見謗毀坐徙丹陽涇縣呂蒙圖取關某稱疾還建業以翻兼知醫術請以自隨亦欲因此令翻得釋也後蒙舉軍西上南郡太守麋芳開城出降蒙未據郡城而作樂沙上翻謂蒙曰今區區一心者麋將軍也城中之人豈可盡信何不急入城持其管籥乎蒙即

從之時城中有伏計賴翻謀不行關某既敗權使翻筮之得兌下坎上節五爻變之臨翻曰不出二日必當斷頭果如翻言權曰卿不及伏羲可與東方朔爲比矣魏將于禁爲關某所獲繫在城中權至釋之請與相見他日權乘馬出引禁併行翻呵禁曰爾降虜何敢與吾君齊馬首乎欲抗鞭擊禁權呵止之後權於樓船會羣臣飲禁聞樂流涕翻又曰汝欲以僞求免邪權悵然不平原注吳書曰後權與魏和欲遣禁還歸北翻復諫曰禁敗數萬衆身爲降虜又不能死北習軍政得禁必不如所規還之雖無所損猶爲放盜不如斬以令三軍示爲人臣有二心者權不聽羣臣送禁翻謂禁曰卿勿謂吳無人吾謀適不用耳禁雖爲翻所惡然猶盛歎翻魏文帝常爲翻設虛坐權既爲吳王歡宴之末自起行酒翻伏地陽醉不持權去翻起坐權於是大怒手劍欲擊之侍坐者莫

不遑遽惟大司農劉基起抱權諫曰大王以三爵之後手殺善士雖翻有罪天下孰知之且大王以能容賢畜眾故海內望風今一朝棄之可乎權曰曹孟德尚殺孔文舉孤於虞翻何有哉基曰孟德輕害士人天下非之大王躬行德義欲與堯舜比隆何得自喻於彼乎翻由是得免權因敕左右自今酒後言殺皆不得殺翻嘗乘船行與糜芳相逢芳船上人多欲令翻自避先驅曰避將軍船翻厲聲曰失忠與信何以事君傾人二城而稱將軍可乎芳闔戶不應而遽避之後翻乘車行又經芳營門吏閉門車不得過翻復怒曰當閉反開當開反閉豈得事宜邪芳聞之有慚色翻性疏直數有酒失權與張昭論及神仙翻指昭曰彼

皆死人而語神仙世豈有仙人也權積怒非一遂徙翻交州雖處罪放而講學不倦門徒常數百人原注翻別傳曰權即尊號翻因上書曰陛下膺明聖之德體舜禹之孝歷運當期順天濟物奉承策命臣獨忭舞罪棄兩絕拜賀無階仰瞻宸極且喜且悲臣伏自刻省命輕雀鼠性輶毫氂罪惡莫大不容于誅昊天罔極全宥九載退當念戮頻受生活復偷視息臣年耳順思咎憂憤形容枯悴髮白齒落雖未能死自悼終沒不見宮闕百官之富不覩皇輿金軒之飾仰觀巍巍衆民之謠旁聽鐘鼓侃然之樂永隕海隅棄骸絕域不勝悲慕逸豫大慶悅以忘罪又爲老子論語國語訓注皆傳於世原注翻別傳曰翻初立易注奏上曰臣聞六經之始莫大陰陽是以伏羲仰天懸象而建八卦觀變動六爻爲六十四以通神明以類萬物臣高祖父故零陵太守光少治孟氏易曾祖父故平輿令成纘述其業至臣祖父鳳爲之最密臣先考故日南太守歆受本於鳳最有舊書世傳其業至臣五世前人通講多玩章句雖有祕說於經疏闊臣生遇世亂長於軍旅習經於枹鼓之閒講論於戎馬之上蒙先師之說依經立注又臣郡吏陳桃夢臣與道士相遇放髮被鹿裘布易六爻撓其三以飲臣臣乞盡呑之道士言易道在天三爻

足矣豈臣受命應當知經所覽諸家解不離流俗義有不
當實輒悉改定以就其正孔子曰乾元用九而天下治聖
人南面蓋取諸離斯誠天子所宜協陰陽致麟鳳之道矣
謹正書副上惟不罪戾翻又奏曰經之大者莫過於易自
漢初以來海內英才其讀易者解之率少至孝靈之際潁
川荀諝號爲知易臣得其注有愈俗儒至所說西南得朋
東北喪朋顛倒反逆了不可知孔子歎易曰知變化之道
者其知神之所爲乎以美大衍四象之作而上爲章首尤
可怪矣又南郡太守馬融名有俊才其所解釋復不及諝
孔子曰可與共學未可與適道豈不其然若乃北海鄭玄
南陽宋忠雖各立注忠小差玄而皆未得其門難以示世
又奏鄭玄解尚書違失事目臣聞周公制禮以便上下孔
子曰有君臣然後有上下有上下然後禮義有所錯是故
尊君卑臣禮之大司也伏見故徵士北海鄭玄所注上書
以顧命康王執瑁古冃似同從誤作同既不覺定復訓爲
杯謂之酒杯成王疾困憑几洮頮爲濯以爲澣衣成事洮
字虛更作濯以從其非又古大篆卯字讀當爲柳古柳卯
同字而以爲昧分北三苗北古別字又訓北言北猶別也
若此之類誠可怪也玉人職曰天子執瑁以朝諸侯謂之
酒杯天子頮面謂之澣衣古篆卯字反以爲昧甚違不知
蓋闕之義於此數事誤莫大焉宜命學官定此三事又馬
融訓注亦以爲同者大同天下今經益金就作銅字詁訓

言天子副璽雖皆不得猶愈於玄然此不定臣沒之後而奮乎百世雖世有知者懷謙莫或奏正又玄所注五經違義尤甚者百六十七事不可不正行乎學校傳乎將來臣竊恥之翻放棄南方云自恨疏節骨體不媚犯上獲罪當長沒海隅生無可與語死以青蠅爲弔客使天下一人知己者足以不恨以典籍自慰依易設象以占吉凶又以宋氏解玄頗有繆錯更爲立法并著明揚釋宋以理其滯臣松之案翻云古大篆卯字讀當言柳古柳卯同字竊謂翻言爲然故劉留聊柳同用此字以從聲故也與日辰卯字字同音異然漢書王莽傳論卯金刀故以爲日辰之卯今未能詳正然世多亂之故翻所說云初山陰丁覽太末徐陵或在縣吏之中或衆所未識翻一見之便與友善終成顯名在南十餘年年七十卒原注吳書曰翻雖在徙棄心不忘國常憂五谿宜討以遼東海絕聽人使來屬尙不足取今去入財以求馬既非國利又恐無獲欲諫不敢作表以示呂岱岱不報爲愛憎所白復徙蒼梧猛陵江表傳曰後權遣將士至遼東於海中遭風多所沒失權悔之乃令曰昔趙簡子稱諸君之唯唯不如周舍之諤諤虞翻亮直善於盡言國之周舍也前使翻在此此役不成促下問交州翻若尙存者給其人船發遣還都若以亡者送喪還本郡使兒

子仕宦會翻已終歸葬舊墓妻子得還原注會稽典錄曰孫亮時有山陰朱育少好奇字凡所特達依體象類造作異字千名以上仕郡門下書佐太守濮陽興正旦宴見掾吏言次問太守昔聞朱潁川問士於鄭召公韓吳郡問士於劉聖博王景興問士於虞仲翔嘗見鄭劉二答而未覩仲翔對也欽聞國賢思覩盛美有日矣書佐寧識之乎育對曰往過習之昔初平末年王府君以淵妙之才超遷臨郡思賢嘉善樂采名俊問功曹虞翻曰聞玉出崑山珠生南海遠方異域各生珍寶且曾聞士人歎美貴邦舊多英俊徒以遠於京畿含香未越耳功曹雅好博古寧識其人邪翻對曰夫會稽上應牽牛之宿下當少陽之位東漸巨海西通五湖南暢無垠北渚浙江南山攸居實爲州鎮昔禹會羣臣因以名之山有金木鳥獸之殷水有魚鹽珠蚌之饒海嶽精液善生俊異是以忠臣繼踵孝子連閭下及賢女靡不育焉王府君笑曰地勢然矣士女之名可悉聞乎翻對曰不敢及遠略言其近者耳往者孝子句章董黯盡心色養喪致其哀單身林野鳥獸歸懷怨親之辱白日報讎海内聞名昭然光著太中大夫山陰陳囂漁則化盜居則讓鄰感侵退藩遂成義里攝養車嫗行足厲俗自揚子雲等上書薦之粲然傳世太尉山陰鄭公清亮質直不畏彊禦魯相山陰鍾離意禀殊特之姿孝家忠朝宰縣相國所在遺惠故取養有君子之譽

魯國有丹書之信及陳宮費齊皆上契天心功德治狀記
在漢籍有道山陰趙瞱徵士上虞王充各洪才淵懿學究
道源著書垂藻駱驛百篇釋經傳之宿疑解當世之槃結
或上窮陰陽之奧祕下據人情之歸極交阯刺史上虞綦
毋俊拔濟一郡讓爵士之封決曹掾上虞孟英三世死義
主簿句章梁宏功曹史餘姚駟勳主簿句章鄭雲皆敦終
始之義引罪免居門下督盜賊餘姚伍隆鄮殯候主簿任
光章安小吏黃他身當白刃濟君於難揚州從事句章王
修委身授命垂聲來世河內太守上虞魏少英遭世屯蹇
忘家憂國列在八俊爲世英彥尚書烏傷楊喬桓帝妻以
公主辭疾不納近故太尉上虞朱公天姿聰亮欽明神武
策無失謨征無遺慮是以天下義兵思以爲首上虞女子
曹娥父溺江流投水而死立石碑紀炳然著顯王府君曰
是既然矣潁川有巢許之逸軌吳有太伯之三讓貴郡雖
士人紛紜於此足矣翻對曰故先言其近者耳若乃引上
世之事及抗節之士亦有其人昔越王翳讓位逃於巫山
之穴越人熏而出之斯非太伯之傳邪且太伯外來之君
非其地人也若以外來言之則大禹亦巡於此而葬之矣
鄞大里黃公潔己暴秦之世高祖即阼不能一致惠帝恭
讓出則濟難徵士餘姚嚴遵王莽數聘抗節不行光武中
興然後俯就矯手不拜志陵雲日皆著於傳籍較然彰明
豈如巢許流俗遺譚不見經傳者哉王府君笑曰善哉話

言也賢矣非君不著太守末之前聞也濮陽府君曰御史所云既聞其人亞斯已下書佐宗識之乎育曰瞻仰景行敢不識之近者太守上虞陳業潔身清行志懷霜雪貞亮之信同操柳下遭漢中微委官棄祿遁迹黟歙以求其志高邈妙蹤天下所聞故桓文遺之尺牘之書比竟三高其聰明大略忠直謇諤則侍御史餘姚虞翻偏將軍烏傷駱統其淵懿純德則太子少傳山陰闞澤學通行茂作帝師儒其雄姿武毅立功當世則後將軍賀齊勳成績著其探極祕術言合神明則太史令上虞吳範其文章之事立言粲盛則御史中丞句章任爽鄱陽太守章安虞翔各馳文檄曄若春榮處士鄧盧叙弟犯公憲自殺乞代吳寧斯敦山陰祁庚上虞樊正咸代父死罪其女則松楊柳朱永寧瞿素或一醮守節喪身不顧或遭寇劫賊死不虧行皆近世之事向在耳目府君曰皆海內之英也吾聞秦始王二十五年以吳越地爲會稽郡治吳漢封諸侯王以何年復爲郡而分治於此育對曰劉賈爲荆王賈爲英布所殺又以劉濞爲吳王景帝四年濞反誅乃復爲郡治於吳元鼎五年除東越因以其地爲冶并屬於此而立東部都尉後徙章安陽朔元年又徙治鄞或有寇害復徙句章到永建四年劉府君上書浙江之北以爲吳郡會稽還治山陰自永建四年歲在己巳以至今年積百二十九歲府君稱善是歲吳之太平三年歲在丁丑育後仕朝常在臺閣爲東

觀令遙拜清河太守加位侍中推刺占射文藝多通翻有十一子第四子汜最知名永安初從選曹郎爲散騎中常侍後爲監軍使者討扶嚴病卒原注會稽典錄曰汜字世洪生南海年十六父卒還鄉里孫綝廢幼主迎立瑯琊王休王未至綝欲入宮圖爲不軌召百官會議皆惶怖失色徒唯唯而已汜對曰明公爲國伊周處將相之位擅廢立之威勢上安宗廟下惠百姓大小踴躍自以伊霍復見今迎王未至而欲入宮如是羣下搖蕩衆聽疑惑非所以永終忠孝揚名後世也綝不懌竟立休休初即位汜與賀邵王蕃薛瑩俱爲散騎中常侍以討扶嚴功拜交州刺史冠軍將軍餘姚侯尋卒汜弟忠宜都太守原注會稽典錄曰忠字世方翻第五子貞固幹事好識人物造吳郡陸機於童齓之年稱上虞魏遷於無名之初終皆遠致爲著聞之士交同縣王岐於孤宦之族仕進先至宜都太守忠乃代之晉征吳忠與夷道監陸晏晏弟中夏督京堅守不下城潰被害聳越騎校尉累遷廷尉湘東河間太守原注會稽典錄曰聳字世龍翻第六子也清虛無欲進退以禮在吳歷清官入晉除河間相王素聞聳名厚敬禮之聳抽引人物務在幽隱孤陋之中時王岐難聳以高士所達必合秀異聳書與族子察曰

世之取士曾不招末齒於邮園索良才於總猥所譽依已
成所毀依已敗此吾所以歎息也聳疾俗喪祭無度弟昺
卒祭以少牢酒飯而已
當時族黨並遵行之
昺廷尉尚書濟陰太守原注會稽典錄曰昺
字子文翻第八子也少有倜儻之志仕吳黃門郎以捷對
見異超拜尚書侍中晉軍來伐遣昺持節都督武昌已上
諸軍事昺先上還節蓋印綬然後歸順在
濟陰抑強扶弱甚著威風 吳志本傳

虞俊與張温為友嘗歎曰張惠恕才多智少華而不實怨之所聚有覆家之禍吾見其兆矣諸葛亮聞俊憂温意未之信及温放黜乃服其先見 吳志張温傳注

虞授永安中仕至廣州刺史軫恤災旱申理幽滯廣民愛之行部所至窮擒寇賊勸相農桑闔境大治三年代去後南土盜發天紀末復用為廣州都督居常以馬革裹屍自許及郭馬作亂授竟死於難 案事見吳志天紀三年 子基右軍司馬

孫球黃門侍郎廣州府志

晉

虞潭字思奧吳騎都尉翻之孫也父忠仕至宜都太守吳之亡也堅壁不降遂死之潭清貞有檢操州辟從事主簿舉秀才大司馬齊王冏請爲祭酒除祁鄉令徙醴陵令値張昌作亂郡縣多從之潭獨起兵斬昌別率鄧穆等襄陽太守華恢上潭領建平太守以疾固辭遂周旋征討以軍功賜爵都亭侯陳敏反潭東下討敏弟讚於江州廣州刺史王矩上潭領廬陵太守綏撫荒餘咸得其所又與諸軍共平陳恢仍轉南康太守進爵東鄉侯尋被元帝檄使討江州刺史華軼潭至廬陵會軼已平而湘川賊杜弢猶盛

江州刺史衛展上潭并領安成太守時甘卓屯宜陽爲弢所逼潭進軍救卓卓上潭領長沙太守固辭不就王敦叛潭爲湘東太守復以疾辭弢平後元帝召補丞相軍諮祭酒轉瑯琊國中尉帝爲晉王除屯騎校尉徙右衛將軍遷宗正卿以疾告歸會王含沈充等攻逼京都潭遂於本縣招合宗人及郡中大姓共起義軍衆以萬數自假明威將軍乃進赴國難至上虞明帝手詔潭爲冠軍將軍領會稽内史潭卽受命義衆雲集時有野鷹飛集屋梁衆咸懼潭曰起大義而剛鷙之鳥來集破賊必矣遣長史孔坦領前鋒過浙江追躡充潭次於西陵爲坦後繼會充已禽罷兵徵拜尚書尋補右衛將軍加散騎常侍成帝卽位出爲吳

興太守秩中二千石加輔國將軍以討充功進爵零陵縣侯蘇峻反加潭督三吳晉陵宣城義興五郡軍事會王師敗績大駕逼遷潭勢弱不能獨振乃固守以俟四方之舉會陶侃等下潭與郗鑒王舒協同義舉侃等假潭節監揚州浙江西軍事潭率衆與諸軍并勢東西犄角遣督護沈伊距管商於吳縣爲商所敗潭自貶還節尋而峻平潭以母老輒去官還餘姚詔轉鎮軍將軍吳國內史復徙會稽內史未發還復吳郡以前後功進爵武昌縣侯邑一千六百戶是時軍荒之後百姓饑饉死亡塗地潭乃表出倉米振救之又修滬瀆壘以防海沙百姓賴之咸康中進衞將軍潭貌雖和弱而內堅明有膽決雖屢統軍旅而尟有傾

敗以母憂去職服闋以侍中衛將軍徵旣至更拜右光祿大夫開府儀同三司給親兵三百人侍中如故年七十九卒於位追贈左光祿大夫開府侍中如故謚曰孝烈子佗嗣官至將軍司馬佗卒子嘯父嗣晉書本傳

虞駿字思行潭之兄子也機幹不及潭而素行過之與譙國桓彝俱爲吏部郎情好甚篤彝遣子溫拜駿駿使子谷拜彝歷吳興太守金紫光祿大夫王導常謂駿曰孔愉有公才而無公望丁潭有公望而無公才兼之者其在卿乎官未達而喪時人惜之子谷位至吳國內史晉書虞潭傳

虞喜字仲寧潭之族也父察吳征虜將軍喜少立操行博學好古諸葛恢臨郡屈爲功曹察孝廉州舉秀才司徒辟

皆不就元帝初鎮江左上疏薦喜懷帝卽位公車徵拜博士不就喜邑人賀循爲司空先達貴顯每詣喜信宿忘歸自云不能測也太寧中與臨海任旭俱以博士徵不就復下詔曰夫興化致政莫尙乎崇道教明退素也喪亂以來儒雅陵夷每覽子衿之詩未嘗不慨然臨海任旭會稽虞喜並絜靜其操歲寒不移研精墳典居今行古志操足以厲俗博學足以明道前雖不至其更以博士徵之喜辭疾不赴咸和末詔公卿舉賢良方正直言之士太常華恆舉喜爲賢良會國有軍事不行咸康初內史何充上疏曰臣聞二八舉而四門穆十亂用而天下安徵獻克闡有自來矣方今聖德欽明思恢遐烈旌輿整駕侯賢而動伏見前

賢良虞喜天挺貞素高尚邈世束修立德皓首不倦加以旁綜廣深博聞彊識鑽堅研微有弗及之勤處靜味道無風塵之志高枕柴門怡然自足宜使蒲輪紓衡以旌殊操一則翼贊大化二則敦勵薄俗疏奏詔曰尋陽翟湯會稽虞喜並守道清貞不營世務耽學高尚操擬古人往雖徵命而不降屈豈素絲難染而搜引禮簡乎政道須賢宜納諸廊廟其並以散騎常侍徵之又不起永和初有司奏稱十月殷祭京兆府君當遷祧室征西豫章潁川三府君初毀主內外博議不能決時喜在會稽朝廷遣就喜諮訪焉其見重如此喜專心經傳兼覽讖緯乃著安天論以難渾蓋又釋毛詩略注孝經爲志林三十篇凡所注述數十萬

言行於世年七十六卒晉書本傳

虞預字叔寧喜之弟也本名茂犯明穆皇后母諱故改焉預十二而孤少好學有文章宗人共薦預爲縣功曹欲使沙汰穢濁預書與其從叔父曰近或聞諸君以預入仕便應委質則當親事不得徒已然預下愚過有所懷邪黨互瞻異同蜂至一旦差跌衆鼓交鳴毫釐之失差以千里此古人之炯戒而預所大恐也卒如預言未半年遂見斥退太守庾琛命爲主簿預上記陳時政所失曰軍寇以來賦役繁數兼值年荒百姓失業是輕繇薄斂寬刑省役之時也自頃長吏輕多去來送故迎新交錯道路受迎者惟恐船馬之不多見送者惟憾吏卒之常少窮奢竭費謂之忠

義省煩從簡呼爲薄俗轉相放效流而不反雖有常防莫肯遵修加以王塗未夷所在停滯送者經年丞失播植一夫不耕十夫無食況轉百數所妨不訾愚謂宜勒屬縣若令尉先去官者人船吏侍皆具條列到當依法減省使公私允當又今統務多端動加重制每有特急輒立督郵計今直兼三十餘人人船吏侍皆當出官益不堪命宜復減損嚴爲之防琛善之即皆施行太守紀瞻到預復爲主簿轉功曹史察孝廉不行安東從事中郎諸葛恢參軍庾亮等薦預召爲丞相行參軍兼記室遭母憂服竟除佐著作郎大興二年大旱詔求讜言直諫之士預上書諫曰大晉受命於今五十餘載自元康以來王德始闕戎翟及於中

國宗廟焚爲灰燼千里無煙爨之氣華夏無冠帶之人自天地開闢書籍所載大亂之極未有若茲者也陛下以聖德先覺超然遠鑒作鎮東南聲教遐被上天眷顧人神贊謀雖云中興其實受命少康宣王誠未足喻然南風之歌可著而陵遲之俗未改者何也臣愚謂爲國之要在於得才得才之術在於抽引苟其可用讎賤必舉高宗文王思佐發夢拔巖徒以爲相載釣老而師之下至列國亦有斯事故燕重郭隗而三士競至魏式干木而秦兵退舍今天下雖弊人士雖寡十室之邑必有忠信世不乏驥求則可致而束帛未賁於邱園蒲輪頓轂而不駕所以大化不洽而雍熙有闕者也預以寇賊未平當須良將又上疏曰臣

聞承平之世其教先文撥亂之運非武不剋故牧野之戰呂望杖鉞淮夷作難召伯專征玁狁爲暴衞霍長驅故陰陽不和擢士爲相三軍不勝拔卒爲將漢帝旣定天下猶思猛士以守四方孝文志存鉅鹿馮唐進說魏尙復守詩稱赳赳武夫公矦干城折衝之佐豈可忽哉況今中州荒弊百無一存牧守官長非戎貊之族類卽寇竊之幸脫陛下登阼威暢四遠故令此等反善向化然狼子獸心輕薄易動羯虜未殄益使難安周撫陳川相係背叛徐龕驕黠無所拘忌放兵侵掠罪已彰灼昔葛伯違道湯獻之牛吳濞失禮錫以几杖惡成罪著方復加戮龕之小醜可不足滅然預備不虞古之善教矧乃有虞可不爲防爲防之術

宜得良將將不素備難以應敵壽春無鎮祖逖孤立前有勁虜後無係援雖有智力非可持久願陛下諮之羣公博舉於衆若當局之才必允其任則宜獎勵使不顧命旁料究撰或有可者厚加寵待足令忘身昔英布見慢恚欲自裁出觀供置然後致力禮遇之恩可不隆哉誠知山河之量非塵露可益神鑑之慮非愚賤所測然匹夫嫠婦猶有憂國之言況臣得廁廟堂之末蒙冠帶之榮者乎轉琅邪國常侍遷祕書丞著作郎咸和初夏旱詔衆官各陳致雨之意預議曰臣聞天道貴信地道貴誠誠信者蓋二儀所以生植萬物人君所以保乂黎蒸是以殺伐擬於震電推恩象於雲雨刑罰在於必信慶賞貴於平均臣聞閒者以

來刑獄轉繫多力者則廣牽連逮以稽年月無援者則嚴
其櫝楚期於入重是以百姓嗷然感傷和氣臣愚以爲輕
刑耐罪宜速決遣殊死重囚重加以請寬徭息役務遵節
儉砥礪朝臣使各知禁蓋老牛不犧禮有常制而自頃衆
官拜授祖贈轉相夸尚屠殺牛犢動有十數醉酒沈湎無
復限度傷財敗俗所虧不少昔殷宗修德以消桑穀之異
宋景善言以退熒惑之變楚國無災莊王是懼盛德之君
未嘗無告應以信順天佑乃隆臣學見淺闇言不足採從
平王含賜爵西鄉侯蘇峻作亂預先假歸太守王舒請爲
諮議參軍峻平進爵平康縣侯選散騎侍郎著作如故除
散騎常侍仍領著作以年老歸卒於家預雅好經史憎疾

玄虛其論阮籍裸袒比之伊川被髮所以胡虜遍於中國以爲過衰周之時著晉書四十餘卷會稽典錄二十篇諸虞傳十二篇行於世所著詩賦碑誄論難數十篇晉書本傳

餘姚縣志卷二十三列傳一終　　光緒重修

餘姚縣志卷二十三

列傳二

南齊

虞愿字士恭祖賚給事中監利侯父望之早卒賚中庭橘樹冬熟子孫競來取之愿年數歲獨不取賚及家人皆異之元嘉末爲國子生再遷湘東王國常侍轉潯陽王府墨曹參軍明帝立以愿儒吏學涉兼蕃國舊恩意遇甚厚除太常丞尚書祠部郎通直散騎侍郎領五郡中正祠部郎如故帝性猜忌體肥憎風夏月常著皮小衣拜左右二人爲司風令史風起方面輒先啟聞星文災變不信太史不聽外奏敕靈臺知星二人給愿常直内省有異先啟以相

檢察帝以故宅起湘宮寺費極奢侈以孝武莊嚴刹七層帝欲起十層不可立分爲兩刹各五層新安太守巢尚之罷郡還見帝曰卿至湘宮寺未我起此寺是大功德愿在側曰陛下起此寺皆是百姓賣兒貼婦錢佛若有知當悲哭哀愍罪高佛圖有何功德尚書令袁粲在坐爲之失色帝乃怒使人驅下殿愿徐去無異容以舊恩少日中已復召入帝好圍棊甚拙去格七八道物議共欺爲第三品與第一品王抗圍棊依品賭戲抗每饒借之曰皇帝飛棊臣抗不能斷帝終不覺以爲信然好之愈篤愿又曰堯以此教丹朱非人主所宜好也雖數忤旨而蒙賞賜猶異餘人遷兼中書郎帝寢疾愿常侍醫藥帝素能食尤好逐夷以

銀鉢盛蜜漬之一食數鉢謂揚州刺史王景文曰此是奇味卿頗足不景文曰臣夙好此物貧素致之甚難帝甚悦食逐夷積多胸腹痞脹氣將絶左右啟飲數升酢酒乃消疾大困一食汁滓猶至三升水患積久藥不復效大漸日正坐呼道人合掌便絶愿以侍疾久轉正員郎出爲晉平太守在郡不治生產前政與民交關質錄其兒婦愿遣人於道奪取將還在郡立學堂教授郡舊出髯蛇膽可爲藥有餉愿蛇者愿不忍殺放二十里外山中一夜蛇還牀下復送四十里外山經宿復還故處愿更令遠乃不復歸論者以爲仁心所致也海邊有越王石常隱雲霧相傳云清廉太守乃得見愿往觀視清徹無隱蔽後琅邪王秀之爲

郡與朝士書曰此郡承虞公之後善政猶存遺風易遵差得無事以母老解職除後軍將軍褚淵常詣愿不在見其眠牀上積塵埃有書數袠淵歎曰虞君之清一至於此令人埽地拂牀而去遷中書郎領東觀祭酒兄季爲上虞令卒愿從省步還家不待詔便歸東除驍騎將軍遷廷尉祭酒如故愿常事宋明帝齊初宋神主遷汝陰廟愿拜辭流涕建元元年卒年五十四愿著五經論問撰會稽記文翰數十篇南齊書本傳

虞悰字景豫祖嘯父晉左民尚書父秀之黃門郎悰少而謹敕有至性秀之於都亡悰東出奔喪水漿不入口南史悰少以孝聞父病不欲見人雖子弟亦不得前悰年十二三晝夜伏戶外問內豎消息問未知轉嗚咽流涕如此者百餘

日及亡終喪日惟食麥飦二枚仕宋位黃門郎宋明帝誅山陽王休祐至葬日寒雪厚三尺故人無至者惟悰一人來赴州辟主簿建平王參軍尚書議曹郎太子洗馬領軍長史正員郎累至州治中別駕黃門郎初世祖始從官家尚貧薄悰推國士之眷數相分與每行必呼上同載上甚德之昇明中世祖爲中軍引悰爲諮議參軍遣吏部郎江謐持手書謂悰曰今因江吏郎有白以君情顧意欲相屈建元初轉太子中庶子遷後軍長史領步兵校尉鎮北長史寧朔將軍南東海太守尋爲豫章內史將軍如故遷輔國將軍始興王長史平蠻校尉蜀郡太守轉司徒司馬將軍如故遣散騎常侍太子右率永明八年大水百官戎服救太廟悰朱衣乘車鹵簿於宣陽門外行馬內驅打人爲有

司所奏見原上以悰布衣之舊從容謂悰曰我當令卿復祖業轉侍中朝廷咸驚其美拜遷祠部尚書世祖幸芳林園就悰求扇米糲悰獻糲及雜肴數十轝太官鼎味不及也上就悰求諸飲食方悰祕不肯出上醉後體不快悰乃獻醒酒鯖鮓一方而已出爲冠軍將軍車騎長史轉度支尚書領步兵校尉鬱林立改領右軍將軍揚州大中正兼大匠卿起休安陵於陵所受局下牛酒坐免官隆昌元年以白衣領職鬱林廢悰竊歎曰王徐遂縛袴廢天子天下豈有此理邪延興元年復領右軍明帝立悰稱疾不陪位帝使尚書令王晏齎廢立事示悰以悰舊人引參佐命悰謂晏曰主上聖明公卿戮力寧假朽老以匡贊惟新乎不

敢聞命朝議欲糾之僕射徐孝嗣曰此亦古之遺直衆議乃止悰稱疾篤還東上表曰臣族陋海區身微稽土猥屬興運荷竊稠私徒越星紀終慙報答衞養乖方抱疾嬰固寢瘵以來倏踰旬朔頻加醫治曾未瘳損惟此朽頓理難振復乞解所職盡療餘辰詔賜假百日轉給事中光祿大夫尋加正員常侍永元元年卒時年六十五悰性敦實與人知識必相存訪親疏皆有終始世以此稱之南齊書本傳

虞玩之字茂瑤祖宗晉庫部郎父玫通直常侍玩之少閑刀筆汎涉書史解褐東海王行參軍烏程令路太后外親朱仁彌犯罪依法錄治太后怨訴孝武坐免官泰始中除晉熙國郎中令尙書起部郎通直郎元徽中爲右丞時太

祖參政與玩之書曰張華爲度支尚書事不徒然今漕藏有闕吾賢居右丞已覺金粟可積也玩之上表陳府庫錢帛器械役力所懸轉多興用漸廣慮不支歲月朝議優報之遷安成王車騎錄事轉少府太祖鎭東府朝野致敬玩之猶躡屐造席太祖取屐視之訛黑斜銳蒵斷以芒接之問曰卿此屐已幾載玩之曰初釋褐拜征北行佐買之著已二十年貧士竟不辦易太祖善之引爲驃騎諮議參軍霸府初開賓客輻湊太祖留意簡接玩之與樂安任遐俱以應對有席上之美齊名見遇遷驍騎將軍黃門郎領本部中正上患民閒欺巧及即位敕玩之與驍騎將軍傅堅意檢定簿籍建元二年詔朝臣曰黃籍民之大紀國之治

端自頃民俗巧僞爲日已久至乃竊注爵位盜易年月增損三狀貿襲萬端或戶存而文書已絕或人在而反託死版停私而云隸役身强而稱六疾編戶齊家少不如此皆政之巨蠹教之深疵比年雖卻籍改書終無得實若約之以刑則民僞已遠若綏之以德則勝殘未易卿諸賢並深明治體可各獻嘉謀以振澆化又臺坊訪募此制不近優刻素定閑劇有常宋元嘉以前茲役恆滿大明以後樂補稍絕或緣寇難頻起軍蔭易多民庶從利投坊者寡然國經未變朝紀恆存相揆而言隆替何速此急病之洪源晷景之切患以何科筭革斯弊邪玩之上表曰宋元嘉二十七年八條取人孝建元年書籍衆巧之所始也元嘉中故

光祿大夫傅隆年出七十猶手自書籍躬加隱校隆何必有石建之慎高柔之勤蓋以世屬休明服道修身故耳今陛下日旰忘食未明求衣詔逮幽愚謹陳妄說古之共治天下唯良二千石今欲求治取正其在勤明令長凡受籍縣不加檢合但封送州州檢得實方卻歸縣吏貪其賂民肆其奸奸彌深而卻彌多賂愈厚而答愈緩自泰始三年至元徽四年揚州等九郡四號黃籍共卻七萬一千餘戶於今十一年矣而所正者猶未四萬神州奧區尚或如此江湘諸部倍不可念愚謂宜以元嘉二十七年籍爲正民惰法既久今建元元年書籍宜更立明科一聽首悔迷而不反依制必戮使官長審自檢校必令明洗然後上州永

以爲正若有虛昧州縣同咎今戶口多少不減元嘉而版籍頓闕弊亦有以自孝建以來入勳者衆其中操干戈衞社稷者三分殆無一焉勳簿所領而詐注辭籍浮遊世要非官長所拘錄復爲不少尋蘇峻平後庾亮就温嶠求勳簿而嶠不與以爲陶侃所上多非實錄尋物之懷私無世不有宋末落紐此巧尤多又將位既衆舉恤爲祿實潤甚微而人領數萬如此二條天下合役之身已據其大半矣又有改注籍狀詐入仕流苦爲人役者今反役人又生不長髮便謂爲道塡街溢巷是處皆然或抱子并居竟不編戶遷徙去來公違土斷屬役無滿流亡不歸寧喪終身疾病長臥法令必行自然競反又四鎮戍將有名寡實隨才

部曲無辨勇懦署位借給巫媼比肩彌山滿海皆是私役行貨求位其途甚易募役卑劇何爲投補坊吏之所以盡百里之所以單也今但使募制明信滿復有期民無逕路則坊可立表而盈矣爲治不患無制患在不行不患不行患在不久上省玩之表納之乃別置版籍玩之以久宦衰疾上表告退曰臣聞負重致遠力窮則困竭誠事君智盡必傾理固然也四十仕進七十懸車壯則驅馳老宜休息臣生於晉長於宋老於齊世歷三代朝市再易臣以宋元嘉二十八年爲王府行佐於茲三十年矣自頃以來衰耗漸篤爲性不嬾惰而倦怠頓來耳目本聰明而聾瞽轉積腳不支身喘不緒氣景刻不推朔晝不保大功兄弟四十

有二人通塞壽夭唯臣獨存朝露未光寧堪長久且知足不辱臣已足矣稟命飢寒不求富貴銅山由命臣何憾焉久甘之矣直道事人不免縲絏屬遇聖明知其非罪臣之幸厚矣授命於道消之晨效節於百揆之日臣忠之效也降慶於文明之初荷澤於天飛之運臣命之偶也不謀巧宦而位至九卿德慚李陵而忝居門下堯舜無窮臣亦通矣年過六十不爲夭矣榮期之三樂東平之一善臣俱盡之矣經昏踐亂涉艱履危仰聖德以求全憑賢輔以申節未嘗壓屈於勳權長溺於狐鼠臣立身之本於斯不虧在其壯也當官不讓及其衰矣豪露靡因伏願慈臨賜臣骸骨非爲希高慕古愛好泉林特以丁運孤貧養禮多闕風

樹之感夙自纏心庶天假其辰得二三年開埽守邱墓以此歸全始終之報遂矣上省表許之玩之好臧否宋末王儉舉員外郎孔逷使虜玩之言論不相饒逷儉並憾之至是玩之東歸儉不出送朝廷無祖餞者玩之歸家數年卒南齊書本傳

陳胤叔本名承叔避宣帝諱改彊辯果捷便刀楯初爲左夾轂隊將泰始初隨太祖東討小心愼事以功見賞封當陽縣子官至太子左率永明三年卒南齊書戴僧靜傳

虞通之善言易仕至步兵校尉其宗人龢位中書郎廷尉少好學居貧屋漏恐溼墳典乃舒被覆之書獲全而被大溼時人比之高鳳南史邱巨源傳

虞炎永明中以文學與沈約俱爲文惠太子所遇意盼殊常官至驍騎將軍南齊書陸厥傳　案乾隆志列傳無虞炎而有虞齊其虞齊傳後注南史文苑傳攷南史有文學傳無文苑傳且文學傳亦不見有齊名而虞炎事僅於文惠太子傳中載其學行才能應對左右數語又無專傳惟康熙志炎傳曰虞炎齊永明中云云與乾隆志不易一字是則乾隆志實本康熙志偶脫炎字未及檢也

梁

虞騫工屬文官至王國侍郎有文集梁書吳均傳　案南史虞炎虞騫並書會稽人南齊梁兩書同攷其時縣並隸會稽郡史書籍貫間有不詳縣而書郡者二傳康熙乾隆兩志皆著錄其爲縣人當有所徵今仍之

虞僧誕爲國子助教以左氏教授聽者常數百人其該通義例當時莫及博士崔靈恩先習左傳服解常申服以難

杜僧誕又精杜學因作申杜難服以報靈恩世並行焉梁書崔靈恩傳

虞羲字士光案鍾嶸詩品作字子陽文選同盛有才藻司徒竟陵王子良開西邸招文學羲以太學生與王僧孺邱國賓蕭文琰邱令楷江洪劉孝孫並以善辭藻游焉竟陵王嘗夜集學士刻燭爲詩四韻者則刻一寸以此爲率文琰曰頓燒一寸燭而成四韻詩何難之有乃與令楷江洪等共打銅鉢立韻響滅則詩成皆可觀覽羲卒於晉安王侍郎南史王僧孺傳

陳

虞荔字山披祖權梁廷尉卿永嘉太守父檢平北始興王諮議參軍荔幼聰敏有志操年九歲隨從伯闡候太常陸

倕倕問五經凡有十事荔隨問輒應無有遺失倕甚異之又嘗詣徵士何胤時太守衡陽王亦造焉胤言之於王王欲見荔荔辭曰未有版刺無容拜謁王以荔有高尚之志雅相欽重還郡即辟爲主簿荔又辭以年小不就及長美風儀博覽墳籍善屬文釋褐梁西中郎引參軍尋署法曹外兵參軍兼丹陽詔獄正梁武帝於城西置士林館荔乃製碑奏上帝命勒之於館仍用荔爲士林學士尋爲司文郎遷通直散騎侍郎兼中書舍人時左右之任多參權軸內外機務互有帶掌唯荔與顧協淡然靖退居於西省但以文史見知當時號爲清白尋領大著作及侯景之亂荔率親屬入臺除鎮西諮議參軍舍人如故臺城陷逃歸鄉

里侯景平元帝徵爲中書侍郎貞陽侯授揚州別駕並不
就張彪之據會稽也荔時在焉及文帝平彪高祖遺荔書
曰喪亂以來賢哲凋散君才用有美聲聞許洛當今朝廷
維新廣求英雋豈可棲遲東土獨善其身今令兒子將接
出都想必副朝廷虛遲也文帝又與書曰君東南有美聲
譽洽聞自應翰飛京許共康時弊而削迹邱園保茲獨善
豈使稱空谷之望耶必願便爾俶裝且爲出都之計唯遲
披覯在於茲日迫切之不得已乃應命至都高祖崩文帝
嗣位除太子中庶子仍侍太子讀書尋領大著作東揚揚
州二州大中正庶子如故荔母隨荔入臺卒於臺內尋
而城陷情禮不申由是終身蔬食布衣不聽音樂雖任遇

隆重而居止儉素淡然無營文帝深器之常引在左右朝夕顧訪荔性沈密少言論凡所獻替莫有見其際者故不列於後焉時荔第二弟寄寓於閩中依陳寶應荔每言之輒流涕文帝哀而謂曰我亦有弟在遠此情甚切他人豈知乃敕寶應求寄寶應終不遣荔因以感疾帝數往臨視令荔將家口入省荔以禁中非私居之所乞停城外文帝不許乃令住於蘭臺乘輿再三臨問手敕中使相望於道又以荔蔬食積久非羸疾所堪乃敕曰能敦布素乃當爲高卿年事已多氣力稍減方欲仗委良須克壯今給卿魚肉不得固從所執也荔終不從天嘉二年卒時年五十九文帝甚傷惜之贈侍中謚曰德子及喪柩還鄉里上親出

臨送當時榮之子世基世南並少知名陳書本傳

虞寄字次安少聰敏年數歲客有造其父者遇寄於門因嘲之曰郎君姓虞必當無智寄應聲曰文字不辯豈得非愚客大慚入謂其父曰此子非常人文舉之對不是過也及長好學善屬文性沖靜有棲遁之志弱冠舉秀才對策高第起家梁宣城王國左常侍大同中嘗驟雨殿前往往有雜色寶珠梁武觀之甚有喜色寄因上瑞雨頌帝謂其兄荔曰此頌典裁清拔卿家之士龍也將如何擢用寄聞之歎曰美盛德之形容以申擊壤之情耳吾豈買名求仕者乎乃閉門稱疾唯以書籍自娛岳陽王爲會稽太守引寄爲行參軍遷記室參軍領郡五官掾又轉中記室掾如

故在職簡略煩苛務存大體曹局之內終日寂然侯景之亂寄隨兄荔入臺除鎮南湘東王諮議參軍加貞威將軍京城陷遁還鄉里及張彪往臨川强寄俱行寄與彪將鄭瑋同舟而載瑋嘗忤彪意乃刼寄奔於晉安時陳寶應據有閩中得寄甚喜高祖平侯景寄勸令自結寶應從之乃遣使歸誠承聖元年除和戎將軍中書侍郎寶應愛其才託以道阻不遣每欲引寄爲僚屬委以文翰寄固辭獲免及寶應結婚留異漸有逆謀寄微知其意言說之際每陳逆順之理微以諷諫寶應輒引說他事以拒之又嘗令左右誦漢書卧而聽之至蒯通說韓信曰相君之背貴不可言寶應蹶然起曰可謂智士寄正色曰覆酈驕韓未足稱

智豈若班彪王命識所歸乎寄知寶應不可諫慮禍及己乃爲居士服以拒絕之常居東山寺僞稱腳疾不復起寶應以爲假託使燒寄所臥室寄安臥不動親近將扶寄出寄曰吾命有所懸避欲安往所縱火者旋自救之寶應自此方信及留異稱兵寶應資其部曲寄乃因書極諫曰東山虞寄致書於明將軍使君節下寄流離世故飄寓貴鄉將軍待以上賓之禮申以國士之眷意氣所感何日忘之而寄沈痼彌留惕陰將盡常恐卒塡溝壑涓塵莫報是以敢布腹心冒陳丹款願將軍留須臾之慮少思察之則瞑目之日所懷畢矣夫安危之兆禍福之機匪獨天時亦由人事失之毫釐差以千里是以明智之士據重位而不傾

執大節而不失豈惑於浮辭哉將軍文武兼資英威不世往因多難仗劍興師援旗誓衆抗威千里豈不以四郊多壘共謀王室匡時報主寧國庇民乎此所以五尺童子皆願荷戟而隨將軍者也及高祖武皇肇基草昧初濟艱難於時天下沸騰民無定主豺狼當道鯨鯢橫擊海内業業未知所從將軍運動微之鑒折從衡之辯策名委質自託宗盟此將軍妙算遠圖發於衷誠者也及主上纘業欽明睿聖選賢與能羣臣輯睦結將軍以維城之重崇將軍以裂土之封豈非宏謨廟略推赤心於物也屢申明詔款篤殷勤君臣之分定矣骨肉之恩深矣不意將軍惑於邪說遠生異計寄所以疾首痛心泣盡而繼之以血萬全之策

竊爲將軍惜之寄雖疾侵耄及言無足採千慮一得請陳愚算願將軍少戢雷霆賒其晷刻使得盡狂瞽之說披肝膽之誠則雖死之日由生之年也自天厭梁德多難薦臻寰宇分崩英雄互起不可勝紀人人自以爲得之然夷凶翦亂拯溺扶危四海樂推三靈眷命揖讓而居南面者陳氏也豈非歷數有在惟天所授當璧應運其事甚明一也主上承基明德遠被天綱再張地維重紐夫以王琳之彊侯瑱之力進足以搖蕩中原爭衡天下退足以屈强江外雄長偏隅然或命一旅之師或資一士之說琳則瓦解冰泮投身異域瑱則厥角稽顙委命闕廷斯又天假之威而除其患其事甚明二也今將軍以藩戚之重擁東南之衆

盡忠奉上勠力勤王豈不勳高賓融寵過吳芮析珪判野南面稱孤其事甚明三也且聖朝棄瑕忘過寬厚得人改過自新咸加敘擢至於余孝頃潘純陁李孝欽歐陽頠等悉委以心腹任以爪牙胸中豁然曾無纖芥況將軍釁非張繡罪異畢諶當何慮於危亡何失於富貴此又其事甚明四也方今周齊鄰睦境外無虞并兵一向匪朝伊夕非劉項競逐之機楚趙連從之勢何得雍容高拱坐論西伯其事甚明五也且留將軍狼顧一隅亟經摧衄聲實虧喪膽氣衰沮高瓌向文政劉瑜黃子玉此數人者將軍所知首鼠兩端惟利是視其餘將帥亦可見矣孰能披堅執鋭長驅深入繫馬埋輪奮不顧命以先士卒者乎此又其事

甚明六也且將軍之強孰如侯景將軍之眾孰如王琳武皇滅侯景於前今上摧王琳於後此乃天時非復人力且兵革以後民皆厭亂其能棄墳墓捐妻子出萬死不顧之計從將軍於白刃之閒乎此又其事甚明七也歷觀前古鑒之往事子陽季孟傾覆相尋餘善右渠危亡繼及天命可畏山川難恃況將軍欲以數郡之地當天下之兵以諸侯之資拒天子之命彊弱逆順可得侔乎此又其事甚明八也且非我族類其心必異不愛其親豈能及物留將軍身縻國爵子尚王姬猶且棄天屬而弗顧背明君而孤立危急之日豈能同憂共患不背將軍者乎至於師老力屈懼誅利賞必有韓智晉陽之謀張陳井陘之勢此又其事

甚明九也且北軍萬里遠鬪鋒不可當將軍自戰其地人多顧後梁安背向爲心修咋匹夫之力衆寡不敵將帥不侔師以無名而出事以無機而動以此稱兵未知其利夫以漢朝吳楚晉室穎顒連城數十長戟百萬拔本塞源自圖家國其有成功者乎此又其事甚明十也爲將軍計者莫若不遠而復絶親留氏泰郎快郎隨遣入質釋甲偃兵一遵詔旨且朝廷許以鐵券之要申以白馬之盟朕弗食言誓之宗社寄聞明者鑒未形智者不再計此成敗之效將軍勿疑吉凶之幾間不容髮方今藩維尚少皇子幼沖凡預宗枝皆蒙寵樹況以將軍之地將軍之才將軍之名將軍之勢而能克修藩服北面稱臣寧與劉澤同年而語

其功業哉豈不身與山河等安名與金石相傚願加三思
慮之無忽寄氣力緜微餘陰無幾感恩懷德不覺狂言鈇
鉞之誅甘之如薺寶應覽書大怒或謂寶應曰虞公病勢
漸篤言多錯謬寶應意乃小釋亦爲寄有民望且優容之
及寶應敗走夜至蒲田顧謂其子扞秦曰早從虞公計不
至今日扞秦但泣而已寶應既擒凡諸賓客微有交涉者
皆伏誅唯寄以先識免禍文帝尋敕都督章昭達發遣令
寄還朝及至即日引見謂寄曰管寧無恙其慰勞之懷若
此頃之文帝謂到仲舉曰衡陽王既出閤雖未置府僚然
須得一人旦夕游處兼掌書記宜求宿士有行業者仲舉
未知所對文帝曰吾自得之乃手敕用寄寄入謝文帝曰

所以甄屈卿遊藩者非止以文翰相煩乃令以師表相事也尋兼散騎常侍聘齊寄辭老疾不行除國子博士頃之又表求解職歸鄉里文帝優旨報答許其東還仍除東揚州別駕寄又以疾辭高宗即位徵授揚州治中及尚書左丞並不就乃除東中郎建安王諮議加戎昭將軍又辭以疾不任旦夕倍列王庭於是特令停王府公事其有疑議就以決之但朔望牋修而已太建八年加太中大夫將軍如故十一年卒時年七十寄少篤行造次必於仁厚雖僮豎未嘗加以聲色至於臨危執節則辭氣凜然白刃不憚也自流寓南土與兄荔隔絕因感氣病每得荔書氣輒奔劇危殆者數矣前後所居官未嘗至秩滿纔期年數月便

自求解退常曰知足不辱吾知足矣及謝病私庭每諸王
爲州將下車必造門致禮命釋鞭版以几杖侍坐常出遊
近寺閭里傳相告語老幼羅列望拜道左或言誓爲約者
但指寄便不欺其至行所感如此所製文筆遭亂多不存
陳書
本傳

餘姚縣志卷二十三列傳二終

光緒重修

餘姚縣志卷二十三

列傳三

隋

虞綽字士裕父孝曾陳始興王諮議綽身長八尺姿儀甚偉博學有俊才尤工草隸陳左衛將軍傅縡有盛名於世見綽詞賦歎謂人曰虞郎之文無以尚也仕陳爲太學博士遷永陽王記室及陳亡晉王廣引爲學士大業初轉爲祕書學士奉詔與祕書郎虞世南著作佐郎庾自直等撰長洲玉鏡等書十餘部綽所筆削帝未嘗不稱善而官竟不遷初爲校書郎以藩邸左右加宣惠尉遷著作佐郎與虞世南庾自直蔡允恭等四人常居禁中以文翰待詔恩

盼隆洽從征遼東帝舍臨海頓見大鳥異之詔緯爲銘其辭曰維大業八年歲在壬申夏四月景子皇帝底定遼碣班師振旅龍駕南轅鸞旗西邁行宮次于柳城縣之臨海頓焉山川明秀實仙都也旗門外設款跨重阜帳殿周施降望大壑息清蹕下輕輿警百靈綏萬福踐素沙步碧沚同軒皇之襄野邁漢宗於河上想汾射以開襟望蓬瀛而載佇窅然齊肅藐屬殊庭兼以聖德遐宣息別風與淮雨休符潛感表重潤於夷波璧日曬光卿雲舒采六合開朗十洲澄鏡少選之閒儵焉靈感忽有祥禽皎同鶴鷺出自霄漢翻然雙下高逾一丈長乃盈尋靡霜暉於羽翮激丹華於觜距鸞翔鳳跱鵲起鴻騫或蹶或啄載飛載止徘徊

馴擾咫尺乘輿不鞱揮琴非因拊石樂我君德是用來儀斯固類仙人之騏驥冠羽族之宗長西王青鳥東海赤雁豈可同年而語哉竊以銘基華岳事乖靈異紀迹鄒山義非盡美猶方册不泯遺文可觀況盛德成功若斯懿鑠懷眞味道如此感通不鐫名山安用銘異臣拜稽首敢勒銘云來蘇興怨帝自東征言復禹績乃御軒營六師薄伐三韓肅清龔行天罰赫赫明明文德上暢靈武外薄車徒不擾苛慝靡作凱歌載路成功允鑠反旆還軒遵林並壑停輿海滋駐蹕巖阯窅想遐凝藐屬千里金臺銀闕雲浮岳峙有感斯應靈禽效祉飛來清漢俱集華泉好音玉響皓質氷鮮狎仁馴德習習翩翩絕迹無泯於萬斯年帝覽而

善之命有司勒於海上以度遼功授建節尉綽恃才任氣無所降下著作郎諸葛穎以學業倖於帝綽每輕侮之由是有隙帝嘗問綽於穎穎曰虞綽麤人也帝頷之時禮部尚書楊玄感稱爲貴倨虛襟禮之與結布衣之友綽數從之遊其族人虞世南誡之曰上性猜忌而君過厚玄感若與絕交者帝知君改悔可以無咎不然終當見禍綽不從尋有告綽以禁內兵書借玄感帝甚銜之及玄感敗後籍沒其家妓妾並入宮帝因問之玄感平常時與何人交往其妾以虞綽對帝令大理卿鄭善果窮治其事綽曰羈旅薄遊與玄感文酒談款實無他謀帝怒不解徙綽且末至長安而亡吏逮之急於是潛渡江變姓名自稱吳章遊東

陽抵信安令天水辛大德大德舍之歲餘緯與人爭田相訟有識緯者而告竟爲吏所執坐斬江都時年五十四所有詞賦並行於世隋書本傳

虞熙世基子大業末爲符璽郎弟柔晦並宣義郎宇文化及將亂宗人虞伋知而告熙曰事勢已然吾將濟君南渡同死何益熙曰棄父背君求生何地感尊之懷自此訣矣難作兄弟競請先死行刑人於是先世基殺之隋書虞世基傳

唐

虞世南出繼叔陳中書侍郎寄爲後故字伯施性沈靜寡欲與兄世基同受學於吳顧野王餘十年精思不懈至累旬不盥櫛文章婉縟慕僕射徐陵陵自以爲類已由是有

名陳天嘉中父荔卒世南毁不勝喪文帝高荔行知二子
皆博學遣使至其家護視召爲建安王法曹參軍時寄陷
於陳寶應世南雖服除仍衣布飯蔬寄還乃釋布噉肉至
德初除西陽王友陳滅與世基入隋世基辭章淸勁過世
南而贍博不及也俱名重當時議者方晉二陸煬帝爲晉
王與秦王俊交辟之大業中累至祕書郎煬帝雖愛其才
然疾峭正弗甚用爲七品十年不徙世基日貴盛而世南
躬貧約一不改宇文化及殺世基而世南抱持號訴請代
不能得自是哀毁骨立從至聊城爲竇建德所獲秦王滅
建德引爲府參軍轉記室遷太子中舍人王踐祚拜員外
散騎侍郎弘文館學士時世南巳衰老屢乞骸骨不聽遷

太子右庶子固辭改祕書監封永興縣子世南貌儒謹外
若不勝衣而中抗烈論議持正太宗嘗曰朕與世南商略
古今有一言失未嘗不悵恨其懇誠乃如此貞觀八年進
封縣公會隴右山崩大蛇屢見山東及江淮大水帝憂之
以問世南對曰春秋時梁山崩晉侯召伯宗問焉伯宗曰
國主山川故山崩川竭君爲之不舉降服乘縵撤樂出次
祝幣以禮焉梁山晉所主也晉侯從之故得無害漢文帝
元年齊楚地二十九山同日崩水大出詔郡國無來貢施
惠天下遠近洽穆亦不爲災後漢靈帝時青蛇見御座晉
惠帝時大蛇長三百步見齊地經市入廟蛇宜在草野而
入市此所以爲災耳今蛇見山澤適其所居又山東淫雨

江淮大水恐有冤獄枉繫宜省錄纍囚庶幾或當天意帝然之於是遣使振饑民申挻獄訟多所原赦後星孛虛危歷氐餘百日帝訪羣臣世南曰昔齊景公時彗見公問晏嬰嬰曰公穿池沼畏不深起臺榭畏不高行刑罰畏不重是以天見彗爲戒耳景公懼而修德後十六日而滅臣願陛下勿以功高而自矜勿以太平久而自驕愼終於初彗雖見猶未足憂帝曰誠然吾良無景公之過但年十八舉義兵二十四平天下未三十即大位自謂三王以來撥亂之主莫我若故負而矜之輕天下士上天見變其爲是乎秦始皇剗除六國隋煬帝有四海之富卒以驕敗吾何得不戒邪案舊唐書是年四月康國獻獅子詔世南爲之賦命編之東觀辭多不載高祖崩詔山

陵一準漢長陵故事厚送終禮於是程役峻暴人力告弊世南諫曰古帝王所以薄葬者非不欲崇大光顯以榮其親然高墳厚隴寶貝珍物適所以累之也聖人深思遠慮安於菲薄爲長久計昔漢成帝造延昌二陵劉向上書曰孝文居霸陵悽愴悲懷顧謂羣臣曰嗟乎以北山石爲槨用紵絮斮陳漆其閒豈可動哉張釋之曰使其中有可欲雖錮南山猶有隙使無可欲雖無石槨又何戚焉夫死者無終極而國家有廢興孝文寤焉遂以薄葬又漢法人君在位三分天下貢賦之一以入山陵武帝歷年長久比葬方中不復容物霍光暗於大體奢侈過度其後赤眉入長安破茂陵取物猶不能盡無故聚歛爲盜之用甚無謂也

魏文帝爲壽陵作終制曰堯舜壽陵因山爲體無封樹寢殿園邑棺椁足以藏骨衣衾足以朽肉吾營此不食之地欲使易代之後不知其處無藏金銀銅鐵一以瓦器喪亂以來漢氏諸陵無不發者至乃燒取玉匣金縷骸骨並盡乃不重痛哉若違詔妄有變改吾爲戮屍地下死而重死不忠不孝使魂而有知將不福汝以爲永制藏之宗廟魏文此制可謂達於事矣陛下之德堯舜所不逮而俯與秦漢君同爲奢泰此臣所以尤戚也今爲邱隴如此其中雖不藏珍寶後世豈及信乎臣愚以爲霸陵因山不起墳自然高顯今所卜地勢卽平宜依周制爲三仞之墳明器一不得用金銀銅鐵事訖刻石陵左以明示大小高下之式

一藏宗廟爲子孫萬世法豈不美乎書奏未報又上疏曰漢家卽位之初便營陵墓近者十餘歲遠者五十年今以數月之程課數十年之事其於人力不亦勞矣漢家大郡戶至五十萬今人衆不逮往時而功役一之此臣所以致疑也時議者頗言宜奉遺詔於是稍稍裁抑帝嘗作宫體詩使賡和世南曰聖作誠工然體非雅正上之所好下必有甚者臣恐此詩一傳天下風靡不敢奉詔帝曰朕試卿耳賜帛五十匹帝數出畋獵世南以爲言皆蒙嘉納舊唐書世南上疏諫曰臣聞秋獮冬狩蓋惟恒典射隼從禽備乎前誥伏惟陛下因聽覽之餘辰順天道以殺伐將欲躬摧班掌親御皮軒窮猛獸之窟穴盡逸材于林藪夷凶翦暴以衞黎元收革擢羽用充軍器舉旗效獲式遵前古然黃屋之尊金輿之貴八方之所仰德萬國之所係心清道而行猶戒銜橜斯蓋重愼防微爲社稷也是以馬卿直諫於前

張昭變色於後臣誠微淺敢忘斯義且天孤星畢所蘊已多頒禽賜獲皇恩亦溥伏願時息獵車且韜長戟不拒芻蕘之請降納涓澮之流袒裼徒博任之羣下則貽範百王永光萬代嘗命寫列女傳於屏風於時無本世南暗疏之無一字謬帝每稱其五絕一曰德行二曰忠直三曰博學四曰文詞五曰書翰世南始學書於浮屠智永究其法爲世祕愛宣和書譜智永善書得王羲之法世南往師焉晚年正書遂與羲之相先後歐陽詢與虞智均力敵虞則內含剛柔歐則外露筋骨君子藏器以虞爲優劉餗隋唐嘉話虞監草行本師釋智永嘗樓上學書業成方下具所棄筆頭至盈瓮十二年致仕授銀青光祿大夫弘文館學士如故祿賜防閤視京官職事者卒年八十一詔陪葬昭陵贈禮部尚書謚曰文懿帝手詔魏王泰曰世南於我猶一體拾遺補闕無日忘之蓋當代名臣人倫準的今其云亡石渠東觀中無復人矣後帝爲詩一

篇述古興亡既而歎曰鍾子期死伯牙不復鼓琴朕此詩將何所示邪敕起居郎褚遂良卽其靈坐焚之後數歲夢進讜言若平生翌日下制厚卹其家舊唐書又敕圖其形於凌煙閣子昶終工部侍郎唐書本傳

虞九皋字鳴鶴父當爲郭子儀從事終洳州刺史以信聞九皋世其家舉進士溫恭孝友爲先進所推官未達而卒柳宗元哀其行之弗昭追列遺懿謚曰恭肅柳宗元撰誄參嘉靖志

乾隆志引續文獻通考九皋舅氏沒於海奔喪扶櫬以歸方舉進士而沒私謚恭肅

五代 吳越

顧全武機警有才略武肅王八都建國辟令從戎以爲裨將累遷武勇都知兵馬使乾寧三年董昌據越州叛遣裨

將崔溫李蕙率兵屯石侯全武率衆擊破之臨陣斬溫蕙湖州徐應起兵應昌與淮人圍嘉禾全武擊破其烏墩光福二栅以屯西陵昌將徐珣李元賓據肅清四封九卿之地全武自西陵擊破之珣元賓降盡總其衆昌又遣裨將湯臼守石城袁邠守餘姚全武自西陵趨石城與臼遇大戰石城東斬首千餘級臼僅以身免去會稽三十里昌不敢出援復攻餘姚袁邠堅壁守昌遣將徐宣援邠全武潛師斷其要衝侯軍半過橫出擊之殺二百餘人擒徐宣翌日袁邠以城降全武進圍會稽昌閱戰五雲門懸玉帛以誘我師全武率勵諸將并力擊之昌懼退入城中遷全武諸軍都虞侯東面都知兵馬使遂攻五雲門時淮將臺濛

陷姑蘇王欲遣全武屯西陵以備北寇全武曰賊之根本繫於越州豈以失一姑蘇而遂緩大衆耶先拔越州後復茂苑未爲晚也王從之俄而越州破執董昌歸奏加全武檢校太保明州刺史四年與沈夏許再思率師由海路赴嘉禾諸將欲緩入全武曰嘉禾圍閉久矣莫知吾之勝負宜速往慰之因倍道進城中見我軍旗幟皆稱萬歲全武與昌將李宗禮頓全戰於城外大破之獲頓全宗禮餘衆遁俘千人以歸嘉禾平時吳將田頵守吳興聞之亦遁去全武追襲百餘里斬馘沈溺者千計遂督衆復蘇州吳將臺濛棄城遁去時淮軍屯崑山全武擊破之擒吳將秦裴光化二年加贊忠去僞功臣徐綰許再思叛圍外城王懼

縮據會稽將令全武領兵屯越州全武曰東府不足往當詣邗溝王曰何也全武曰急必召田頵來則淮南興師矣王乃令全武行成於吳全武又曰獨行必不濟請擇諸公子同往王乃以子元璙聘楊氏與全武俱行至廣陵楊行密乃遣使召頵還師明年全武與元璙同歸長興初以疾卒年六十五全武寬裕有謀善撫士卒喜怒未嘗形色每大敵在前鼙鼓動地分布行陣頤指口授怡怡如也嘗圍淮將秦裴於崑山裴援絕不降頗殺傷士卒有謾辭及裴降乃爲言於武肅王卒全活之時人稱其長者乾隆志引九國志

鮑君福字慶臣沈默少言有膽略從軍以驍果稱初隸劉漢宏爲牙將曹娥埭之役來歸武肅王王使領一軍號向

明都嘗側兜鍪臂弓注束矢馬上輪雙劍如飛出入陣中望之若流電人皆呼曰鮑鬧累積戰功爲衢州應援指揮使屬刺史陳璋叛淮南人入其境脅君福爲郡職君福不納武肅王慮其遇害密賜帛書令姑受命以緩旦夕死終堅拒不從伺守者李元嗣醉遂馳歸尋授衢州刺史吳將周本守信州屢侵信安境君福率數騎往追之本遁去天寶十一年王子傳球攻信州從斬吳將李師造擒偏將馮敏等功爲諸軍冠文穆王領淸海節度使辟爲副使及將罷郡武肅王勞曰比在任戰敵而已未足以盡副使才因復命之任君福在衢州凡一十二年後遷湖州累職鎭海軍節度副使浙西行營司馬奏授登州刺史保大保順等

軍節度使檢校太尉同平章事兼侍中天福五年卒年七十七贈開府儀同三司謚忠壯君福有賜田在錢塘今所謂鮑家田是也子修讓少寡言語治軍有法累官上直指揮使遷衢州刺史天福十二年爲戍將護李孺贇於福州孺贇叛修讓隨殺之傳首杭州顯德三年從吳程攻常州以應周世宗之師建隆元年知福州彰武軍事改上直諸軍都鈐轄使同參丞相府事卒十國春秋　案乾隆志據咸淳臨安志鮑家田在武林門外謂君福已移居武林因略其後嗣考本傳鮑家田係君福賜田援是而斷其移居恐屬臆說今並錄之

余世鳳鬻薪養親不得父所欲輒投斧哭一日虎噬父世鳳入深箐搏虎亦死鄉人立廟祀焉三祠傳輯

餘姚縣志卷二十三列傳三終

餘姚縣志卷二十三

列傳四

宋

顧臨字子敦通經學長於訓詁中皇祐間說書科爲國子監直講遷館閣校勘同知禮院臨知兵神宗召問對曰兵以仁義爲本因條十事詔編武經要略命爲都副承旨提舉上曰臨館職也其改提舉曰管幹出權湖南轉運判官提舉常平忤執政罷去尋除同判武學進集賢校理開封府推官出知潁州入爲吏部郎中祕書少監直龍圖閣爲河東轉運使擢給事中未幾拜臨天章閣待制河北都轉運使於是翰林學士蘇軾及孫覺胡愈等言臨資性方正

學有根本慷慨中立無所回撓處職以來封駁論議凜然有古人之風徽偉之流側目畏憚忽去朝廷衆所嗟惜諫大夫梁燾亦以言俱不報及至部上便利復召爲給事中後歷刑兵吏三部侍郎兼侍讀爲翰林學士以龍圖閣學士知定州徙應天河南府忌者指爲黨人斥饒州居住會覃恩還鄉里年七十二卒葬會稽石傘山嘉靖志案嘉泰會稽志臨傳作會稽人康熙乾隆二志並刪之嘉靖志著其葬在會稽石傘山臨之籍貫或生於姚而居於會稽未可知也志內如齊虞炎梁虞騫宋唐震史傳並作會稽人舊志概從著錄何獨於臨歧之今一例存疑以俟再考

虞賓唐弘文館學士世南十四世孫元豐八年進士甲科知長洲縣縣多大姓黠吏亂法亡度賓芟鉏之皆屏息自保無敢橫歲祲民無蓋藏部使者猶董宿負賓閣文移不

省及去民勒碑頌之終翰林承旨從子仲琳仲瑤並舉進士仲琳嘗從尹焞遊熇稱爲志學之士信道極篤官永嘉教授仲瑤爲信州教授紹興十三年始建祕書省於臨安詔求遺書置局於班春亭命仲瑤等校勘閱歲而畢官至侍講嘉靖志參宋儒學案乾隆志　案舊志選舉仲瑤並注賓子與傳不合康熙志賓傳云從子仲琳仲瑤仲瑤傳云父賓前後又不合寶慶會稽續志紹聖四年榜虞寅下注賓弟紹興五年榜仲琳下注寅姪仲瑤下注賓子時代最近當可依據今表傳並仍其舊摘敘衆異附此存參

李尚元祐間以五上禮部恩主邕州太平簿鄉人紀其陰德稱爲純篤君子嘉靖志　曾孫友仁自有傳

胡宗伋字浚明童時如成人及長刻意於學元符間試禮部歸教授鄉里學者多從之游性至孝跬步未嘗忘親建

炎之亂士人避地明越者多以宗伋爲歸依孝宗御極例授房州文學調瀏陽丞用薦監嚴州比較務最進一官句祠監南嶽廟轉饒之德興丞仍句嶽祠宗伋號醻儒能守所學不逐時好操行方軌篤於道德性命之旨其交游子弟非是莫取子沂自有傳嘉靖志參宋史胡沂傳

陳槖字德應縉雲令毅之子也入太學有聲登政和上舍第教授寧州以母老改台州士曹治獄平允吏攝天台臨海黄巖三邑易越州新昌令皆以愷悌稱呂頤浩欲撥爲御史約先一見槖曰宰相用人乃使之呈身耶謝不往趙鼎李光交薦其才紹興二年五月召對改秩六月除監察御史論事不合八月詔以宰邑有治行除江西運判瑞昌

令倚勢受賂橐首劾罷之期年所按以十數至有望風解印綬者以母老乞歸養詔橐善撫字移知台州台有五邑嘗攝其三民懷惠愛越境歡迎不數月稱治母喪邦人巷哭相率走行在所者千餘人請起橐詔橐淸謹不擾治狀著聞其敕所在州賜錢三十萬橐力辭上謂近臣曰陳橐有古循吏風終喪以司勳郎中召累遷權刑部侍郎時秦檜力主和議橐疏謂金人多詐不可信且二聖遠狩沙漠百姓肝腦塗地天下痛心疾首今天意既回兵勢漸集宜乘時掃清以雪國恥否亦當按兵嚴備審勢而動舍此不爲乃遽講和何以繫中原之望既而金厚有所邀議久不決將再遣使橐復言金每挾講和以售其奸論者因其廢

劉豫又還河南地遂謂其有意於和臣以謂金之立豫蓋
欲自爲捍蔽使之南窺豫每敗衄知不足恃從而廢之豈
爲我哉河南之地欲付之他人則必以豫爲戒故捐以歸
我往歲金書嘗爲歲幣多寡聽我所裁曾未淹歲反覆如
此蓋金非可以義交信結恐假和好之說騁謬悠之辭包
藏禍心變出不測願鑒前轍嚴戰守之備使人人激厲常
若寇至苟彼通和吾之振飭武備不害立國之常如其不
然決意恢復之圖勿循私曲之説天意允協人心響應一
舉以成大勳則梓宮太后可還祖宗疆土可復矣檜憾之
褱因力請去未幾金果渝盟除徽猷閣待制知潁昌府時
河南新疆初復無敢往者褰即日就道次壽春則潁已不

守改處州又改廣州兵興後廣東盜賊無寧歲十年九易牧守囊盡革弊政以恩先之留鎮三年民吏悅服初朝廷移韓京一軍屯循州會郴寇駱科犯廣西詔遣京討之囊奏廣東累年困於寇賊自京移屯斂稍知畏今悉軍赴廣西則廣東危矣檜以囊爲京地坐稽留機事降秩屢上章告老改婺州請不已遂致仕又十二年以疾卒於家年六十六囊博學剛介不事產業先世田廬悉推予兄弟在廣積年四方聘幣一不入私室既謝事歸剡中僑寓僧寺日糴以食處之泰然王十朋論近世會稽人物曰杜祁公之後有陳德應云宋史本傳孫用之紹熙初舉進士犯廟諱與文學四年再登科嘉靖志

湛若其先福州人父來壻餘姚聞人氏遂家焉時舉子各占一經或詞賦便足若於六經詞賦靡不工曉呂次姚建義學聘爲師諸生數百人執經問難辨若懸河汎濫百家諸子然後折衷聖經諸生無不解頤官終太常博士時有錢起案志作豈及子演亦相繼教授學徒常與若等次姚名皐以字行□□人因子克勤官浙故家餘姚紹興間其孫仲應復建學舍贍學田語在學校志嘉靖志參兩浙名賢錄三祠傳輯

陳升字仲德令汪思溫患制書無樓以謹其藏又縣治臨江障以民居失江山之勝升倡率鄉人建樓又築承宣亭先是宣和間睦寇猖獗浙東奸民外應邑尉計守禦升敷陳利害嚴捍捕要賊至梟其魁餘黨潰府帥劉延康欲論

列於朝力辭建炎三年金兵至浙有乘閒剽掠者升出財募勇發勁弩藥矢斃之他鄉所俘子女皆遺糧遣兵護之歸安撫傅龍圖奏聞授升進武副尉廕子廷俊一資康熙府志

胡沂字周伯宗伋子沂幼穎異六歲誦五經不忘一字紹興五年進士甲科陸沈州縣幾三十載至二十八年始入爲正字遷校書郎兼實錄院檢討官吏部員外郎轉右司以憂去終喪還朝孝宗受禪除國子司業鄧王府直講尋擢殿中侍御史有旨侍從臺諫條具時務沂言守禦之利莫若令沿邊屯田前歲淮民逃移未復舊業中原歸附未知所處俾之就耕可贍給省餉饋東作方興且慮敵人乘時驚擾宜聚兵險隘防守詔行其言御史中丞辛次膺論

殿帥成閔贖貨不卹士卒之罪詔罷殿前司職事與祠沂再言其二十罪遂落太尉婺州居住沂又言將臣定十等之目令其舉薦施之擇將之頃則可施之養士有素則未也夫設武舉立武學試之以弓馬又試之以韜略之文兵機之策蓋將有所用也除高等一二名餘皆吏部授以權酤征商所養非所用所用非所養願詔大臣詳議中舉者定品格分差邊將下準備差遣則人人思奮應上之求矣從之時龍大淵曾覿以藩邸舊恩除知閤門事張震劉珙周必大相繼繳回詞命沂論其市權招士請屏遠之未聽而諫官劉度坐抗論左遷沂累章益懇切曰大淵覿不屏去安知無柳宗元劉禹錫輩撓節以從之者好進者嫉其

言共排之沂亦以言不行請去遂以直顯謨閣主管台州崇道觀乾道元年冬召爲宗正少卿兼皇子慶王府贊禮尋兼侍講進中書舍人給事中進對論命令當謹之於造命之初上曰三代盛時如此卿職在繳駁事有當然勿謂拂君相不言除吏部侍郎兼權尚書沂奏七司法自紹興十三年纂修成書歲且一紀歷月閱時不無牴牾望令敕令所官討論章旨此法可行不可行此條當革不當革將見行之法與當革之條輯爲一書頒之中外庶可戢吏胥之奸詔行之以目疾匃祠六年出爲徽猷閣待制知處州復引疾奉祠提舉江州太平興國宮八年以待制除太子詹事尋復拜給事中進禮部尚書並兼領詹事又改侍讀

上顧沂厚有大用意而沂資性恬退無所依附數請去虞允文當國希旨建策復中原沂極論金無釁而我諸將未見可任此事者數梗其議遂以龍圖閣學士提舉興國宮淳熙元年卒年六十八方疾革整容素冠不少惰蓋其爲學所得者如此謚獻肅宋史本傳子拱撙自有傳

高國佐案燭湖集宋儒學案佐並作任名材以字行號石屏從尹和靖高息齋遊案宋儒學案云燭湖集作思齋當是息齋之誤篤學信道窮老不衰孫應時謂之古君子伯子公亮字和叔四明沈煥稱之於婦翁豐誼誼以甥戴妻之師事諸葛誠之從淳熙諸儒遊咸嘉其志業仲子翥自有傳嘉靖志參宋儒學案孫應時撰戴氏墓誌銘乾隆志高翥傳注

趙師龍字舜臣太祖九世孫父伯述武翼郎建炎南渡師

龍生於嘉興尋定居餘姚幼穎悟七歲解春秋大義史浩
尉姚二子與其學師龍日記千言下筆成章著雪賦甚工
浩奇之隆興二年以鎖試登丙科授左承務郎監建康府
糧科院郡委受輸庾吏以壓案銀來師龍正色叱去有民
田在大江中流訟久不決官吏憚風濤之險無親臨者師
龍輕舟徑往廉得其實曲直始明秩滿調知武進縣乾道
六年騎軍徙屯旁郡屬邑分造廬舍將校邀賂師龍不從
徙之磽埆地倍費工力師龍躬自督工落成先他邑部使
者薦於朝權知邵武軍郡鹽課積蠹剗磢百弊規畫一新
嘗捕盜閱知其非釋之人疑其寬縱已而得眞盜始駭以
爲神有富民兒子尙幼熏其目又置毒食中幽囚以覬其

死師龍搜得之爲之析產醫治復爲完人典郡縣二學增
廩給新貢闈士氣益奮郡人刻石紀政績焉除眞州酒政
稅課治狀稱最知溫州人士尤緐以儒雅緣飾儒士歸心
徙知婺州首蠲宿逋減折苗以寬民力罷酒務斂貢之擾
人尤樂之纔閱月病卒於官師龍家數窶忍貧如鐵石歷
典四郡以循良著無私謁之謗采史傳治亂成敗之跡著
博古摘華三十卷臨江築小室號翠霞有詩幾千篇以名
其槀他文稱是子希醕承務郎簽書南康軍判官廳公事
希一文林郎監鎮江府延陵鎮希白迪功郎監湖州梅溪
鎮希恷將仕郎樓鑰撰墓誌銘參孫應時撰師龍室聞人氏墓誌銘
趙善譽字靜之父不倚太宗之後也善譽幼敏慧力學乾

道五年試禮部第一初調昌國簿攝邑事勸編戶裒金買田以助嫁娶喪葬捕得海盜全槀守欲上其功善譽曰奈何以人命希賞守益賢之薦於朝授兩浙運幹改知撫州臨川縣縣嘗預借民賦善譽閱籍發逋負按籍征催卒以時辦集遂罷預借改常州添差通判史浩言其賢詔赴部堂審察累遷大理丞湖北常平茶鹽提舉會大旱善譽通融諸郡常平計戶振貸嗣歲麥禾倍收民爭負以償奏罷稅場十餘渡四十五民便之俾諸郡售田委郡文學董其入以給計偕者移潼川路提刑轉運判官遂寧守徐詡之廉聲部使者以其故御史寬假之善譽過遂寧詡出迎善譽抑使循廊詡大沮郡人聞之爭訟其過善譽劾諸朝宰

相王淮善詡寢其章善譽徑以聞罷詡又以羨貲給諸郡置莊民生子及娠者俱給米威惠並孚宗子寓蜀者少業儒善譽即郡庠立學以教之人始感勵引年乞祠歸處一室以圖書自娛無疾而卒年四十七時淳熙十六年也善譽早失怙恃撫育諸季備至居官廉靖自將多所著述郭雍朱熹嘗取其易說云宋史本傳

孫介字不朋胡宗伋高弟居燭湖上安貧樂道鄉人尊曰雪齋先生父子充昆季四人介嗣季父子全家世農伯父子昇爲浮屠聞就儒生習論語孟子詩禮通大義慨然變其家爲儒親授猶子訓厲嚴明介兄嚋字壽朋少凝遠有偉志言動遵規矩稱子昇意胡宗伋講授閭里子昇俾

疇率諸弟負笈其門疇學勇進蚤沒介孤立家貧無書自經史百家悉手鈔要語楷書細字無點畫稍惰嘗以先聖爲師畧日拜先聖文永感悲思每旦誦孝經一通著日誦孝經賦少尚忠義有憂當世心弱冠寓林疃聞徽宗崩大慟情發於詩有常願吾皇不共天之句聞語中原舊事扼腕頓足憤激作默禱六言云無一日敢忘君以天下爲己任但伸幺麽之私遠冀明昌之寢其壯烈如此年七十五卒初介有田三十畝娶室張得奩資十畝伏臘不贍常寄食授書助給後喪其土田猶捐衣輟食以周急不事請謁忍窮如鐵石非其義餽之不受年四十餘不事科舉不入都邑者三十餘年晚隨子應時就養所至謝客繙書自娛

著雪齋野語皆有德者之言子應求鄉貢進士次應符次應時皆以文學知名兄弟愛友卉衣草食厚薄必均應時自有傳應符之子祖祐嘉定十三年進士敬踐祖德崇緝先志名其堂曰世友葉適爲賦詩語在古蹟志沈煥撰行狀參寶慶會稽續志宋儒學案

莫叔光字仲謙隆興元年進士調永豐尉試學官中選歷明滁二州教授又中博學宏詞科除敕局刪定官徙國子博士召試除祕書省校書郎升祕書郎兼皇孫平陽郡王教授除著作佐郎光宗初兼權工部員外郎兼皇子嘉王府贊讀注通鑑撮要上於王王甚珍敬稱爲恬靜先生牓其署曰恬靜書院升著作郎尋除起居舍人兼權中書舍

入紹熙二年春雷雪交作詔條具闕失先是歸朝官除節鉞全臺論列不從中司一論樞密使即譴去叔光奏此闕失最大者又言女謁漸行近習與政等事辭皆剴切人所難言布衣俞古上書將以指斥被竄叔光詣執政白不可尋有旨鈞州聽讀叔光即繳奏方求言不宜輒罪言者事繇此得寢遷起居郎拜中書舍人兼權吏部侍郎外戚李孝純除閤門宣贊舍人帶御器械叔光言賓贊扈帶極右列清近之選孝純屢遭譴罰不宜冒居上即日從之除權吏部侍郎兼祕書監叔光外純和中實耿介入西掖纔三歲論駁至數十事先是內侍自正使轉橫行遙郡非故事也叔光悉奏罷之卒謚文清子子偉舉進士嘉泰會稽志參嘉靖志

案嘉泰會稽志叔先並姪子純作山陰人乾隆志據舊邑志以今學宮爲莫當所舍地弘治府志亦俱作姚人因定爲姚產考孫應時與叔先書有鄉曲昆弟語子純母係邑虞氏見兩浙名賢錄子純讀書墩在栲栳谿旁見名勝志皆足爲二人居姚之證建炎以來世家卒遷徙無常未敢執一書而定之也

李必達字伯通父唐卿進士乙科宰義烏必達出嗣世父唐輔爲後事母馮歡愉無閒人不知其非己出初祖母孫鬻嫁時裝具買國子監書數千卷必達閉門遍讀雖鄉里有不識其面者其爲學取古人格言書之四壁旦旦觀之嘗自警勵以終躓於試遂理生積久致裕歲歉平糶邑人賴之親故匱乏賙之無靳邑孫應時嘗稱之子師尹鄉貢次師說袁燮撰墓誌銘

莫及字子晉叔先近族也早孤業進士不偶自力營家變

有弟姪與諸從弟同甘苦無閒言者四十年塾舍常有名師日延賓客爲文字取有益子弟踴躍赴義忘其力之不足以故賢聲著郡邑而家益貧子七次叔廣鄉貢逢國大慶人爭傳會計籍以官其親及弗許其識尤遠孫應時撰壙記

胡拱字達材沂伯子紹興三十二年舉人陸九淵稱其資甚美天常亦厚太師史浩同知樞密院事葛邲皆嘗論薦監回易庫早卒葉適稱爲淳熙名士孫應時代請胡沂謚狀參葉適撰胡崇禮墓志銘宋儒學案

胡撙字崇禮沂仲子質性類其兄拱孫應時稱其天資如古人樂善急義若嗜欲乾道癸巳遇郊恩父廕補承務郎尋罹憂沂階不及謚撙頓首麗正門以狀請光宗惻然特

謚章簡撙曰此非所以謚臣父也卒易獻簡案沂傳作獻肅服除調監臨安府樓店務以兄拱喪乞監西京中嶽廟歷轉承奉承事宣議郎充兩浙轉運使幹辦公事轉宣教通直郎充浙西提舉茶鹽司幹辦公事轉奉議郎賜銀緋在運司時覈諸縣板帳條無名重賦白於長請盡除之浙西先旱後水湖常州死無虛室撙泣愬於朝急轉米多賣僧牒走長興安吉山中緣門廩飲之民賴少蘇初朱子呂祖謙以道學教閩浙士陸九淵後出號稱簡捷越人爲其學尤衆皆主撙家撙室周治鮭菜供飯羹歷歲無改士既成名無不向重撙謂宜世用竟不遇年四十九卒於吳子衞字衞道慶元五年進士官禮部侍郎封餘姚縣開國伯衍字衍

道又字晉遠知溧陽軍葉適撰墓誌銘參孫應時撰壙記寶慶會稽續志乾隆通志宋儒學案洪武蘇州府志

明文卿富家子少嗜學舉進士不售肆情於詩至忘寢食不問家事詩工家落平生未嘗奔走納交遊於當世世亦未有知之者所居門瞰湖山風晨月夕鷗鷺翔集樵牧往來曳杖其間自視天下之樂無已若者著有樵隱詩稾孫應時撰樵隱詩稾序

趙洙字師魯父衮通直郎莅官通州敵騎至淮人情岌岌洙方年少勉其父效死不去居家孝謹無閒言自少嗜學藝日益精數見擯有司乃由瑣廳補承節郎監興化銅場慈谿酒稅調江陵尉以憂不赴自承節六遷為從議郎監

建康府轉般倉處事精審廉勤自將吏姦無所措所至皆辦金陵適當軍興尤以才著上官多委任之 袁燮撰墓誌銘

孫洋字叔度天資賢厚恂恂儒者平生於父母昆弟族黨姻舊無閒言父時貸錢未償者數千計一折券不問寒民死無以斂輒與之棺無德色治父母冢塋躬負土種木又自營壙於親左及疾命弟曰爾他日必兆於親右其誠篤類如此子光祖官保義郎監寧國府酒庫 孫應時撰墓誌銘

王永富字德厚早孤謹信質厚爲衆所敬愛家饒貲產不急利賈怨姻族鄉黨恩意周洽急難婚葬多所倚辦割膏腴倡義役以弭仇訟歲凶饑者食之不足者貸之以國慶賜高年爵授迪功郎致仕 孫應時撰墓誌銘

孝宗愈字唐佐少穎秀苦學舅陳橐深器之親没家單始綜葺生理久之貲甲一鄉儒雅自如食用取粗足子弟臧獲訢訢如也先時里正多破産仇訟令施宿勸民義役宗愈捐數十畝倡之傅謀畫爲要束期於堅久宿以爲一縣式歲饑不閉糴遠近賴之時有族宗明者世以好施稱篤舉子業補承信郎積階從義郎監京口西北較務台州仙居縣酒稅充信州八房巡檢嚴州管界巡檢寬和不忤物信惠足以使人持身謹處事公而一歸於忠厚桐江之歸廟堂有知宗明者授高郵兵馬監押居一二月以老乞監澤州南嶽廟孫應時撰墓誌銘

厲德斯字直方女弟夫曹詠以秦檜客守鄉郡奔附者恐

後德斯獨不往詠諷邑令引爲里正胥治百端冀其祈已竟不屈檜死詠貶新州德斯以十詩贈行其一云斷尾雄雞不畏犧憑依掇禍復何疑八千里路新州瘴歸骨中原是幾時詠得詩憤歎而已乾隆志引宋詩紀事小傳

餘姚縣志卷二十三列傳四終　　光緒重修

餘姚縣志卷二十三

列傳五

宋

孫應時字季和介季子也天才潁異陶治嚴訓八歲能屬文乾道八年入太學年方弱冠從陸九淵悟存心養性之學其後親詣槐堂受業登淳熙二年進士初尉黃巖士民愛之欲共置田宅留居焉辭不受朱子爲常平使者一見即與定交後丞泰州海陵丁父憂服闋爲嚴州遂安令邱崈帥蜀辟入幕邑人留之不得至於哭送興元帥吳挺將有世襲之勢朝廷患之崈因其病使應時往視疾以察軍情挺盛禮十獻應時辭焉復命以事實告會挺死即白崈

定議差統制官權領其軍檄總領楊輔兼利州安撫節制之草奏乞別選帥材代吳氏從之以張詔爲興州都統一方晏然改秩知常熟縣大興教化立子游祠朱子記之以爲武城絃歌之化復見於今又爲縣志既滿郡將以私憾捃摭倉粟累政流欠三千斛見問士民感德相率擔負詣郡願代償不報竟坐貶秩因爲詩謝邑人云牛車擔負愧高義豈知薄命非見寬後授通判邵武軍未赴卒年五十三應時師事陸九淵亦嘗問學於朱子學者稱燭湖先生著有文集十卷史彌遠爲應時弟子集中與彌遠諸書皆深相規戒迨彌遠柄國獨超然自遠無所假借甘淪一倅以終其人品尤不可及開禧三年吳挺子曦復歸興元果

據軍叛曦誅嘉定初三省官沈詵等奏應時問學深醇行義修飭見微慮遠能爲國弭患於未形乞甄錄其後得旨補其子祖開下州文學祖開蓋亦智略之士寶慶會稽續志參楊簡撰壙誌宋儒學案

莫子純字粹中以仲父叔光恩補官銓試及試江東運司俱第一慶元二年禮部奏名復第一詔免廷試準禮部序次賜進士子純乃以有官充第二簽書平江軍節度判官廳公事除祕書省正字校書郎著作郎起居舍人兼直學士院起居郎中書舍人時蘇師旦有寵於韓侂胄氣燄熏炙求進者爭趨其門一日遇子純於都堂趨前執禮甚恭子純略不爲禮師旦已深恨之會師旦當遷官子純又持

不可佤胄怒出子純知贛州加右文殿修撰改知江州不赴改知溫州提舉江州太平興國宮嘉定八年卒年五十七子純性姿聰悟博聞强記立朝之節始終可考士論歸之寶慶會稽續志參嘉靖志

王逨案攷媿集逨作遠誤字致君其先宛邱人父偰在寓賢傳建炎之變逨偕父來奔幼警敏書一讀即不忘年十一爲金人所虜以智脫走河朔教授汝潁間紹興八年南歸一試入太學已知名以父郊祀恩補登仕郎循右修職郎改右承奉郎舉隆興元年進士以尹穡薦拜監察御史時金人再窺淮甸朝廷旰食逨累疏奏陳略言應機貴速斷命令貴專一宰相貴愼選將帥貴輯睦宿將李顯忠邵宏淵趙撙

姚仲等悉條其才用上皆嘉納擢右正言陛對日首論擇相之難且言專取親舊排斥異議官義制之人於有初之地置循默之士於必進之途樞密院之權反奪於機速房尚書省之事不關於左右司皆宰相私也次論其釁未已科擾騷然羣盜根芽姦宄不禁宜詔守宰行寬政務實惠安固羣心以靜邦本次論講和有三可疑且請督師不專於持重諸將不專於分守悉遣銳卒以順攻逆以主待客各爲决戰破敵之計此聲一出敵知吾有備和亦在其中矣次論陛下以願治力行之心憒衆事之不理慨然更革令必欲行人情或有不安終至廢格不若責當言者使之言擇其當者明坐其人之奏請而舉行之或有浮議責有

所歸若其可用利興害除善聽善用之功歸於陛下矣會論館職免召詔試非是忤執政除吏部郎力求外補除直祕閣知鄂州以母老乞祠主管台州崇道觀乾道三年除知台州未行改溫州除積汰冗廣興水利朱淶埭瑞安塘路石岡斗門皆不日而成民蒙其利畫像於州之普覺寺祠之改荊湖南路提舉常平茶鹽公事丁艱服闋除提舉福建路常平茶事奏陳以陳易新之法甚備淳熙初除荊湖南路轉運判官旋入對留爲吏部郎遷軍器監論奏俱稱旨終國子司業卒著有西漢決疑補注杜詩各三卷編集南北戰爭事實若干卷迹書法鍾王從子中立亦工書得迹筆法樓鑰撰行狀參嘉靖志　案三祠傳輯中立作迹子存參

王中行字知復逖子幼穎悟熟諸經史侍親側時時默誦數百千言以祖遺恩調廸功郎婺州武義縣主簿時逖官閩爲遠於親乃易慶元府慈谿尉奸劇蠹衆驚服被檄塞海隄父老爭言蛟齧決隄必祭之乃可中行弗聽籠巨石舟夾而投之衆力齊舉隄復堅壯魏王出鎮慶元中行適理掾閱獄囚百餘輩多連坐者有司疑繫不決中行曰皇子作牧疑則肆赦豈復效俗吏屑屑苛察耶即日白而釋之丁內外憂服闋充書庫官出爲湖北提刑司幹辦公事書庫終更例遷學官次則掌故中行以不附權奸竟外補澧之慈利有訴殺人祭鬼者中行取案反覆推究訪得俗設此祭者必以兩目手足先登俎此獄所驗目手足無不

具者請不遽加以法時服其精察改宣德郎知嚴州建德縣轉通直郎秩滿趨朝偶疾致仕轉奉議郎卒中行初官慈谿遂作詩箴之有曰惟畏實過寡惟勤無功虧既至官名其堂曰勤畏刻詩堂上矢終身焉邑大江飛橋久壞遂欲爲而未果中行出九千緡復新之遂爲永利子大臨通直郎知江寧縣叔達迪功郎監常州羅納倉袁燮撰墓誌銘

李友直字叔益史浩尉姚見其文奇之妻以女浩既相友直在太學不自炫登淳熙二年進士銓蕪湖簿適浩再相孝宗問浩壻孰賢浩以友直對乃除敕令所删定官輪對稱旨有言友直驟進乃外補判婺州改湖州擢知臨江軍易廣德程大昌曰友直澄之不清撓之不濁似有道者莫

叔光謂友直如美玉無瑕可指嘉靖志參康熙志

李友仁字叔文侚曾孫也祖翊贈宣教郎父揚訓武郎東南第六副將時稱賢長者友仁幼有奇識篤事師孫介李氏多以學鳴友仁以不竟業爲恨或諷之仕笑而不答擇士教子不責近效曰利達有命能使吾子寡過斯益宏矣從父兄友直器之曰吾家必友也孫應時撰墓誌銘

朱元之字伯先案兩浙名賢錄作伯允世居涿郡習武事父始爲儒宣和末避亂江南因家餘姚元之與弟元龜受易於程迥舉淳熙五年進士光宗初受禪求直言元之極言官爵冗濫士風不競宰相依阿佛老蠹民武事廢弛召赴行在賜對請劇邑自試知弋陽寧宗即位輔臣以臺諫薦自廬州

判除諸司審計擢御史時韓侂胄用蘇師旦爲心腹招權納賄道路側目元之劾師旦刀筆吏濫汙朝紳依勢假權寖階要近狡獪佞黠陰險奸貪乞奮英斷賜罷斥以絕姦宄不虞之害不報力求去以中旨罷歸嘉靖志

高翥初名公弻後改名字九萬國佐仲子也案嘉靖志作國佐族誤幼習科舉學下筆輒異長乃卓越不羈曰此不足爲吾學也遂專力於詩師事林憲得句法又與杜旃周文璞過浮屠義銛益大進自成名家嘗有報友人論詩書略云古以漢魏爲至律必開元以前才有不逮可勉而至志之所畫終焉而已使蘇李荀安必效瓦缶之奏孟賈易轍立發淇鐘之響然匠心雖工學步滋醜時賢崇尚杜詩句紬字繹

神理索然竊欲法其閎深滌彼拙率推之漢魏莫不皆然若夫天寶以還五季而上但堪代燭云爾持論最爲精到壽所交皆名士及爲大官不肯下氣强附獨與陳宓許復道交最篤宦遊常與之俱晚年貧甚無一椽半畝結巢林湖小僅容身自署曰信天巢淳祐元年遊淮得疾歸卒於西湖寓舍年七十二著有菊磵集十二卷嘉定以後學者多傳其詩孫德之撰墓誌銘參嘉靖志乾隆志海寧州志

趙彦㦤字元道號平庵從楊簡遊精思力行德操醖厚初受世賞入官爲吉水丞重修象山精舍世疑象山爲禪彦㦤謂誠意正心以至治平天下原於致知二字以闡其説又刻慈湖遺書旋登嘉定七年進士累官吏部尚書兼給

事中以華文閣直學士知平江府卒有文集傳世仲孫時塈開慶元年進士令廣昌黃震提刑江西以潔廉善士推之嘉靖志參康熙志宋儒學案　案康熙乾隆二志俶作椷宋史世系表作俶與嘉靖志合

孫椿年字永叔父逖始挈椿年於學東南師友多聚其家椿年剛特博達好左氏班馬書時發明三家奧恉世儒多不及江淮以北極於幽薊山川險要及前代用師餽糧道路所出言之莫不詳盡應舉不第例補嶽祠辭不受兄蚤死奉嫂撫孤盡敬盡愛姊適胡夫婦皆卒椿年撫孤甚備其孤夭復爲立後晚倣范氏義莊贍其族紹熙中歲旱米價日翔椿年悉發廩貸里人明年糶賤來償止受初貸之數有鬻屋將徙者必貸之錢曰所得幾何奈何違里去以

此旁近無流徙者海隄數決時議欲決湖爲田積粟爲築隄費椿年爭不可曰決湖則利不補害出金率鄉里共營之隄成而湖利不廢子之宏字偉夫嘉定七年進士葉適晚年入室弟子適作習學記言之宏序其恉曰學失其統久矣本朝關洛驟起近世張呂朱氏二三鉅公益加探討名人秀士鮮不從風先生後出異識超曠不假梯級謂洙泗所講前世帝王之典籍賴以成開物成務之倫紀賴以著易彖象仲尼親筆也十翼則訛矣詩書義理所聚也中庸大學則後矣曾子不在四科之目曰參也魯孟子能嗣孔子然舍孔宗孟則本統離故根柢六經折衷諸子剖析秦漢訖於五季以文鑑終焉其致道成德之要如渴飲饑

食之切於日用也指治摘亂之幾如刺腧中肓之速於起疾也推迹世道之升降品目人才之短長若皆繩準而銖稱之前聖之緒業可續後儒之浮論盡廢稽合於孔子之本統者也其論記言大旨發明殆盡之亮之望之顥並有學行孫林象先俱進士曾孫嶸叟自有傳陸游撰墓表參葉適撰誌銘宋儒學案嘉靖志

毛遇順字鴻甫嘉定十六年進士召對超拜侍御史首論史嵩之不當起復三學諸生皆朝廷元氣不宜斥逐前後疏數十上皆時所忌言理宗書其名於御屏寶祐初進兩淮制置使又論賈似道丁大全必誤國乞郎賜罷斥不報元太弟呼必烈聞之歎曰安得南朝直臣如毛遇順者乎

官至大理卿志嘉靖

楊瑾字廷潤父晞正篤厚君子刻意教瑾及瑾弟瑶瑾舉寶慶二年進士案會稽續志瑾弟瑶嘉熙二年進士初試餘干尉移監華亭稅從嘉興守趙與篙士抄撩田圍詭匿畢露遂攝華亭罷其縣民積逋及胥吏白納錢酒稅無藝之征吏民請於朝願以爲令從之於是修經界立義役遷廟學前令所不能辦者瑾處之沛然有餘遷判平江有父老棹小舟引二旗候瑾郊外涕泣爲餞曰農人不會題詩句但稱一味好官人事聞名益重終大理卿直寶謨閣學問操履文章政事當世以第一流推之嘉靖志

孫子秀字元實紹定五年進士調吳縣主簿有妖人稱水

仙太保郡守王遂將使治之莫敢行子秀火其廬碎其像沈其人於太湖曰實汝水仙之名矣妖遂絕日詣學宮與諸生討論禮義辟淮東總領所中酒庫檄督宜興圍田租既還白水災總領恚曰軍餉所關而敢若此獨不為身計乎子秀曰何敢為身計寧罪去爾力爭之遂免調滁州教授至官改知金壇縣嚴保伍釐經界結義役一切與民休息訟者使賫牒自詣里正并鄰證來然後行不實者往往自匿其牒惟豪黠者有犯則痛繩不少貸淮民流入以萬計振給撫卹樹廬舍括田使耕拔其能者分治之崇學校明教化行鄉飲酒禮訪國初茅山書院故址新之以待遠方遊學之士通判慶元府主管浙東鹽事先是諸場鹽百

袋附五袋名五釐鹽未幾提舉官以爲正數民困甚子秀奏蠲之辟幹辦行在諸司糧料院衢州寇作水冒城郭朝廷擇守屬子秀行子秀謂捕賊之責雖在有司亦必習土俗之人乃能翦其憑依截其奔突乃立保伍選用土豪首旌常山縣令陳謙亨寓士周還淳等捍禦之勞且表於朝乞加優賞人心由是競勸未幾盜復起江山玉山開甫七日禽四十八人終子秀之任賊不復動水潦所及則爲治橋梁修堰牐完城壁浚水原助葺民廬振以錢米招通鄰糴奏蠲秋苗萬五千石有奇盡代納其夏稅并除公私一切之負坍溪沙壅之田請於朝永蠲其稅民用復蘇南渡後孔子裔孫寓衢州詔權以衢學奉祀因循踰年無專饗

之廟子秀撤廢佛寺奏立家廟如闕里既成行釋菜禮以
致最遷太常丞以言罷未幾遷大宗正丞遷金部郎官金
部舊責州郡以必不可辦之泛數吏顛倒爲奸欺子秀日
夜討論給册轉遞以均其輸人人如債切身不遺一字而
輸足遷將作監淮東總領辭改知寧國府辭爲左司兼右
司再兼金部與丞相丁大全議不合去國姚江逸詩傳丁大全將代董槐
爲相三學生伏闕攻之判登聞鼓者留其書於檢院弗以
聞子秀與右司趙崇潔貽書兩府使之從檢院取書徑達
御前大全希解之於子秀酌酒而告曰此必趙右司所爲
於公無與子秀自出其稿曰此某筆也若以爲罪願自當
之遂　差知吉州尋鐫罷時嬖倖朱熠凡三劾子秀開慶元
去
年爲浙西提舉常平先是大全以私人爲之盡奪亭民鹽
本錢充獻羨之數不足則估籍虛攤一路騷動亭民多流

亡子秀還前政鹽本錢五十餘萬貫奏省華亭茶鹽分司官定衡量之非法多取者於是流徙復業徙浙西提點刑獄兼知常州淮兵數百人浮寓貢院給餉不時死者相繼子秀請於朝創名忠衛軍置砦以居截撥上供贍之盜劫吳大椿前使者諱其事誣大椿與兄子焴爭財自劫其家追毁大椿官編置千里外徙黥其臧獲子秀廉得實乃悉平反之尋以兼郡則行部非便得請專臬事擊貪舉廉風采凜然犴獄爲清進大理少卿直華文閣浙東提點刑獄兼知婺州婺多勢家有田連阡陌而無賦稅者子秀悉覈其田書諸牘勢家以爲厲己嗾言者罷之尋遷湖南轉運副使以迎養非便辭移浙西提點刑獄子秀冒暑周行八

郡三十九縣獄爲之清安吉州有婦人懇人殺其夫與二僕郡守揭賞萬緡逮繫考掠十餘人終莫得其實子秀密訪之乃婦人賂宗室子殺其夫僕救之併殺以滅口一問即伏誅又釋僞會之連逮者遠近稱爲神初獄訟之滯皆由期限之不應使者下車或親書戒州縣弗違而違如故則怒之怒之改匣又違則又重怒之至再三而專卒四出巡尉等司徼限拖匣費不貲則其勢必違子秀與州縣約到限者徑詣庭下吏不得要索亦無違者其後創循環總匣屬各州主管官凡管内諸司報應皆併入匣一日一遣公移則又總實於匣以往於是事無大小纖悉畢具而風聞者反謂專卒陵州縣劾罷之子秀笑而已移江東提點

刑獄度宗即位進太常少卿兼右司尋兼知臨安府以言罷起知婺州卒子秀少從上虞劉漢弼遊磊落英發抵掌極談神采飛動與人交久而益親死生患難營救不遺力聞一善則手錄之宋史本傳

孫嘉嘉熙二年進士歷官常州守屬吏黃艮貴伉直士也嘉優禮之見者多其識大體宋亡不仕歸四明山中築耕寬堂口不及名談勢語好白居易詩輒效其體爲之有孫常州摘藁傳世姚江逸詩傳參乾隆府志

岑全字全之嘉熙間兩貢於鄉薦試詞學擢第授臨安府教授兼諸王府讚讀淳祐初進太學博士兼宗武二學旋試祕書省校書郎嘗與邊偶輪對言近日密院所任皆庸

鄙植黨自封不圖國計上爲罷右丞相一人是夏乞外補丞相有惡其嘗論己者乃出監婺州酒稅會水溢上遣使振卹使者怠緩全面數之使者怒全即引疾歸時母王年八十全六十餘晨必冠帶立闔外候寤乃敢入問安否夜分必俟寢息始退初母以嫠居恆晝夜紡績至暮齡或通夕不寐全亦通夕侍之人以此稱爲至孝著有祕集錄十二卷經傳考疑八卷弟林博學有道子珍仙居教諭孫應龍元紹興路經歷翔龍元江陵教諭嘉靖志

孫嶸叟字仁則椿年曾孫父林淳祐十年進士官句容令嶸叟登淳祐七年進士中博學宏詞科擢監察御史論賈似道罪重法輕當斬德祐初元兵渡江文天祥起義勤王

左相王爚趣天祥入衛右相陳宜中與爚不相能以故深結留夢炎而黨黄萬石奏使入衛沮毁天祥天祥列上勤王及留屯利害皆内忌夢炎莫敢闢白嶸叟取所列徑造御前奏之於是復有旨趣天祥入衛仍乞倚任天祥竄宜中夢炎萬石呂師孟以作忠義之氣時朝議方倚重師孟求好於元不報嶸叟居官竭忠盡智排斥奸回不爲身計精於易道著讀易管見諸書官至禮部侍郎兼太子賓客卒謚忠敏嘉靖志參寶慶會稽續志

孫炳炎字起晦子秀從子寶祐元年進士爲福州教授歷湖南路帥幹官改淮東餉幕皆盡職添倅太平護郡符卻橫租四十八萬有奇入爲宗正丞權吏部郎出知饒州按

視虧運米二十萬石請分限補償乞免專官專吏之擾其新米則按月轉輸詔從之贛寇出沒二廣爲患炳炎不折一矢解散之廣帥劉應龍舉以自代會江上師潰歎曰此國家危急存亡之秋勤所部將校進屯豐城以拒寇除軍器監以言罷歸官宗正丞時輪對劄子言天下大計切劘君德整齊紀綱懍懍有古諍臣風嘉靖志

唐震字景實寶祐元年進士少居鄉介然不苟交有言其過者輒喜旣登第爲小官有權貴以牒薦之震納牒篋中已而干政震取牒還之封題未啟其人大媿後爲他官所至以公廉稱楊棟葉夢鼎居政府交薦其賢咸淳中由大理司直通判臨安府時潛說友尹京恃賈似道勢甚驕蹇

政事一切無所顧讓府有具獄將置辟震力辯其非誣及
爭之不得上其事刑部卒是震議六年江東大旱擢知信
州奏減綱運米蠲其租賦令坊置一吏籍其戶勸富人分
粟使坊吏主給之吏有勞者輒奏復其身吏感其誠事爲
盡力所活無算州有民庸童牧牛童逸而牧舍火其父訟
庸者殺其子投火中民不勝掠自誣震視牘疑之密物色
得童旁郡以詰其父對如初震出其子示之獄遂直擢浙
西提刑過闕陛辭似道以類田屬震震謝不能至部又疏
爭之趙氏有守阡僧甚暴橫遣吏捕治似道以書營救不
省卒按以法似道怒使侍御史陳堅劾去之咸淳十年起
知饒州時興國南康江州諸郡皆附元元兵略饒饒兵止

千八百人震發州民城守昧爽出治兵至夜中始寐上書求援不報元使人入饒取降款通判萬道同陰使於所部斂白金牛酒備降禮饒寓士皆從之道同風震降震叱之曰我忍偷生負國耶城中少年感震言殺使者民有李希聖者謀出降械置獄中明年二月元兵大至都大提舉鄧益遁去震盡出府中金錢書官資揭於城募有能出戰者賞之衆懼不能戰北兵登陴衆遂潰震入府中玉芝堂其僕前請曰事急矣番江門兵未合亟出猶可免震罵曰城中民命皆係于我城中民死我何面目生耶左右不復敢言皆出有頃兵入執牘鋪案上使震署降震擲筆於地不屈遂死之兄椿與家人俱死張世傑尋復饒州判官鄒宗

節求震屍葬之贈華文閣待制謚忠介廟號褒忠官其二子震客馮驥何新之驥後守獨松關新之守閩之新壘皆戰死宋史本傳案傳震會稽人舊志並著錄今仍之

何林字茂遠寶祐四年進士劉黻爲沿海制置使辟林幹辦公事號爲知己時緣邊多事林善適權變濟以忠勤舉措皆當客星山故有嚴光祠林謀諸黻剏高節書院語在學校典祀兩志嘉靖志

方山京字子高世家慈谿父達材來贅餘姚四明孫氏因以爲家以明經教授鄉邑晚登甲科官至臨安軍教授山京幼孤固窮力學擢景定三年進士第一或病其制策過簡令益數語山京曰既徹上覽矣吾誰欺吾所學在毋自

欺其人媿服除僉書平江軍節度判官廳公事景定甲子秋彗星見山京適主試發策極言内帑之私公田之擾及指摘内廷缺失甫出院被劾即引歸貧甚親故爲築室繼廪山處之度宗登極詔起前官移建康軍不行尋除祕書省正字乞祠進校書郎差主仙都觀得疾卒朝野惜之葬上虞始隆鄉彭山嘉靖志

陳閈先字覺民號魯山翁景定三年進士博學不修小禮樞使李應山鎮兩淮辟爲機宜文字邊將致饋一無所受歸隱三十年鄉黨尊之年八十二卒遺文若干卷藏於家嘉靖志

余廷簡咸淳三年進士官溧水丞元兵至不屈死之嘉靖志

厲元吉字无咎號半村咸淳七年進士尉烏程宋亡隱從山與故老談時事輒泣下連日不食元初訪宋臣欲强以官遯跡湖海白首始歸文集十二卷多悲憤語元岑安卿弔宋遺民作三哀詩元吉其一也嘉靖志參栲栳山人詩集

陳應庚咸淳十年進士官東陽尉有賢德趙撝謙撰陳氏譜序引學宮題名記

胡坤字本亭咸淳七年五月大風海溢隄壞坤募衆修築不日而成鄉人利賴之郡守薦補沿海制司幹官著沿海治平條貫一卷澥山志參胡譜

葉仲凱號見山博涉經史善屬文咸淳甲戌禮部正奏名爲枋國者所忌罷歸入元終身不仕或曰君未食宋祿仕

何不可答曰吾聞周德雖興夷齊不厭薇蕨漢道方盛黃綺無閒山林人各有志奈何違之勸者乃止仲凱教授鄉里藹然有敦篤之風爲詩歌多寓興廢之感故老輒不忍讀金華黃溍序之嘉靖志

楊子祥字吉甫父克和明春秋學子祥世其家卓犖有奇氣江萬里舉爲縣監稅輒棄去教授海濱兵興避地浙西主牟應龍時留夢炎事元爲尚書雅聞子祥賢欲致之子祥不顧東還遇鄧牧謝翺方九思於臨安相與弔古賦詩徜徉湖山閒聞復有薦者乃皆去歸其鄉子祥杜門著書垂二十年卒九思亦縣人自言有司馬子長之風嘉靖志

茹瑗鄉貢元兵入境肆婬掠瑗見其帥面數之帥怒脅以

兵不屈死明洪武初有司立石表其閭曰忠節獨全東山志

吳自然字誼甫端平中兩浙漕貢進士授登仕郎子垓承信郎監呂城鎮世積善饒貲能赴人急至自然父子益以誼顯聞凡寓公羈宦單素貧薄之士遇自然父子以振者滿海內德祐乙亥大饑出粟振其鄉里全活數千百人其後輒饑輒振詔表所居之坊曰高誼號曰義門垓子鏞象山教諭鏞子洧字養源知問學始有膏腴田四十頃宅產無算兄弟三人以急義喪其貲晚至僦屋以居鬻餘田以食猶施予不已人皆服其醕德鏞孫時中元宣武將軍海道防禦運糧萬戶死事天台贈騎都尉追封渤海郡伯嘉靖志引宋元僖撰吳洧墓銘　案嘉靖志稱五雲漫稾記吳氏居雙雁鄉者數百年隱居行義鄉受其賜有司名其里

曰高誼有名季璋者其祖父三世埋銘盡鉅公筆敘述其惠利之實然不云世有爵位及朝廷表揚事又案乾隆通志引弘治府志元至大初歲大饑自然子埏復助有司振給州上其事中書旌其門曰積世好義吳氏之門埏或爲垓兄弟或即垓傳寫偏傍偶誤又季璋是否自然後人均無從臆斷垓以下當已入元難爲釐析時中死難則定在元季以舊志坿此今仍之

餘姚縣志卷二十三列傳五終

光緒重修

餘姚縣志卷二十三

列傳六

元

岑安卿字靜能號栲峯宋祕書省校書全孫仙居教諭珍子也幼習禮容年十三四通經義卽欲徧讀子史父告以聖賢之道具在經典不宜誇多喪志安卿惕然有覺師厲元吉誨之聖賢之道則樂習或以科舉之業則厭聞故岑氏多以科第顯而安卿獨隱居樂道以名節高天下嘗爲三哀詩弔宋遺民之在里中者栲栳山人詩集三哀詩故厲先生元吉曰厲公予先師侃侃國髦士文詞奮白屋名識動丹扆帝鄉眷遇殊曲宴錫豐侈青衫何足云倏忽期顯仕云胡尉苕溪露泣秋萓死朔風撼南極黃屋繼隳圮歸棲從山雲松柯蔭琴史汨揮新亭悲詩窮黍離旨雪霜轉侵凌故里不可止漂泊

海東西生計日彫靡暮年賦歸與幸一遂首邱志遺經惜無傳嗣續但耘耔死別三十年春恨未致一慰何當馬鬣封秋菊薦寒水故高先生師魯名琫曰我憶總角初羣立侍師魯蒼然太古姿眉髮垂素縷慨思英發時濟濟整風度承家二百禩衣冠踵餘武驄騁文藻林濩落老無遇轉眄五十春國祚倏非故荒涼東海濱誰復嗟罄窶幸餘慈溪翁詩文接情素孫枝復萎折宗祏稟無主斯文竟何辜不綴一綫緒嗟余三世交念此轉增慕蕭蕭豫章風悲號惘難訴故李先生天錫號碧峯曰吾鄉山水佳間世產英特適來百年間接武愧寥寂蒼蒼梼杌峯東西峙空碧先生擅斯名挺挺無愧色驄聲翰墨場羣彥咸辟易五色日迷眼造物祕莫測餘年付詩酒琴書自朝夕晚交無功師妙語契金石談空渺生死奚以貧賤戚青衫故不就縱就國步革淒涼文會基狐兔穴遺甓我生恨後時不及風采識空餘書一編焚香得繙繹　案師魯天錫事佚不著是詩亦文獻之僅存者故備錄之寄託深遠有俯仰今昔之感築室梼杌峯下因號梼杌山人雖處僻邃聞者皆循跡而至至治間下詔求賢直省舍人劉孛蘭奚知州脫脫先後以安卿學醕行潔薦皆力辭後至元元年夏

海溢隄壞自上林極蘭風數十里民歎其魚州判官葉恆過安卿問計欲尋前朝故事畫田課稅而徐圖之安卿謂患急計緩擾民秏財隄不可成他變且作莫若暨州計畝出粟仍請免民他科以悉力是役盡建石隄則功永安民不煩而集於是助粟一千有奇請免計上林田畝曰此以賙吾鄉鄰之急恆拜行之復請安卿量事期計財用愼任使總出納而己得循隄董役役重成亟而民不勞民之歌曰姚民半魚葉侯作隄葉侯作隄岑公實尸當築隄之明年恆例當爲民均徭上官以恆督役海隄不欲煩以他政因請安卿代行編次固辭不獲乃至福昌寺定役絕請謁杜欺隱籍定布諸民民皆曰平里鹽鐵廟有巫倚像稱道

禍福遇需索不與則詛之多驗民避之若虎狼安卿入廟指像曰神以福民不聞厲民厲民者無法遂毀之斥巫曰巫爲人祈福不聞以禍禍民者無法姑遣之巫行不一舍而死民皆稱爲神明倚爲藩衛宋濂題栲栳山人詩集略曰名閥之家雖至凋瘁多藉之以自立崛起寒微之輩縱富埒公侯亦不爲陵躐之事設有之往往私相謂曰岑先生莫知之乎復退縮不敢吐氣至元至正間江浙行省與州郡守宋文瓚王沂葉恒皆交章論薦朝議置館閣以老力辭日與處士王毅輩放情林湖栲栳閒嘯歌自得宋元僖謂其論直而不疎其行方而不迂其貌則淵飲而淸木茹而癯其蘊則可以尊主而庇民世以爲知言卒年七十趙謙等私謚曰貞元先生王至撰行狀參嘉靖乾隆兩志

岑良卿，字易直，號海亭。延祐五年進士，授紹興路同知，有政聲。出爲松陽縣尹，尋授東平路總管同知。蒙古部落編入民戶，恣爲驕縱，東平尤甚。良卿痛抑之，民賴以安。擢奎章閣學士、參知政事。是時江南民困於海運，而京倉充滿，良卿奏請得減海道糧歲二十萬石。未幾，卒於官。鹿嗣宗聖廟志名賢傳

胡元之，字繼道。至元、元貞間，達魯花赤舉掌海運，經理周悉，得免風濤之患，衆服其策。大德元年，以才德薦授慶元路市舶提舉司提綱，改提舉制置解鹽司提綱。著有天香日錄二卷、天郊逸叟談餘草三卷。謝山志參胡譜

石明三案三祠傳輯名亮，四明山農夫也。家世貧賤，老屋數楹，隱

隱叢薄中明三早喪父獨與母俱一日以事出告其母曰兒出母居此無侍養者幸往依女氏待兒歸母曰諾女氏家甚邇明三謂母可即至竟行後二日歸首過女氏則母未嘗至明三心驚倉皇抵舍見壁穿而臥內有三虎子知母爲所害乃盡殺虎子礪巨斧立壁側伺母虎至斫其首碎之取肝腦礫諸庭以斧指天曰吾雖殺四虎未足報吾母讐更迹牡虎所行路執斧阻崖石待之牡虎果過崖下明三奮而前當虎首連斫虎斃明三亦立死不仆張兩目如生所執斧牢不可拔鄉鄰走弔咸懍懍欲亡去嘗捕虎者相率拜祭而神之戴良撰傳參元史本傳

黄義貞字孟廉大德閒以孝行徵爲博士不起隱居鳳亭

年一百五歲姚江逸詩傳

胡忠字景莊宋尚書沂六世孫弱冠哭父耳鼻皆流血事母至孝與庶弟景新同居友愛有瑞榆之徵與同郡岑吉助修紹興稽山門城千餘尺元貞間饑疫忠乞有司振濟閭里死不能葬者斂瘞之明年大饑貸于忠者齎錢穀酬約忠曰饑民僅一飽吾忍取宿逋耶悉取劵焚之里范某爲怨家誣其殺子獄已成忠白其無罪范得釋鄉黨視忠爲藩屏輿衞子秉義字達道隱居行義與楊璲宋僖岑鑄遊皆高之稱爲白石樵者嘉靖志

聞人煥字致遠清介端嚴鄉黨尊異之辟爲永嘉尉終括蒼簿並有治行嘉靖志

鄭彝字元秉號山輝清逸夷曠傲視貴倨有郝將軍求見彝不爲禮郝退語人曰鄭先生視我若無有眞不凡也然彝於父母昆弟姻友又皆委曲周密忠厚之念藹然以文學教授有師法善作蘭蕙人爭購之岑安卿云坐對滎陽老空懷正始音宋僖云落筆十年身後在懷人三絕眼中無其爲名家推重如此同里倪叔懌與彝善文采稍不及彝亦以孝友稱私諡曰孝莊嘉靖志參姚江逸詩傳

黃顯儒士鄭彝嘗爲邑訓導師事之州學就圮樞密副使方國珉檄至州謀所以繕葺之顯毅然自任曰學校壞無以明人倫也俎豆廢無以尊先師也悉出私貲爲之宮牆齋廡復完美焉事蕆劉仁本爲之記文在學校志三祠傳輯

李世昌字文衍風裁偉碩牟應復欲引爲令史世昌曰世業儒吏非所習舉學錄歷龍游教諭嘉興學正謝事歸郭文煜使綜學事士風丕變世昌學文於黄溍學書於周伯琦與遊皆名士鄭彝得暴疾爲奔走治療且任其後事其篤友誼類此乾隆志引於越新編

張介祉字爾福耿介廉潔以孝友化里黨隱居廟山東麓耕釣自適士大夫造謁不見名益重學宗朱子以道德淵源紹述自任順帝特徵遣官敦勸不納有古高士風焉乾隆府志引名士傳

黄茂字茂卿從學於吳澄以道自任邑人多從之學登泰定元年進士授本州州判愛民下士百姓懷之至順二年

致仕以天下將亂遂教幼子以武長子彰登至順元年進士任浙江宣司次子順以制舉任鄞縣教諭幼子澤以武舉任副元帥鎭守定海有功封都元帥乾隆通志參黃宗羲家錄

楊璲字元度號西園父仲恂恂儒者爲小官不忌權貴璲喜學問師事柳貫與海內博洽者辯數囷之注詩傳名物類考姚敝剡文上之乞降與一官忌者寢其事後以鄉貢補寧海縉雲及本州學官値南北盜起避地梅川以著述終兄瑛案元儒學案作琰慶元路學正弟瑀縉雲教諭並有文名璲旣歸隱瑛亦隱於陳山瑀居縣北郭結廬臨江榜曰漁舍與黃溍戴良宋僖等唱和人稱爲三楊孫軾同明景泰天順間以詩顯嘉靖志參乾隆通志

孫原彝官山陰教諭張士誠召之不屈棄官歸號南山牧者三祠傳輯孫如游傳注

田德明至正十八年任麻陽主簿會峝苗倡亂邑無城郭德明率弟德興仗義糾衆據江南岸之廟山阻險立寨招集民兵萬餘百戰禦寇邑賴以全事聞升縣尹德興由義兵官萬戶歷八番僉都元帥解組後卜居錦江北岸即今官村子孫蕃衍稱望族後人於天乙閣立像祀之湖南通志參麻陽縣志

王嘉閭字景善事親孝母年至百歲後至元六年宣政院薦授敦武校尉松江財賦提舉先是官吏以逋課不得解算者項背相望嘉閭鉏治奸蠹正其賦稅之無歸者積弊

悉除捕奸欺者二人置獄中衆皆帖服居五年無一人不得滿去至正二十年擢武略將軍同知紹興路知總管事以親老不赴二十二年改廣東道宣慰副使時郡縣已隸方國珍議改嘉閤官嘉閤曰吾天子命吏非天子誰可改吾官耶遂黃冠野服終身不起號竹梅翁乾隆志引舊通志參嘉靖志

張正蒙爲德清稅務提領至正十九年紹興兵變乾隆志作江南兵亂正蒙謂妻韓曰吾爲元朝臣子義當死韓曰爾果死忠吾必死節寇至俱縊死女池奴乾隆志作他奴年十七泣曰父母死吾何忍獨生亦投崖死次女越奴晝匿山中夜守屍旁尋餓死趙經歷率衆瘞之元史張正蒙妻韓氏傳

張寀三字和甫博學善騎射順帝時爲忠勇校尉年二十

一領諸路海濱望臺盜不敢至一日海寇上岸肆掠寧三卒伍逐之入海窮追斬賊首及餘賊二十餘人力竭矢盡沈舟於海而亡葬羅山東麓居民立像祀之廟山人稱爲總管祠乾隆府志

胡惟聰字斯敏七歲喪母楊事繼母虞謝孫以孝著弟惟能惟謹均虞出惟能病咳幾不起惟聰日夜調治寢食不遑惟謹幼病漏肥惟聰親吮膿血人以爲難季弟惟博庶母姚出也居宅東樓惟博死思之不置以看雲名其樓取杜甫詩語以寓憶弟之意宋僖賦詩贈之從弟惟樂方十齡而孤惟聰教養周至惟樂卒成名諸生故人虞承翔歿襄殯恤孤有麥舟之義著有渾然草二卷宋庸菴集參胡譜

餘姚縣志卷二十三列傳六終

光緒重修

餘姚縣志卷二十三

列傳七

明

王綱字性常有文武才三祠傳輯綱父士元贈大中大夫弟秉常敬常並以文學名元末避兵五洩有終南山道士趙緣督投宿綱問以身事道士筮之曰子後當名世然不得終牖下遂從受筮法善劉基常語曰老夫樂山林異時得志勿以世緣累我洪武四年以基薦徵至京師年七十齒髮神色如少壯太祖異之策以治道擢兵部郎潮民弗靖除廣東參議往督兵餉歎曰吾命盡此矣以書訣家人攜子彥達行單舸往諭潮民叩首服罪還抵增城遇海寇曹眞截舟羅拜願得爲帥綱諭以禍福不從則奮罵賊舁之去爲壇坐綱日拜請綱罵

不絕聲遂遇害彥達年十六罵賊求死欲並殺之其酋曰父忠子孝殺之不祥與之食不顧令綴羊革裹父屍而歸御史郭純以聞詔立廟死所彥達以廕得官痛父死終身不仕明史本傳彥達子與準三輔傳輯彥達號遯石翁精易學閉門力學不求聞達有司以遺逸薦匿山中不出嘉靖志玄孫華自有傳

宋僖案嘉靖志作玄僖康熙志作元僖今從明史字无逸少穎悟力學父欲奪之於市估胥吏輒哭辭受學於楊維楨盡得其詩文法元至正十年中江浙副榜補繁昌教諭才十九日棄歸闢一室榜曰庸軒因以自號時海內喪亂僖無復用世志家貧授徒自給明興徵修元史外國傳自高麗而下悉出其手事竣典福建鄉試稱有鑒別晚窮濂洛之學爲文縝密有

尺度詩亦清遠著有肅庵集子邦乂邦哲世其學並徵守南郡孫虞生亦舉明經爲令長明史趙壎傳參嘉靖志四庫提要姚江逸詩傳

胡惟彥字斯美號滄樸生元季隱居明興舉遺逸上泰平頌命賦早朝詩十章立就上大悅拜湖廣參政懇辭改充州知府政平訟理卒於官從子伯順有學行鄉稱雲巢先生嘉靖志

車誠字信夫洪武初舉賢良方正四年知潁上縣奉職廉謹以誠信治民政化大行遷知光州益著名績嘉靖志參江南通志

黃珏字玉合號菊東八歲就外傅輒雞鳴往夜分乃歸寢寒暑無閒年十二三祖雷令說春秋謬於經旨祖曰欲紹儒術乃若是耶遂從祖深求其義後見四明黃叔英說尙

書好之乃更受焉試有司不利遂家居教授浙之言尙書者多宗之以皇極經世書旨趣精妙貫徹天人翫以自樂晚年與太原黄萬石上虞謝肅爲文字歡逍遥海雲山月間有詩文若干卷嘉靖志參康熙志

徐士涓字叔遠習聞典故時事洪武初召拜河南按察副使風威大行按視南陽郡值久旱草木俱槁士涓虔禱得雨歲大穰又嘗覩事蓬池庭中俄産一竹人皆傳爲士涓之瑞嘉靖志

錢伯英名仁傑以字行武肅王後通經術寡言自可召爲上元知縣時干戈甫定伯英敦俗起化有絃誦之聲上賜袍笏嘉靖志

胡季本字秉誠太學生授建昌府經歷擢知清江有惠政改新淦清江民與新淦爭以命已下卒知新淦新淦多事喜訟季本爲之才一年縣庭雍肅時出郊問民疾苦相慰勞如家人父子卒於官百姓爲立廟肖像祀之嘉靖志

趙宜生字德純宋宗室也踐行篤實粹於經史文藝值至正之亂晦迹芻牧號騎牛野人明初舉爲邑訓導欣然就職勸誨後生觀聽從化宋僖詩往來慰衰暮感慨寧無同謂宜生也其詩五言學陶七言彷彿李賀嘉靖志參姚江逸詩傳

王至字孟暘明春秋三禮學博聞强識爲文比物連類下筆沛然經其指授多爲名儒平居恭儉愼默論議援經質史英氣絶識懍如也明初爲本縣訓導終於潛教諭嘉靖志

許泰字仲亨家貧好學深於春秋爲人嚴毅有師模洪武初舉授本縣教諭造士有方遷知夏邑政教大行著偁異等嘉靖志

宋棠字思賢明易學士多從之講說元舉爲新城簿不赴洪武初以明經召備顧問尋引疾歸自號退翁有文集及編次唐人絕句精華行世子洵亦有文名嘉靖志

厲延幼喪父保養稚弟與母氏居卒以孝友稱家貧學爲箆賣以供母日得粟數錢歸陳母膝下問母志所欲而敬具焉延兄弟食或不給而母極滋味寒夜溫被使和俟母臥鼾乃聚燈下刓竹木植恆私相儆曰里某富室也兄弟相讐而親恆戚戚誠非人類也巷某望族也日酗飫而夫

妻屢相殘虐親槪龥泣禽犢弗若也故延之兄弟夫婦無
過咎焉趙撝謙撰傳
鄒道朋字孟德少補縣學生日閉戶研經夜則俟同舍生
已睡復出戶溫誦五十八篇徐步兩廡一帀即畢寒暑不
少輟聞雞鳴起輒歎曰鄒道朋汝當爲天下奇丈夫安可
悠悠作餘姚人物也以業優升太學太學官咸器重之未
幾卒世悼惜焉趙撝謙撰傳
趙撝謙名古則更名謙嘉靖志謙宋秦悼惠王之裔幼孤貧寄食從山
寺與朱右謝肅徐一夔輩定文字交天台鄭四表善易則
從之受易定海樂良鄞鄭眞明春秋山陰趙俶長於說詩
迮雨善樂府廣陵張昱工歌詩無爲吳志淳華亭朱芾工

草書篆隸撝謙悉與爲友博究六經百氏之學尤精六書
嘉靖志隱陽山萬書閣潛心大業飢寒迫之其容晏如也作六書本義復成聲音文字
通時目爲考古先生洪武十二年命詞臣修正韻撝謙年
二十有八應聘入京師授中都國子監典簿鄭曉今言謙與同官論事
不直罷歸築考古臺述六書之旨注聲音文字通及易學提綱諸書凡三百餘卷久之以薦召爲
瓊山縣學教諭二十八年卒於番禺分省人物考撝謙至瓊山作瓊臺布學範
慨然以興起斯文爲己任黎蠻之人于是皆知向學稱爲海南夫子朱彝尊明史館擬傳撝謙臨卒以書別瓊山弟
子曰太虛之中不能不聚而爲人物人物又不能不散而還太虛其聚其散皆理數相推不能自已豈有所爲而爲
者予身在太虛中如冰在水而今將爲水矣冰與水時爲之何所留亦何足戀聽其自然可矣嘉靖志大臣有薦謙
者上曰吾欲老其才用之復薦於皇太子乃召爲瓊山教諭明年進所著書詔翰林博議不報復還瓊山於勢利聲
華澹然無所罣礙直義所在目無王公然終以此尼窮無悔卒年四十五其後門人柴欽與修

永樂大典進言其師所撰聲音文字通當采錄遂奉命馳傳即其家取之明史本傳嘉靖志謙來京師宋濂遣子璲受業謙歸之明年璲校正韻多采用其說謙學以聖賢爲的修己誨人勤勤懇懇至於六書之學則尤精義入神得於圖象言意之外

翁希頤字昌齡洪武六年進士授周王府伴讀遷河南監察御史帝懲元季積弊尙威嚴希頤勸帝毋過刻以培國脈忤旨謫臨潼縣主簿遂歸構惜陰軒日誦於其中與宋濂友善年三十三卒姚江事蹟引翁年方撰傳參乾隆志

王旭字漢章號守拙強學力行隱居教授學者多從之游洪武中以茂才徵知英山縣縣多虎患旭禱於神虎輒去興學勸農吏民親愛如父母焉嘉靖志

朱孟常字守恆洪武二十年鄉貢知南平縣縣逋漁課積

年不能償奏蠲之江西民兵採木過縣飢餓瀕死孟常出粟振之俱獲全活時遣中官刻期督木至縣期迫甚而木未集榜笞官卒衆駭亂孟常力止之夜有神見夢於中官曰若第去朱令在何患事不濟覺而疑之悉以付孟常孟常從容處之事濟而民不擾嘉靖志

黃均保號菊源洪武二十三年貢士帝親詔策之閩人劉駟第一均保第二授北平道監察御史上便宜十二事稱旨已有傳檄北平者均保辨其僞捕斬之帝以爲能黃宗羲家錄　黃炳垕原案進士題名碑貢舉考略二書洪武庚午開皆無名或以特旨召試第其高下未可知也

張員字壹民案康熙乾隆志並以字著　一字天民號雲艤喜讀書又善爲詩工書畫貴勢人乞之漫不爲作一字常戴笠著高齒

展笑歌自傲窮空無衣食不爲計度姚江逸詩傳員素以貲雄其鄉輕財好施有以窮歸之者即共其有無遂至匱乏衆誚員狂其妻獨歎爲抱奇器偉節濩落而橫發洪武中薦爲開化教諭樹師表士林敬肅衆乃知員不狂員左目無瞳子自稱左瞽妻徐在列女傳員無子有二女嘗目長女曰當有顯子以妻金溪令慈谿王伯壎嘉靖志生三子皆貴語在員女傳

楊彝字宗彝號銀塘生乘牛出入四明洞天遇風景林壑之美即箕踞長歗狀其草木水石題詩於上墨光動盪極其神化好事者懷豪楮候之稍求得爲載酒張具堅請之則弗顧嘗與趙撝謙論古今豪傑以爲三季後乘機突發者張子房爲最逢時不造而能盡誠者孔明其尤罹世變

而善其分者陶淵明其極郭汾陽不平致平勢也邵康節泊然於世道也程伯子不能丕變命也此吾與數君子有快有惜有不平感激於心餘人所蹈皆常事耳撝謙不喜時彥詩讀彝所寄撫几朗謳反覆不能罷已而手僊及視皆赤滄海拾珠有詩十首皆清新可誦康熙志參趙撝謙撰傳

錢古訓字古訓號堅齋武肅王裔也洪武二十七年進士調行人時緬甸與麓川相搆緬主卜剌浪使使入貢訴思倫發古訓持敕往諭釋二國之忿罷其兵麓川酋長刁干孟謀攻其主古訓曰吾以天子使臣將事裔夷會小醜之弗靖不能輯寧之雖非專命亦使臣羞於是入其部責以大義皆稽首懍懍無復違者思倫發以古訓能休爭已亂

薦方物願留爲援古訓卻不受作書示以不可思俞發得書駭汗遂歸古訓古訓敘次百夷山川風物爲書還奏之上悅付史館賜襲衣後知漳州以文章飾吏事表忠孝勵風俗甚著聲稱尋改湖廣參議名績愈茂嘉靖志

劉季篪名韶案篪竹名依名韶疑當作篪以字行洪武二十七年進士除行人使朝鮮卻其餽贐帝聞賜衣鈔擢陝西參政陝有逋賦有司以竣刑督民不能輸季篪至與其寮分行郡縣悉縱械者緩爲期民感其德悉完納陝不產硼砂而歲有課季篪言於朝罷之洪渠水溢爲治堰蓄洩遂爲永利建文中召爲刑部侍郎民有爲盜所引者逮至盜已死乃召盜妻子使識之聽其辭誣也釋之吏虧官錢誣千餘人悉

爲辨免河陽逆旅朱趙二人異室寢趙被殺有司疑朱殺之考掠誣服季篪獨曰是非夙讐且其裝無可利緩其獄竟得殺趙者揚州民家盜夜入殺人遺刀屍傍刀有記識其鄰家也官捕鞫之鄰曰失此刀久矣不勝掠誣服季篪使人懷刀就其里潛察之一童子識曰此吾家物盜乃得永樂初纂修大典命姚廣孝解縉及季篪總其事八年坐失出下獄謫外任案嘉靖志左遷兩淮運副逡巡未行復下獄久之始釋命以儒服隸翰林院編纂尋授工部主事卒於官明史本傳

季篪爲人清素位都顯要泊然自持至貶秩無幾微見顏色居家敦孝讓御人雍容治經長於春秋喜吟詠又精律學法家宗之嘉靖志

馮本清號介庵洪武中鄉貢授監察御史遇事敢言不避權貴出按蘇松諸郡彈治甚肅有豪猾武斷爲盜主本清逮置於法籍其家上海行臺有淫祠毁之廣東守備王某以失機罪應死自列有斬獲功例得貸王故饒於貲法家避嫌經歲不決本清謂避嫌以殺人法與情兩失之矣爲上請王得減罪遷福建按察僉事分巡漳南訟牒山委旬日決遣殆盡漳例納番貨歲計百萬民閒至破產鬻子女償官特奏蠲之興化民盜蘇木事連坐應死者三百人本清止戮首犯餘釋不問建寧大水漂没廬舍躬督官民船數百隻爲浮橋以濟全活無算改任江西卒於官曾孫蘭自有傳分省人物考 參康熙志

柴廣敬名欽以字行幼孤母陶守節教之從趙撝謙學遇大雪清言達旦刻苦清勵無謾詞戲色撝謙嘉其篤志舉永樂二年進士值太宗初御極拳拳於作興儒術選進士中尤穎異者二十八人以應列宿廣敬與焉預修禮樂音韻諸書心苦貌瘁未嘗一息少懈遂以疾卒京師士大夫皆惜之孫鳳自有傳嘉靖志參分省人物考康熙志　明史坿趙撝謙傳

李貴昌字用光父純卿舉賢良方正主臨淄簿嘗奉詔勸課農桑齊魯間貴昌舉永樂二年進士知伏羌縣羌故無城多寇貴昌爲計度募民城之改知江寧時上北幸衆務旁午貴昌料理精敏尚書蹇義薦爲吏部主事扈駕至京卒於官孫居義景泰七年舉人授劍州學正主雲南鄉試

有持金營關節者居義命逐之題詩驛樓云分付夜金休進說老夫端不認顏標有司鐫其詩於滇南棘院嘉靖志六世孫槃自有傳

黃墀與同邑陳子方山陰陳性善友燕師起性善以副都御史監軍戰敗入河以死墀與子方亦同死崇禎末祔食表忠祠　國朝予入忠義祠明史陳性善傳參康熙志勝朝殉節諸臣錄

景星字德輝邃於理學開門授徒晚爲仁和教諭以著述爲任有四書集說啟蒙十二卷明初纂修四書大全采用其說宋濂稱其擩嚌經腴朝夕不厭蓋經術之士也嘉靖志參康熙志三祠傳輯

陳叔剛字叔剛父哲元末處士隱於鸚山湖濱叔剛初爲

縣從事永樂初詔舉賢良起爲吏部主事歷員外郎中時尚書蹇義欲加教坊司官叔剛抗言有傷國體義從之而止部堂員缺叔剛方面奏事上見其儀表卽命署堂事敏斷稱職在官三十餘年居處服御如寒士自號清愼翁宣德朝乞休再召不起著有啟蒙故事陳吏部集行世孫謨博覽强識尤深經學舉進士終福建提學僉事嘉靖志參三祠傳輯

宋緒字公傳篤學有志操永樂初與仲父孟徽及同邑趙膚迪朱德茂張廷玉皆被徵預修大典書成授官緒獨辭曰願賜歸教授鄉里不願得官上嘉其恬退許之嘉靖志

邵公陽字仕舒永樂九年舉人授彝陵訓導歷安陵丞抑豪扶良以才著陞河南密令入境微服閒行良猾皆知民

頌如神擢雅州俗不知學延師置塾以教之歲大旱跪赤日中不繖不飲食三日果大雨子懷瑞能世其學四川省志參邵國麟撰傳

李應吉字惟禎永樂三年舉人補雞澤教諭乞便養改定海遭喪改蕭縣又改欒城坐事謫章邱訓導尚書劉中敷侍郎魏驥薦其文行可顯用不報終金壇教諭在欒城上言科舉取士冊用箋註著爲令在金壇又上書乞增各省鄉試解額及附學生選汰廩膳生賢否覈實里甲收籍流民蠲除無捱田土之稅凡十餘事多施行兩浙有搭材黑窰匠遇民間喪往舁柩所索不厭雖尸腐棺敗終不克葬應吉請禁絕之邑有故千戶所亦應吉論革著有先天圖

說等書嘉靖志

虞鎬永樂十八年舉人知定遠縣以治行著聞改知邛縣廉潔愛民百廢修舉吏民爲立祠焉姚邑賦注

邵宏譽字德昭號靜庵永樂二十二年進士拜監察御史有風裁擢翰林修撰預修宣廟實錄正統七年同考會試尋陞福建按察副使坐閩寇鄧茂七反左遷寇平追錄宏譽功復湖廣按察副使致仕宏譽天性孝友親沒廬墓居官清白囊無遺貲嘗曰上不欺朝廷一法下不傷百姓一命子孫當有興者若必積金爲久長計吾不知也子駘或作銓泰州同知孫贇自有傳嘉靖志參三祠傳輯

許南傑字俊才本潘通後六世祖簡直始爲後於許祖閏

卿父孟禎世有隱德潘楷潘英皆其從子行也南傑成宣德五年進士改庶吉士屢試稱旨賜襲衣授太常博士擢知南安府妖賊孫佛羅倡亂詔籍其黨南傑辨其脅從釋之調知曲靖南傑剛敏精確才智優裕所居民得其職所去民思其功兩郡俱廟祀之子浩桐城訓導有文學名瀚尚寶司丞濬國子助教嘉靖志參三祠傳輯

嚴迪字允迪光裔也通易春秋補邑弟子員貢太學屢試首六館之士宣德五年出知江浦縣縣邇留都號難治迪一以長者化導之在任九年課最執政奏可大用已得旨會宣廟崩未果正統初入覲懇疏乞歸以前旨晉大理少卿致仕歸囊惟圖書家仍茅茨論者謂不愧高節之裔江

浦祀名宦分省人物考

謝瑩字懷玉號直庵穎邁喜學剛毅闊達尤多聞識宣德閒浙藩辟爲從事敢言無所顧憚藩使以下多折節從之時官織大紅文綺三千疋直三萬兩遭歲歉瑩請以夏稅充之民以無擾滿考授光祿寺珍羞署丞與典寺政者不合改福建布政司都事會討劇賊鄧茂七轉餉者徒擾民而餉不給尚書薛希連以委瑩瑩設方略輸之民安餉足又承檄統民兵守松溪政和兩縣賊穴官臺山瑩計降其尤黠者數人用爲鄉導擒戮首惡脅從還虜掠賊遂平又奏置壽寧縣斷賊巢穴以功進二階御史應顯薦瑩可大用未報有怨家當路欲陷之遂罷歸徜徉湖山閒放仲

長統樂志論著寫情說以自況賙卹貧匱教迪子孫爲鄉表卒以孫遷貴累贈光祿大夫柱國少傅武英殿大學士遷自有傳嘉靖志

陳贄字維成號蒙軒父性善刑部郎中贄博極經史作懷二都賦以見志用薦爲儒學訓導浙江左布政使黃澤雅重其文行金石制作必以屬之宣德十年纂修仁廟實錄郡國當會萃事蹟以上兩浙十一郡事贄總之時稱有史才滿考任翰林待詔陞典籍尋遷五經博士以學士高穀薦陞廣東布政使左參議時黃蕭養之亂甫平撫摩凋瘵極盡任恤訪鰥嫠幼穉之被掠者贖還其家瘞兵卒遺骸親爲文祭之遷太常少卿告歸以別墅在西湖側留家焉

與魏驥等爲恩榮會每遇良辰輒偕從弟致仕知縣賓及騷人墨士遊玩湖山間著有自娛稾容臺稾薇垣稾撫安錄歸田稾藏於家其和陶詩唐音及西湖百詠行於世分省人物考子嘉猷自有傳

夏廷器宣德七年舉人補平定州學正平定僻陋無文學廷器作石樓書院集諸生誘進之諸生多從其教科貢與大州等州人祀之學宮嘉靖志

聞人謨字以和正統七年進士授御史監龍江關權場錦衣指揮馬愼家人以貨至關怙威滅法謨循例榷之不貸又疏禁革抽分弊以與劾都御史周銓謫雲南定西嶺驛丞追至驛都指揮曹津肆不爲禮謨面叱之津武士引咎

自責以艱歸復調安慶呂亭驛會承天門災詔振幽滯擢知吳縣益務正己直法巡海翁都督梅太監縱左右爲虐悉擒置獄康熙志參康熙府志

陳詠字永言號秦湖生幼從父戍居庸正統十年第進士拜南臺御史英廟北狩郕王監國進中興十四事尤指切將臣失事誤國者願得甘心以謝天下又抗言無從長陵衛卒徙卽有變以故得不徙靖遠伯王驥有寵而專詠劾解其兵柄師討鄧茂七之黨敕詠監軍無一犯令者寇平璽書旌之出爲陝西按察僉事母疾嘗糞母死哀毀卒年才三十有六囊無一錢同官斂之耿清惠九疇歸其喪王竑祭詠而忘其楮曰可無用也公生平不取一錢死安受

此櫓為其信重於名卿大夫如此嘉靖志

朱縉字廷儀父希亮國子助教縉傳其學舉正統十年進士擢南臺御史以剛直見推閱禁兵悉其材勇怯賞罰明信出為常德守求利害廢置所宜張弛稱便在郡六年政平罰清卒於官百姓立祠祀之嘉靖志

潘楷字貴模舉明經除仁和訓導擢監察御史以劾王振左遷通州學正振敗復為御史氣節益勵尋致仕飢寒瀕死未嘗挫節從弟英字時彥正統七年進士拜南臺御史與同官范霖楊永劾都御史周銓銓自經英等坐死霖永謂事無與英英爭曰英實同疏義不獨生會有訟其事者得減死戍遼陽景泰改元詔復官而英已死世惜之嘉靖志

朱德辰字君樞號柳莊少敏嗜學值從兄德華應補金齒衞伍德辰憐其母老無依毅然代行琴書自隨黔國公聞其賢延之講學年老思歸改鈒花手進錦衣御用監達都中創設雲南會館子宗勣年十六赴衞省親隨至都代德辰留錦衣衞德辰始得歸三祠傳輯

邵昕字宏啟景泰元年以薦辟授長洲縣丞長洲賦重前丞困於催科至厲民以求稱職昕獨以德化召大姓開論利害鞭笞不施歲額如期畢登秩滿巡撫周忱知府朱勝上章交薦擢崑山知縣以父喪歸已而崑山逋賦幾百里又交奏起昕乘傳復任歲餘逋賦復完赴部改除贛縣又以母喪歸復除休寧縣自陳老疾致仕蘇州府志

成器字不器布衣喜讀書工詩文好擊劍以義俠自喜海內有賢豪長者私心向往雖千里若在室中不義之富貴直視之若梟羊吉了正統八年侍講劉球陳十事下錦衣獄太監王振使指揮馬順殺之器聞之輒瞋目大罵即邑中龍泉山頂爲文祭之祭畢以餕頒諸同志其文歷述古今權奸之禍凡三千餘言人謂之祭忠文案舊志古蹟載祭忠文祗四百餘言殆後人節錄非原文也名其地爲祭忠臺說者謂與宋謝翱祭文山於西臺同一義憤云鄭曉今言參兩浙名賢錄明史本紀

周宣景泰初丞南海上官以爲能每倚任焉初設順德縣宣相度土宜經營規畫多創始之功擢知縣時大盜初平俗尚獷猂宣嚴什伍法奸不能容其治務在富民春日循

阡陌行歌相答居一載卒祀名宦廣東通志

戚瀾字文湍景泰二年進士選庶吉士意氣倜然非人世榮利可得而羈天順元年授編修與大學士李賢彭時呂原同修一統志書成歸省尋卒分省人物考楊升庵外集餘姚戚瀾服闋上京渡錢塘江風濤大作有絳紗燈數百對照江水通明丈夫九人帕首袴鞾帶劍白馬飛馳水面如平地舟人大恐瀾曰毋懼吾知之矣推窗看之九人皆下馬跪瀾問曰若非桑石將軍九兄弟耶曰然曰去吾喻矣皆散瀾命舟人返棹歸謂家人曰某日吾將逝矣及期沐浴朝服坐禱九人卒甲士來迎行踐屋瓦瓦皆碎戈矛旌幟晃耀塡擁有頃公卒車騎騰踔前後若有所呵衛者隱隱入空而滅邱濬室自南海浮江而上過鄱陽湖夜夢達官呵擁入舟曰吾翰林戚瀾也昔與邱先生同官義不容絕特報耳三日後有風濤之險隻帆片櫓無存可亟還於岸驚覺如其言移止寺中未幾江中果有風濤衆舟盡溺至京自其事於濬濬以聞於朝遣官論祭濬爲文祭之云文湍剛勁之質豪放之氣高義激切直上薄乎雲天巨眼空闊每下視乎塵世凡衆人之嗜欲舉不足以動其中在一時之交遊少足以

當其意時發驚筵之辨臧否罔不稱情閒若篤坐之狂毀
譽皆有所試醉言無異於醒面折不違於背僕也於君若
有宿契始落落以難合終偲偲以交勵奈何命與心違中
道而逝老我後死於十二禩孰知冥冥之中猶有舊交之
誼老妻北來舟次江滸夢中彷彿如見報以風濤將至預
告以期使知趨避既而果然幸免顛躓於乎人傳君之爲
神游胥濤而享祀即今所過而驗之無乃并司乎江湖之
事由其生也不盡用於明時故其死也見錄於上帝於乎
友道之廢也久矣曰友曰朋如兄如弟指金石以爲盟刑
雖大而設誓頭角稍殊情態頓異雲泥隔則易交勢位判
則相忌對面如九疑之峯跬步有千丈之勢半臂纔分遇
諸塗則掩面而過宿醒未醒踰其閾則騰口以刺過門不
入室反爲操戈之舉落穽不援手忍抛下石之計親於身
也遑恤況伉儷乎生爲人也倘然況下世乎於乎文端生
死無二心始終同一致不忝爲聰明正直之神眞可謂英
薦特傑之士緬想舊遊稠人廣會一飲百十鍾揮毫數千
字故以平生之所好用答故人之陰惠詩以寫不盡之情
酒以侑有從之淚具別紙以焚燎就宿卹以澆酹靈神如
在來鑒於是不鄙世人之凡言特歆御醽之醇味詩曰幽
顯殊途隔死生九原猶有故人情曼卿眞作蓉城主太白
常留翰苑名念我冥冥來入夢哀君惻惻每
吞聲朝同對坐黃封酒帳歎雞壇負舊盟

滑浩字宗源，成化十一年進士，知臨淮縣。貴戚侵佔土田，浩履畝清其弊，政令嚴肅，威惠並行。旋陞工部主事，遷南京刑部主事，劾太監温守禮，觸劉瑾怒，罷歸。後補南昌郡守。臨淮縣志參乾隆志叢談引李志

黃璽字廷璽，兄伯震商十年不歸。璽魂祈夢卜，不得影響，作而曰：我兄不過在域內，兄可至，吾獨不可至乎？躡屩出門，鄉黨阻之曰：汝不知兄之所至，東西南北何從尋？璽曰：兄商也，商之所在必通都大邑，吾徧迹之，必得兄。於是裂紙數千，繕寫里系年貌，所過輒榜之宮觀街市間，冀兄見之，即兄不見，知兄者或見之。經行萬里，獠洞蠻陬，蹤跡殆遍。最後至衡州，禱南嶽廟，夢有人誦沈緜盜賊際狼狽江

漢行者以爲不祥遇士人占之曰此杜少陵春陵行中句春陵今之道州君入道州定知消息璽遂至道州徬徨訪聞音塵不接一日奏廁置繖路旁伯震過之見而心動曰此我鄉之繖也循柄視之有字曰餘姚黃廷璽記伯震方驚駭璽出相視慟哭道路觀者亦嘆息泣下時伯震已有田園妻子於道州卒挽之而歸明史本傳參黃宗羲萬里尋兄記玄孫曰中自有傳

陳嘉猷字世用贅子景泰二年進士授禮科給事中訓導陳冕以治沙灣決河遷教授及河復決冕自稱能復治工部以爲妄將罪之嘉猷疏爭曰朝廷常降詔求治河方略未有應者冕故有勞效奈何嫉之置諸有罪之地冕不足

惜恐自此人皆緘口乞令冕協同巡撫諸臣設策修築帝
從之五年戶部以鈔法不通議令兩京塌房果園蔬圃及
大小市廛月輸鈔人情洶洶幾罷市時遠近苦澇流殍塞
塗嘉猷率同官言兩京根本地不宜當凶歉之秋爲擾民
之事且云欲足財用在陛下躬行節儉去冗官汰冗兵省
無益之費罷無功之賞停不急之務禁遊食之民則賦自
充安在頭會箕斂絕小民衣食之源以爲國利帝感其言
園圃及市廛小者得免徵天順三年以刑科使朝鮮責其
王李瑈與遠州董山私媾事瑈惶恐謝罪還偕行人彭盛
冊封滿剌加遇颶風破舟漂蕩六日返至海南衞遇救免
幣物皆壞易之以行嘉猷再使外藩皆卻其重賚還擢通

政左參議成化初進右通政遭父憂詔奔喪畢起視事力辭不許乃赴官退食輒衰麻哀慕毀瘠未終喪而卒乾隆志引

萬斯同明史稿　案明史稾季野手定者凡五百卷乾隆中奉　詔刊定明史實以此書爲本惟未經刊布存佚無徵近年鄞慈谿兩志局聚書極富萬氏既甬上故家後人亦尚多書種乃購其稾本竟不可得乾隆志時代較近蓋猶及見之凡各傳注出萬稾者今檢校通行王尚書鴻緒橫雲山人三百十卷之明史稾詳略懸殊兼有并姓氏不登王稾者引據各傳備錄其文並仍原注吉光片羽致足珍矣

毛吉字宗吉景泰五年進士除刑部廣東司主事司轄錦衣衞衞卒伺百官陰事以片紙入奏即獲罪公卿大夫莫不惴恐公行請屬狎侮官司即以罪下刑部亦莫敢捶撻吉獨執法不撓有犯必重懲之其長門達怙寵肆虐百官率避吉獨舉鞭拱手過達怒甚會吉以疾失朝下錦衣獄

達大喜簡健卒用巨梃榜之肉潰見骨不死天順五年擢廣東僉事分巡惠潮二府痛抑豪右民大悅及期當代相率籲留之程鄉賊揚輝故劇賊羅劉寧黨也已撫復叛與其黨曾玉謝瑩分據寶龍石坑諸洞攻陷江西安遠剽閩廣間已欲攻程鄉吉先其未至募壯士合官軍得七百人抵賊巢先破石坑斬玉次擊瑩馘之復生擒輝諸洞悉破凡俘斬千四百人捷聞憲宗進吉副使璽書嘉勞移巡高雷廉三府時民遭賊躪數百里無人煙諸將悉閉城自守或以賊告反被撻有自賊中逃歸者輒誣以通賊撲殺之吉不勝憤以平賊爲己任按部雷州海康知縣王騏雲南太和人也日以義激其民賊至輒奮擊吉壯其勇節獎勵

之適報賊掠鄉聚吉與騏各率所部擊敗之薦騏遷雷州通判未聞命戰死贈同知廕其子國子生成化元年二月新會告急吉率指揮閻華掌縣事同知陶魯合軍萬人至大磴破賊乘勝追至雲岫山去賊營十餘里時已乙夜召諸將分三哨黎明進兵會陰晦衆失期及進戰賊棄營走上山吉命潘百戶據其營衆競取財物賊馳下殺百戶華亦馬蹶爲賊所殺諸軍遂潰吉勒馬大呼止軍吏勸吉避吉曰衆多殺傷我獨生可乎言未已賊持鎗趨吉吉且罵且戰手劍一人斷其臂力絀遂被害是日雷雨大作山谷皆震動又八日始得屍貌如生事聞贈按察使錄其子科入國子監尋登進士終雲南副使方吉出軍時齎千金犒

委驛丞余文司出入已用十之三吉既死文閱其家貧以所餘金授吉僕使持歸治喪是夜僕婦忽坐中堂作吉語顧左右曰請夏憲長來舉家大驚走告按察使夏壎壎至起揖曰吉受國恩不幸死於賊今余文以所遺官銀付吉家雖無文簿可考吉負垢地下矣願亟還官毋汚我言畢仆地頃之始甦於是歸金於官吉死時年四十後追謚忠襄明史本傳

魏瀚景泰五年進士授御史歷巡雲南福建遼東才名藉甚左遷歷知州知府所至爲民興利在嘉定有魏公隄在雷州有捍海隄終江西右布政著有嘗齋稾江湖倡和集乾隆府志

沈慶湖廣按察副使天順四年城步猺叛慶與巡撫王儉等帥師由平水桃林攻入延平十八團擊破百二十寨俘馘千餘人斬首三十級猺患悉平湖南通志

黃伯川字德洪案通志作黃海字伯川天順六年舉人任建寧府教諭致仕歸著竹橋十詠倪宗正稱其農談戚話孫謀黨規水旱之憂稼穡之樂泉石之趣時物之感皆本於性情可謂大雅君子姚江逸詩傳

胡恭字克敬號蘭臺天順八年進士官終河南按察司僉事精於刑書雖老吏不如至論囚則哀矜惻怛以故民無寃性鯁直寡諧於勢位無所顧忌人以此多之成化十八年在汴振荒冒暑感疾卒於官著有蘭臺遺稾四卷行世

許山志
參胡譜

史琳字天瑞七世祖應炎爲元市舶大使出後宋防禦使張疇至琳始奏復姓父張才字德宏正統十二年舉人任常熟文登淶水教諭成化四年主考福建行次浦城有一生以五百金獻才卻之生中是科復持前金謝才曰吾不敢冥冥墮行矧白晝耶稍作色生愧去持前金上南宮琳已爲工科給事中往餽之琳曰家大人知君君不知家大人而又不知我耶生謝罪卒懷金而去琳登成化二年進士授工科給事中時貴倖專擅朝廷稍事遊晏僮上元張燈爲鼇山費數萬又崇飾浮屠宮寺相望抗章歷論無所避擢陝西參議鞏昌番賊爲梗擊降其衆遂出行部自安

定歷會寧金蘭抵秦州增繕屯堡斥堠以斷賊路又轉關
中之粟以實甘涼督輸往來盡得其形勝要害及戰守方
略轉江西左參政南贛盜起琳督捕斬七百餘人釋諸脅
從遂以無事弘治中擢右副都御史巡撫保定諸府兼提
督紫荆等關畿甸民困重役戍卒疲於罰班又滹沱漲溢
壞田廬時爲三患乃爲定徭役法奏免重稅並於河上流
穿支渠以殺水勢民賴以甦眞定大名諸川果園皆居民
世業嬖倖奏取以備供應琳力言不可乃止嘗因災異上
六事曰止織造恤邊民停傳造惜供應節財用戒無益皆
切時宜轉左侍郎擢右都御史時虜寇邊以琳提督軍務
乘機進戰屢有斬獲師還入見陳邊務十三事復以西北

多警命與保國公朱暉治兵京營敬皇上賓國事搶攘宣府遊兵失利於是命琳出宣府保國公出大同分督諸將合師邀擊捷奏璽書獎勵還朝寵勞有加正德元年卒先是火星犯左執法琳以爲憂已而左都御史戴珊卒親朋爲解琳曰未也不踰月琳亦卒賜祭葬如例贈太子太保孫嗣元嘉靖三十八年進士廉於官亦稱強項云分省人物考參三祠傳輯

邵有良字維貞號直庵成化二年進士選庶吉士除監察御史彈劾不避權貴巡視光祿寺事索後宮度支册裁節冗濫同官恐罹禍有良正色曰后不替妃妃不齊后今且踰祖制亂王章陰教不修實彰主上過且臣子事君何懼

禍時寺多蠹費令所司報實署吏遲之因杖吏中官回保奏有旻裁抑貴妃供御大不敬詔錦衣衛予杖左遷四川蒲江令整飭弊政胥猾舞文者悉置之法或告以太峻有旻曰蠚螫不除小民受害多已尋調福建漳浦陞廣東潮州同知知廣西潯州府潯人以無試其法相誡比歲大治潯俗素不蠶旻教之藝桑潯人執繭歌曰雖知羊可種不信繭成絲復教之繅潯人又歌曰宛宛兮桑條繹儠儠兮繭絲裏鬱林苦寒兮太守衣我時大旱赤地數百里有旻率屬吏步禱市旬雨三日歲大熟以病歸卒於家子升諸生鼎蒙城丞萃長樂尉孫煉自有傳三祠傳輯

諸觀字民瞻成化二年進士以工部員外郎陞江西瑞州

知州嘗自誓曰貪墨之吏猶不貞女一有點污何以見人時有訟者餽金觀不受卒置之法後以忤時貴調南安乾隆通志引西江志

馮蘭字佩之本清曾孫成化五年進士選庶吉士仕至江西提學副使與李東陽謝遷雅相好遷既歸田與蘭唱和無虛日閒書之以寄東陽東陽亦和之東陽爲一世宗工於蘭則敬爲老友各有樂府詠史詩號爲新體乾隆通志

陸淵字深之成化八年進士歷官提學御史福建參政卒於官笥無餘帛謝遷嘗受業其門有師門事業吾慚負句三子皆進士馮蘭贈詩曰飄然詞氣欲淩雲四陸家聲擁內閫亦一時盛事也姚江逸詩傳參先進遺風

楊榮字時秀成化八年進士以工部都水主事視河壽寧侯家人干禁置之於法爲蜚語所中下詔獄釋歸尋卒榮工詩會試舟中取唐音和之月餘成帙一時風尚和唐音者累累而榮能得其風致書學懷素尤善寫竹清風爽籟如其爲人（分省人物考 姚江逸詩傳）參孫大章自有傳

餘姚縣志卷二十三列傳七終

光緒重修

餘姚縣志卷二十三

列傳八

明

謝遷字于喬瑩子成化十年舉鄉試第一明年舉進士復第一授修撰累遷左庶子弘治元年春中官郭鏞請豫選妃嬪備六宮遷上言山陵未畢禮當有待祥禫之期歲亦不遠陛下富於春秋請俟諒陰既終徐議未晚尚書周洪謨等如遷議從之帝居東宮時遷已爲講官及是與日講務積誠開帝意前夕必正衣冠習誦及進講敷詞詳切帝數稱善進少詹事兼侍講學士八年詔同李東陽入內閣參預機務遷時居憂力辭服除始拜命進詹事兼官如故

皇太子出閣加太子少保兵部尚書兼東閣大學士上疏
勸太子親賢遠佞勤學問戒逸豫帝嘉之尚書馬文升以
大同邊警餉饋不足請加南方兩稅折銀遷曰先帝以南
方賦重故折銀以寬之若復議加恐民不堪命且足國在
節用用度無節雖加賦奚益尚書倪岳亦爭之議遂寢孝
宗晚年慨然欲釐弊政而內府諸庫及倉場馬坊中官作
奸骫法不可究詰御馬監騰驤四衛勇士自以禁軍不隸
兵部率空名支餉其弊尤甚遷乘間言之帝令擬旨禁約
遷曰虛言設禁無益宜令曹司搜剔弊端明白奏聞然後
嚴立條約有犯必誅庶積蠹可去帝俞允之遷儀觀俊偉
秉節直亮與劉健李東陽同輔政而遷見事明敏善持論

時人爲之語曰李公謀劉公斷謝公尤侃侃天下稱賢相
武宗嗣位屢加少傅兼太子太傅數諫帝弗聽因天變求
去甚力帝輒慰留及請誅劉瑾不克遂與健同致仕歸禮
數俱如健而瑾怨遷未已焦芳附瑾入内閣亦憾遷嘗舉
王鏊吳寬自代而不及己乃取中旨勒罷其弟兵部主事
廸斥其子編修丕爲民四年二月以浙江應詔所舉懷才
抱德士餘姚周禮徐子元許龍上虞徐文彪皆遷同鄉而
草詔由健欲因此爲二人罪矯旨謂餘姚隱士何多此必
徇私援引下禮等詔獄詞連健遷瑾欲逮健遷籍其家東
陽力解芳從旁厲聲曰縱輕貸亦當除名旨下如芳言禮
等咸戍邊尚書劉宇復劾兩司以上訪舉失實坐罰米有

削籍者且詔自今餘姚人毋選京官著爲令其年十二月言官希瑾指請奪健遷及尚書馬文升劉大夏韓文許進等誥命詔并追遷所賜玉帶服物同時奪誥命者六百七十五人當是時人皆爲遷危而遷與客圍棊賦詩自若瑾誅復職致仕世宗即位遣使存問起迪參議丕復官翰林乃遣子正入謝勸帝勤學法祖納諫優旨荅之嘉靖二年復詔有司存問六年大學士費宏舉遷自代楊一清欲阻張璁亦力舉遷帝乃遣行人齎手敕即家起之命撫按官敦促上道遷年七十九矣不得已拜命比至璁已入閣一清以官尊於遷無相下意遷居位數月力求去帝待遷愈厚以天寒免朝參除夕賜御製詩及以病告則遣醫賜藥

餌光祿致酒餼使者相望於道竟以次年正月辭歸十年卒於家年八十三贈太傅謚文正明史本傳　兩浙名賢錄遷初入翰林有御史某驟陞都憲臺中循例乞遷文爲賀遷曰此人素不滿於公論奈何以諛言悅之卒不作嘗憫鄉人方正學以忠滅族沈鬱百年不避忌諱收綴遺文已而得赤城論諫錄遜志齋集赤城詩集皆手自訂正以表章之子丕自有傳

黃肅字敬夫父瓊嘗渡錢塘得遺金守歸其主鄉稱長者肅舉成化十四年進士出宰新鄭值大祲人相食肅振活甚衆構學舍教士文風丕振會朝議運米萬石於邊時米石錢七千肅曰是促民死也請於使司借羨餘銀及庫藏遣官往糴價半而輸獨先在任九載瀕行士民泣送投轄河干肅辭謝且曰昔劉寵受一錢今我受二錢以見意並

以詩答之事詳新鄭志尋陞工部都水司主事差理河道駐劄寧陽南旺一帶植榆柳濬淤塞運艘無阻轉刑部廣東司員外擢廣西僉事至則行保甲嚴夜禁廣右大治土知州趙源妻岑以厚賄謀立假子鎮巡皆爲所餌蕭持議立親姪趙相趙藉以安思明府黄紹反劄蕭進討率鋭卒三百兼程進殺紹一子紹憂死思恩府土官岑濬欲作亂築丹良城以截行舟蕭曰此賊咽喉也即率士卒往毀之同事者掖止蕭蕭大呼先登賊倉皇失措悉焚其營壘全師以歸東寨蠻叛蕭從間道魚貫入栅蠻怒夜圍之衆懼不免蕭先命達官四射率衆鼓勇乘之蠻潰破其巢陞湖廣兵備副使猶上書陳廣右七事咸允行駐衡州府往來

永道郴桂等處奉敕提督所屬軍衛功第一爲當事牽制
遂上疏乞休家居二十年澹若無名位者卒年八十六子
驥自有傳三祠傳輯
聞人理字德夫成化十四年進士知寧國縣勤撫字治邑
如治家視事三年境內清理祀名宦乾隆府志
王華字德輝兩浙名賢錄華六歲與羣兒戲水濱見一人醉來濯足濯已便去遺所提囊啟視之數十金也度其醒必復來恐人攫去投水中坐守之有頃其人泣至華爲指其處果得之以一鋌謝華笑不受綱玄
孫成化十七年進士第一弘治中累官學士少詹事華有
器度在講幄最久孝宗甚眷之內侍李廣貴幸華講大學
衍義至唐李輔國與張后表裏用事指陳甚切帝命中官
賜食勞焉正德初進禮部左侍郎以子守仁忤劉瑾出爲

南京吏部尚書坐事罷兩浙名賢錄瑾專政士大夫爭走其門華獨不往子守仁以劾瑾罪竄南荒瑾復移怒於華尋知華名士冀華一見將柄用焉復使人致慰言冀必往謝華終不往旋以會典小誤降右侍郎瑾敗乃復故無何卒姚江逸詩傳石琚送華還姚詩曰春花豈勝秋新人不如故紛紛紅紫羣酣豔良未悟千金買馬骨百罔捕毚兔一曲雍門歌夕陽在高樹華出處大節爲時所重如此及請謚毛澄固不肯與守仁復澄書曰守仁聞之主辱臣死親猶君也執事辱先君至此守仁可以死矣蓋是時守仁講學與時論不合華之不得謚爲守仁累華也野史反謂緣科場事郎守仁不能移公議豈不謬哉性孝母岑年踰百歲卒華已年七十餘猶寢苫蔬食士論多之明史王守仁傳弟袞藝學積行六舉於鄉不第早卒鄉人私謚曰易直先生陽明集華僕乾隆府志引湧幢小品金養王華僕嘉靖中倭寇至華族婦女數十人前遯賊望見逐之衆大窘養麾之曰主第走養能捍之即扼橋格賊白刃如林養獨以孤梃出入死鬭良久始仆而主人遠矣王氏既免思養功欲祠之而竟不果云

黃珣字廷璽祖文有儒行世稱白雲先生父廉南京留守衞知事母戴孕十四月生珣讀書過目成誦成化十七年一甲二名進士授編修弘治改元與修憲宗實錄充經筵官書成陞侍講賜宴及金幣進右春坊諭德管司業事陞南祭酒丁母憂孝宗念經幄舊臣特遣官爲營葬及諭祭服除補祭酒陞南吏部右侍郎尋陞本部尚書勒令致仕卒於家年七十七贈太子少保廕一子嘉靖初追謚文僖珣簡易篤實凡經筵進講必反覆開陳以感悟主聽掌南北太學於諸生甚有恩義山西魏成家貧不能歸止一女已字人欲改字同舍生以其聘貲途費珣廉知卽撥門差濟之其餘或病給以藥或死無所歸爲之殯斂又斥其公

餘銀繕理號舍完輯公廨正德初逆瑾專恣與其黨馬永成高鳳羅祥魏彬邱聚谷大用張永時號八虎日進鷹犬歌舞角觝之戲又於西華門作豹房工役繁興民力罷弊珣與三山林瀚條奏時政十二事曰隆大孝以先天下集羣議以決大政改州治以奉陵寢崇儉德以足國用省虛費以贍軍民增貢舉以進人才修武備以禦寇盜省匠役以蘇民困節工役以省財用清吏役以革宿弊定馬政以防欺蔽大優容以廣言路疏入瑾憾之瀚降珣去位瑾又以珣與謝遷同邑恨餘姚人尤甚凡京朝官俱外轉無留者珣著有紛紛論稾愓齋稾東山文集素庵詩集藏於家

分省人物考

參三祠傳輯

徐諫字廷忠號愼庵成化十七年進士歷官大理寺左右評事陞寺副寺正以公事詿誤謫同知湖廣茶陵州事親王營第董其役區處得宜撫按以下有疑獄委理帖然以積勞卒年五十一諫從父天錫爲汀州知府長於三禮諫傳其業益加發揮從遊者屨常滿姚江事蹟引謝遷撰墓表

陳雍字希冉成化二十年進士授工部主事修通州倉兼理張家灣瓦料廠原在土橋改遷水次至今便之改刑部主事歷員外郎法比詳練尚書白昂等倚重之陞湖廣按察使僉事常德府詞訟煩殷剖決皆盡至靖州按參將胡瀞貪狀呈撫按黜之改巡荊南壽王之國送至嵐流驛有詩爲獻皆保國之言宜都知縣斂民千金餽王雍捕治知

縣而責金還民大盜黎彥斌父子五人出沒害人雍擒其四子彥斌遂出就獄遷山西左參議晉按察副使逆瑾方擅政雍獨不與通瑾異父女弟歆適布政孫逢吉子聽官兵部司務狡猾多智瑾倚爲謀主凡僞作詔令多出其手自謂能生死人氣張甚盛供具招雍不至又不謝以是憾雍將中禍會瑾敗聽誅雍乃奉詔籍其家轉廣東按察使廣州鴨步稅供制府犒士畜鴨以數萬計縱蹂躪田禾莫敢問甚爲患雍取鴨步志焚之疏除其稅大學士梁儲子次攄恃勢謀產多殺平民言路發之朝廷差給事中劉湜刑部郎中張文麟往勘顧望莫敢斷遂以委雍檢舊案抵次攄罪如律歷河南貴州左右布政使擢右副都御史撫

治鄖陽值歲饑民思亂羅悉出公帑又借武當香稅銀身親振濟民賴以安陞工部右侍郎兼左僉都御史總督湖廣四川貴州三省採辦大木有勞賜織錦麒麟服三襲兩京工作興佐尚書趙璜均節之陞南京工部尚書爲言官所訕奏辨並乞致仕年九十賜羊酒存問月加食米二石敕御史王紳就其家舉觴建坊於眉山東麓題曰德壽卒年九十三曾孫三省字誠甫嘉靖三十七年舉人仕至直隸蘇州府同知有惠政玄孫洽本洽則萬歷二十年同科進士洽本由南禮部主事累官至福建布政司右參議丰裁峻正治則由行人至吏科給事中典試江右奉旨巡閱京營觸璫忌歸足不入城市三十年著有格言奏議兩浙名賢

錄參分省人物考蕭山志

邵蕃字文盛號東里甫齓即好學成化二十年進士知南直建平縣治行第一擢御史累陞陝西按察副使督學關中興革利弊不避權貴逆瑾以興平人請託不應後部推四川參政瑾遂矯旨致仕瑾敗臺省交薦不起歸爲九老會飲酒賦詩怡怡如也年九十三卒子時倢兵馬司指揮時順臨淄令時宜增廣生孫漳嘉靖二十三年進士陝西參議曾孫夢爾自有傳乾隆志引名臣錄參三祠傳輯

王恩字克承成化二十三年進士弘治中知揚州府禮賢正俗革緇黃止侈費逐奸隸禁部使上下便之歲饑請移商鹽留兌運用助不給又取貯庫解京馬價擇良民分糴

江湖米驗口分給民賴以甦自劾擅移之罪請俟豐年徵補尚書劉大夏覆奏免徵歷官至布政使揚州祀名宦乾隆志引南畿志

胡標號孝菴生二十七月而孤母何年二十三茹荼力作食貧守節保標於災疫中事在列女傳標有至性卒妻毛伺母臥起奉盥進膳旦暮以爲常宗黨召飲必數起視席甘脃必持以獻每自言齒雖長心倘孩不能晷刻去母也毛偶進饋稍疏標向母叩頭乞逐婦毛搏顙自責始解母卒標耄且病猶泣血終喪康熙志參三祠傳輯曾孫瀚自有傳

黃濟之字世美二歲喪母繼母生三子遂失愛秋穫時輒使露守山田虎爲避跡父當從軍陜西濟之請代途遇盜

自陳情款盜不忍害迨歸父母歿廬墓終喪白鳩來巢弘治中詔旌其門曰孝子著有本草權度三卷康熙志參三祠傳轉明史見孝義傳序

毛寶字世誠成化二十三年進士弘治中知高郵州高郵俗富而侈訟輒通賄寶嚴禁令絕私謁巨璫蔣某來自南都需索少不遂輒榜掠吏民莫敢誰何寶廉知舟中多非法物先遣邏吏掩得之蔣陽謝罪而陰掊摭以聞寶亦抗疏自白上知寶枉不問高郵新開湖險惡舟行苦之寶白於侍郎白昂奏開四十里以艱歸州人祀之弘治九年知霸州愛民如子牧馬軍人凡強暴擾民者悉繩以法水溢爲害築隄禦之亦祀名宦揚州府志參順天府志

朱宗彝號龍巖以孝著方積雪父思食筍宗彝越四十餘里至冠佩山斸冰雪得之父患惡疾宗彝徧求能者治之不愈禱之神又不愈乃刲股煎湯以進父未下咽兩目瞑然曰吾適見老人饋吾藥果誰爲者疾遂愈事聞得旌玄孫孔禮家貧父老足艱於行孔禮常負之遊於市日供旨甘曲如父志父沒守墓三年哀毀卒來孫日旭亦以刲股療親有司旌曰閭風興孝七世孫元鎭年十五母病禱神請代後三年父病復刲股居喪廬墓虎他徙設靈燕移巢弟元鍾元錡並以割股療母聞三祠傳輯

汪澤字公溥弘治三年進士除工部主事分署清江疾困猶視事竟不起初與計偕有同年張明遠卒於京爲罄裝

其棺斂自奉寒素扁所居曰齩菜謝遷貽詩有淵源家學非縣蕺清苦官箴只菜根之句著西湖賦夢梅集南峰稾藏於家乾隆志引萬曆志

邵蕡字文寶號南皋宏嚳孫治易有聲弘治三年進士初知通州州爲要津軍民錯處號難治蕡擿奸發慝人呼爲小神君以最聞擢南刑部員外尋巡按江西劾鎮守董讓不法讓劾蕡正德三年知四川成都府時逆瑾索賄司府州縣悉橫斂蕡獨不應寬逋蘇困民尸祝之陞四川布政司參政以平鄢寇功陞陝西按察使時巡按恣弄威權蕡以抗持被劾上素知蕡賢不問陞廣東右布政嘗莅事堂上吏報印失所在左右驚愕蕡神氣自若亡何印復前所

人服其鎮定進階正奉大夫加正治卿致仕王守仁在廣作籠鶴詩餞之歸與從兄蓄倣唐履道坊香山社爲一宗九老會卒年七十九子宇廣西橫州州同三祠傳輯原案邑志載蕡囚檻張皇親事頗涉不經於陞秩亦不核實爲詳辨之蕡弘治庚戌進士起家至嘉靖壬午致仕敭歷中外歷事三朝豈憲后猶在堂而一怒至三十餘年之久乎考憲宗册立錢后復册立周后未識張皇親何自來也蕡任臬蕃在正德朝如邑志云遷福建遷廣東又遷福建上知太后怒未解密敕致仕似不過在一二年內且蕡實未有福建之任而邑志注曰浙江通志通志何嘗爲蕡立傳所稱尤屬誕妄今據其族姪德容族孫國馨兩傳本點竄成之知人論世者自當舍彼而取此 案明史錢后周后係英宗后吳氏稱憲后尚未核致嘉靖康熙兩志蕡並無傳蕡傳始見乾隆志所稱太后當指孝宗張后武宗即位尊爲皇太后者而言稱皇親當指張后弟鶴齡延齡而言然外戚恩澤侯表二人先後於弘治間襲封嘉靖十二年下獄論死而蕡致仕在嘉靖元年壬午無論皇親獄斃之年蕡去位已久殊爲失實且如所云以知州擅囚皇親或强項者所優爲乃至上嘉悅而爲下皇親錦衣衛獄斃之此何如事安

有不見明史者至云懿旨逮費而費已遷南刑部郎命往南逮之則遷福建遷廣東又遷福建緹騎竟不能値幾近兒戲其支離誕妄更不勝指斥吳氏據家傳改正自爲可信特邵譜費前後七任不及江西陜西蓋猶沿邑志舊也

徐守誠字誠之少刻苦自樹潛心理學弘治六年進士授南兵部主事嚴於稽覈武衞改觀父喪廬墓有馴虎甘露之異鄉人名其山曰慈山服除補刑部嘗陳時政十餘事多見采納出爲湖廣僉事理冤糾墨不避權勢遷山東參議以疾歸逾年卒守誠孝友廉介非其義一介不取歷官二十年室廬僅蔽風雨有慈山雜著數十條爲學者所誦兩浙名賢錄參分省人物考　子允恭自有傳

孫燧字德成陳有年撰年譜燧號一川曾祖欽博學有文壯志不售鬱鬱盲其目以子泓登進士官御史翳復爲開號晚翠　胡世寧撰行狀燧祖溥世獨湖學學者稱雙梅先生父新鄭州遞運所大使雅志不樂計求

解職得歸號歸隱弘治六年進士歷刑部主事行狀初任例典獄一月舊皆慮重囚生變或縱犴卒陵虐致死燧獨加意矜恤時方盛暑疫癘令日采蒿艾爲之薰滌病者醫療痊者給粥囚咸感泣未幾代者反是遂激囚叛燧不數月即著能聲再遷郎中行狀奉敕錄囚江右多所平反年譜引萬鏜曰燧推其易學明愼用刑議獄緩死之意凡法之入者必求其可出罪之死者必求其可生至無可如何乃已所全活者甚衆嘗錄其行事爲書名以恤刑皆實錄也謝遷撰神道碑銘正德初逆瑾竊柄頤指諸搢紳燧不阿橫擢輸粟之罰連丁外內艱服闋復除刑部郎中是冬陞福建布政司參政奉敕督儲酌時宜剗宿弊軍餉不乏而民困頓甦增置晦庵祠田五十有餘畝陞貴州按察未蒞任改山東數月狴犴遂空無冤民正德中歷河南右布政使寧王宸濠有逆謀結中官幸臣日夜詗中朝事幸有變又劫持羣吏厚餌之使爲己用惡巡撫王哲不附己毒之得疾踰年死董傑代哲僅八月亦死自是官其地者惴惴以得去爲幸代傑者任漢俞諫皆歲餘罷歸燧

以才節著治聲廷臣推之代年譜時陸完爲吏部濠屬以東南要地用所知補之完舉數人楊一清難之次及燧曰得之矣是不茹柔不吐剛善處事者完遂以燧上十年十月年譜作十一月擢右副都御史巡撫江西燧聞命歎曰是當死生以之矣遣妻子還鄉獨攜二僮以行年譜燧離汴之日耆倪遮道攀留者以千計入洪州境輒爲微行道路往來者不知其爲鎮巡官時宸濠逆狀已大露南昌人洶洶謂濠旦暮得天子燧左右悉濠耳目燧防察密左右不得窺獨時時爲濠陳說大義卒不悛陰察副使許逵忠勇可屬大事與之謀先是副使胡世寧暴宸濠逆謀中官幸臣爲之地世寧得罪去年譜濠賂諸用事搆世寧下錦衣獄已而復行江西會勘燧反覆辨論以直其冤世寧得末減戍燧念訟言於朝無益乃託禦他寇豫爲備先城進賢年譜進賢知縣劉源清折而能燧留委督築城竣難作逆校之取官印者源清殺之乘城拒守進賢得以

首推靖難之功全憑此堅壁可守耳次城南康瑞州患建昌縣多盜割其地別置安義縣以漸弭之而請復饒撫二州兵備不得復則請飭湖東分巡兼理之年譜正德十一年燧至任五月如饒州奏留饒州兵備冬十月如南康奏設安義縣治十二年奏築南康府暨進賢縣二城六月如瑞州議築其城案史傳敘次以年譜時月覈之先後稍舛當以年譜爲正年譜又歷敘燧自莅任至死節三四年閒如疏請蠲卹議處濟淮水夫奏解大工錢糧平桃源寇築萬年縣城疏請虔撫以制流寇請亟推南贛巡撫如九江條議四事編識沿湖諸郡漁船奏處軍職疏禁刁訟平東鄉寇上馬價疏奏緩饒州燒造申雪生員徐鍜疏通鹽法計處鉛山叛凶會勦華賊平廬陵寇裁定逆濠逾制之擾編南昌運艘調諸路機兵水陸屯劄以捕湖賊開築隄渠以時蓄洩六上災異疏四上乞骸骨疏凡諸政蹟史傳皆略今備錄九江當湖衝最要害請重兵備道權兼攝南康寧州武寧瑞昌及湖廣興國通城以便控制廣信橫峰青山諸窯地險人悍則請設通判駐弋陽兼督旁五縣兵年譜

橫峰壤接三省最緊要明年濠叛遣費福童齎貲往募以
有通判俞艮貴管轄無一人應者濠失望費就俘閩浙得
免毒流之慘見微慮遠以燧先事爲之備也若進賢之令
不留城不築橫水之官不設使費賊仗僞檄侈焉東馳窯
兵應募突從中起以聲連浙鎮畢眞之徒或安義縣不立
南昌兵守不置令凌十一等三賊未變而蔓延於境臨變
而號召其黨以助劫蹂之虐逆濠猖獗將不止於旬月數
百里之間又使燧所請盡行九江重兵備之權撫州有分
巡之官勢成犄角逆濠將跋胡疐尾敗不旋踵　又
當不至於旬月數百里之久且遠而後就禽也　又恐宸
濠劫兵器假討賊盡出之他所宸濠瞯燧圖己使人賂中
朝倖臣去燧而遺燧棗梨薑芥以示意燧笑卻之逵勸燧
先發後聞燧曰奈何予賊以名且需之十三年江西大水
宸濠素所蓄賊凌十一吳十三閔念四等出沒鄱陽湖燧
與逵謀捕之三賊遁沙井燧自江外掩捕夜大風雨不克
濟三賊走匿宸濠祖墓閒於是密疏白其狀且言宸濠必

反章七上輒爲宸濠遮獲不得達宸濠恚甚因𠍺毒燧不
死燧乞致仕又不許憂懼甚明年宸濠脅鎮巡官奏其孝
行燧與巡按御史林潮冀藉是少緩其謀乃共奏於朝朝
議方降旨責燧等會御史蕭淮盡發宸濠不軌狀詔重臣
宣諭宸濠聞遂決計反六月乙亥宸濠生日宴鎮巡三司
明日燧及諸大吏入謝宸濠伏兵左右大言曰孝宗爲李
廣所誤抱民間子我祖宗不血食者十四年今太后有詔
令我起兵討賊亦知之乎衆相顧愕眙燧直前曰安得此
言請出詔示我宸濠曰毋多言我往南京汝當扈駕燧大
怒曰汝速死耳天無二日吾豈從汝爲逆哉宸濠怒叱燧
燧益怒急起不得出宸濠入內殿易戎服出麾兵縛燧許

逵奮曰汝曹安得辱天子大臣因以身翼蔽燧賊并縛逵二人且縛且罵不絕口賊擊燧折左臂與逵同曳出逵謂燧曰我勸公先發者知有今日故也燧逵同遇害惠民門外巡按御史王金布政使梁宸以下咸稽首呼萬歲宸濠遂發兵僞署三賊爲將軍首遣婁伯徇進賢爲知縣劉源清所斬招黨賊賊畏守吏不敢發大索兵器於城中不得賊多持白梃伍文定起義兵設兩人木主於文天祥祠率吏民哭之年譜初伍文定知吉安府不爲小廉曲謹燧獨深器其才文定嘗見忤於當路將以事奪職燧專疏請留或問之曰文定人傑非汝所知也南贛巡撫王守仁與共平賊諸逋賊走安義皆見獲無脫者人於是益思燧功燧生有異質兩目爍爍夜有光死之日天忽陰慘烈風驟起凡數日城

中民大恐走收兩人屍屍未變黑雲蔽之蠅蚋無近者明年守臣上其事於朝未報世宗卽位贈禮部尙書諡忠烈與逵並祀南昌賜祠名旌忠各蔭一子燧子堪墀陛明史本傳

堪字志健爲諸生善騎射無所不學分省人物考堪工古文詞書學顏眞卿邊防兵制及天文地理律歷醫卜諸家靡不通曉又善繪菊入神品然以舒憤寄情非其志也父燧死宸濠之難聞訃卽灑涕挺戈從之會逆平改治父殯一慟死而復蘇遂瞶兩耳王守仁哀之爲文弔燧曰公爲忠臣公之令子爲孝子由是世遂稱曰孫孝子旣扶柩歸卒弟墀陞廬墓蔬食三年有芝一莖九葩者數本產墓上服除以父死難更墨衰三年世稱三孝子堪承廕錦衣千戶中嘉靖五年武會試第一擢署指揮同知善用強弩教弩卒數

千人以備邊歷都督僉事事母楊至孝迎養京邸二十餘年每退食必率兩弟及諸孫爲嬰兒嬉於母前母偶訶責堪必長跪解之母每哭父忌甚哀堪率闔室助之旋必百計以求其意平諸子弟徐察堪所獨居處嘗有淚痕在枕終不令母聞母年九十餘沒京師堪年亦七十二護喪歸以毁卒於錢塘旅次先夕隕石於江涌水盪舟衆異之明日堪卒巡撫御史趙炳然上堪孝行得旌著有弩考一卷子鉦自有傳趙貞吉撰傳參孫陞撰行狀明史孫燧傳

墀字志朝少敏過目千言輒成誦爲諸生工文伸紙走筆俄頃立就兄堪赴父難留墀與陞侍母堪既行墀即偕陞相繼赴之服闋任修邑志以嘉靖八年鄉貢預修大典授

中書舍人選大理寺正會兩制欽詞員輔臣疏請塤與爲三考晉尙寶丞加金緋母楊就祿京邸塤年已六十餘朝夕承懽靡不竭情母沒扶櫬歸執喪如父時甫終制竟以毀卒子鏌鈳鎡鏊鏊字文器官上苑監丞有漆園集行世鈳鎡及鏊子如游並自有傳程文德撰傳參孫陞撰行狀兩浙名賢錄明史孫燧傳姚江逸詩傳

陞字志高髫齔嗜學日記數千言讀史至名賢傳輒以自期父燧死節隨二兄堪墀誓死赴讐巡按韓御史賢之召試越王臺弔古文驚謂可與滕王閣序並稱嘉靖十四年擧進士第二人授編修感上知拔益自脩册立東宮詞林官例得補宮寮人爭競進陞獨不然以校勘列聖御文五

經二十一史遷右中允與修大明會典清理軍職帖黃遷祭酒其教先器識抑浮競懸格二十二條不以親故闕說輒改或遇貧喪出粟爲助諸士咸服遷禮部右侍郎值徐階爲尚書協恭一心諸大典儀如請行裕景府冠讀禮商決居多上卽舊邸建元祐宮命安神祭告陞奉使有司或供治過具悉揮去過襄鄧閒民治河多菜色陞軫之爲詩遺守臣遂得廪守臣爲鑴詩於石改吏部丁憂謝卻禮餽或强請留一幣曰此其帛也陞立請焚之以祇其意扶柩歸兄甚道卒執二喪一如父時或哀其羸勸食肉不從淚輒下以是得脾疾服除拜禮部左侍郎旋改吏部嚴嵩枋國陞其門生也獨無所附遷南京禮部尚書缺衆不欲行

陞請往至則懲奢靡敦樸素爲諸曹先疏陳較衡業數事剴切可行詔嘉納之卒贈太子少保諡文恪陞孝友天植痛父之死戒勿治家慶絕手不書寧字不爲人作壽父文至母卒又不爲人作壽母文事兄甚如事父無巨細必稟命坐必侍側一介之微苟有未安曰趙清獻必不如是教子姪不專文藝嘗曰養德養身養學三者須日體驗不可缺一居官不言人過同年韓應龍卒撫恤其子自部使者立坊表誌華州王維禎以地震卒收其遺文刻之其篤友誼如此子鑨鋌鍨鑛自有傳雷禮撰傳參明史孫燧孫鑨傳案三孝子名著正史舊志墀無傳今補立

鄒軒字公輊號簾山其先世名楦自常州贅居縣之濮山

父儒以科第顯官至太僕寺卿軒與同縣孫燧華連同學强學多識爲衆所推登弘治九年進士授刑科給事中擢兵科左給事遷刑科都給事居官十二年正直剛介不避權要累疏陳時政利弊孝宗嘉焉浙江解馬之役點解者莫必其身家軒特疏請徵馬價謝遷贊之永著爲令浙民以安逆瑾擅政抗疏忤旨遂罷歸時瑾奸未著軒首言之瑾敗爲所逐者相繼召用軒獨辭疾不赴日以詩酒自娛構亭額曰懶雲自爲記以見志所著黄門奏章簾山拙稾燬於火有簾山續稾和唐音湖山倡和集行世連字商器成化二十三年進士生平清謹家無餘貲官至四川布政使三祠傳輯參陳有年撰孫燧年譜姚江逸詩傳蔣勸能姚邑賦注

韓廉字守清號尙意弘治九年進士授任邱知縣任土瘠人貧多轉徙廉加意撫循不一年民皆復業値歲饑議捐稅契貲築城垣饑民獲以傭自振全活甚衆已被徵去流賊剽掠旁邑任以城獨完民尸祝之徵拜廣東道監察御史首疏馬政二事百姓稱便巡按福建剿平漳南巨寇李子山詔賜白金彩紵時逆瑾專權欲以嬖倖冒功邀賞脅廉以禍福不爲動乃藉他事留再巡福建廉抗持益力上疏陳立政肅法端本剔弊練兵屯田節儉七事又抗疏乞遠嬖倖瑾大憾矯詔譴高安令又摘徵過逮繫詔獄廉處之裕如瑾誅起判通州陞潞州知州丁憂服闋改泰州遷河南按察僉事轉山東副使兵備天津以亢直忤兩臺調

辰州府知府舊有商稅入公需廉悉捐之治益有聲自顧不諧於世上疏乞休會世宗奬恬退加副使致仕歸部使者至姚必造廬問焉卒年九十四敕建完名上壽坊子桂嘉靖元年舉人官兵部主事玄孫思忠萬歷十九年舉人兩浙名賢錄參分省人物考三祠傳輯鹿嗣宗聖廟志鄉賢傳

陸恆字有常號拙庵先世曰天敘者由平原徙居縣之漾山天敘孫孟良永樂二年進士官郎中四傳至恆父榮弘治初出粟千石振饑四年復饑設糜粥瘞餓殍以善行著恆幼號神童長倡道學邑王華謝遷黃珣並推為社長以弘治九年選貢授福清訓導薦知廣東石城縣請革錢糧飛灑之害懲吏枉法者無數興文教建義塾士風一新謝

遷入相恆避嫌告養歸石城人遮留不得行家居躬修內行爲宗人坊表著孝弟慈三訓士林書其言以爲法著有易學指南行世七世孫烈自有傳三祠傳輯

孫汝宗年纔一歲父沒母陳守志四十年鄉里白其事於縣將以聞於朝有仇汝宗者訟其母非節縣逮訊汝宗汝宗不勝箠楚仰天歎曰吾將訴吾母之寃於天迺齧指書衣帶間曰母氏志節蔞毀仇人生不能白死告鬼神書畢縊死縣慮禍及亟上其母事毋被旌而汝宗殺身之孝顧諱言之嘉靖志

孫原吉妻陳妙善傳

餘姚縣志卷二十三列傳八終

光緒重修

餘姚縣志卷二十三

列傳九

明

王守仁字伯安父華華別立傳守仁娠十四月而生祖母岑夢神人自雲中送兒下因名雲五歲不能言異人拊之更名守仁乃言年十五訪客居庸山海關時闌出塞縱觀山川形勝弱冠舉鄉試學大進顧益好言兵且善射登弘治十二年進士使治前威寧伯王越葬還而朝議方急西北邊守仁條八事上之尋授刑部主事決囚江北引疾歸起補兵部主事正德元年冬劉瑾逮南京給事中御史戴銑等二十餘人守仁抗章救瑾怒廷杖四十謫貴州龍場驛丞

龍場萬山叢薄苗獠雜居守仁因俗化導夷人喜相率伐木爲屋以棲守仁瑾誅量移廬陵知縣入覲遷南京刑部主事吏部尚書楊一淸改之驗封屢遷考功郎中擢南京太僕少卿就遷鴻臚卿兵部尚書王瓊素奇守仁才十一年八月擢右僉都御史巡撫南贛當是時南中盜賊蜂起謝志山據橫水左溪桶岡池仲容據浰頭皆稱王與大庾陳曰能樂昌高快馬柳州龔福全等攻剽府縣而福建大帽山賊詹師富等又起前巡撫文森託疾避去志山合樂昌賊掠大庾攻南康贛州贛縣主簿吳玭戰死守仁知左右多賊耳目乃呼老黠隸詰之隸戰栗不敢隱因貫其罪令詗賊賊動靜無弗知於是檄福建廣東會兵先討大帽

山賊明年正月督副使胡連等破賊長富村逼之象湖山指揮覃桓縣丞紀鏞戰死守仁親率鋭卒屯上杭佯退師出不意擣之連破四十餘寨俘斬七千有奇指揮王鎧等禽師富疏請給旗牌提督軍務得便宜從事王瓊奏從其請乃更兵制二十五人爲伍伍有小甲二伍爲隊隊有總甲四甲爲哨哨有長協哨二佐之二哨爲營營有官參謀二佐之三營爲陣陣有偏將二陣爲軍軍有副將皆臨事委不命於朝副將以下得遞相罰治其年七月進兵大庾志山乘閒急攻南安知府季斅擊敗之副使楊璋等亦生縶日能以歸遂議討横水左溪十月都指揮許清贛州知府邢珣寧都知縣王天與各一軍會横水斅及守備郟文

知府唐淯縣丞舒富各一軍會左溪吉安知府伍文定程鄉知縣張戩遏其奔軼守仁自駐南康去橫水三十里先遣四百人伏賊巢左右進軍逼之賊方迎戰兩山舉幟賊大驚謂官軍已盡犁其巢遂潰乘勝克橫水志山及其黨蕭貴模等皆走桶岡左溪亦破守仁以桶岡險固移營近地諭以禍福賊首藍廷鳳等方震恐見使至大喜期仲冬朔降而珣文定已冒雨奪險入賊阻水陣珣直前搏戰文定與戩自右出賊倉卒敗走遇淯兵又敗諸軍破桶岡志山貴模廷鳳面縛降凡破巢八十有四俘斬六千有奇時湖廣巡撫秦金亦破福全其黨千人突至諸將禽斬之乃設崇義縣於橫水控諸猺還至贛州議討浰頭賊初守仁

之平師富也龍川賊盧珂鄭志高陳英咸請降及征横水浰頭賊將黄金巢亦以五百人降獨仲容未下横水破仲容始遣弟仲安來歸而嚴爲戰守備詭言珂志高讐也將襲我故爲備守仁佯杖繫珂等而陰使珂弟集兵待遂下令散兵歲首大張燈樂仲容信且疑守仁賜以節物誘入謝仲容率九十三人營教場而自以數人入謁守仁呵之曰若皆吾民屯於外疑我乎悉引入祥符宫厚飲食之賊大喜過望益自安守仁留仲容觀燈樂正月三日大享伏甲士於門諸賊入以次悉禽戮之自將抵賊巢連破上中下三浰斬馘二千有奇餘賊奔九連山山横亘數百里陡絶不可攻乃簡壯士七百人衣賊衣奔崖下賊招之上官

軍進攻內外合擊禽斬無遺乃於下浰立和平縣置戍而
歸自是境內大定初朝議賊勢强發廣東湖廣兵合勦守
仁上疏止之不及桶岡既滅湖廣兵始至及平浰頭廣東
尚未承檄守仁所將皆文吏及偏裨小校平數十年巨寇
遠近驚爲神進右副都御史予世襲錦衣衛百戶再進副
千戶十四年六月命勘福建叛軍行至豐城而寧王宸濠
反知縣顧佖以告守仁急趨吉安與伍文定徵調兵食治
器械舟楫傳檄暴宸濠罪俾守令各率吏士勤王都御史
王懋中編修鄒守益副使羅循羅欽德郎中曾直御史張
鰲山周魯評事羅僑同知郭祥鵬進士郭持平降謫驛丞
王思李中咸赴守仁軍御史謝源伍希儒自廣東還守仁

留之紀功因集衆議曰賊若出長江順流東下則南都不可保吾欲以計撓之少遲旬日無患矣乃多遣閒諜檄府縣言都督許泰郤永將邊兵都督劉暉桂勇將京兵各四萬水陸並進南贛王守仁湖廣秦金兩廣楊旦各率所部合十六萬直擣南昌所至有司缺供者以軍法論又爲蠟書遺僞相李士實劉養正敘其歸國之誠令從臾早發兵東下而縱諜洩之宸濠果疑與士實養正謀則皆勸之疾趨南京即大位宸濠益大疑十餘日詗知中外兵不至乃悟守仁紿之七月壬辰朔留宜春王拱樤居守而刼其衆六萬人襲下九江南康出大江薄安慶守仁聞南昌兵少則大喜趨樟樹鎮知府臨江戴德孺袁州徐連贛州邢珣

都指揮佘恩通判瑞州胡堯元童琦撫州鄒琥安吉談儲推官王暐徐文英知縣新淦李美泰和李楫萬安王冕寧都王天與各以兵來會合八萬人號三十萬或請救安慶守仁曰不然今九江南康已爲賊守我越南昌與相持江上二郡兵絕我後是腹背受敵也不如直擣南昌賊精銳悉出守備虛我軍新集氣銳攻必破賊聞南昌破必解圍自救逆擊之湖中蔑不勝矣衆曰善己酉次豐城以文定爲前鋒先遣奉新知縣劉守緒襲其伏兵庚戌夜半文定兵抵廣潤門守兵駭散辛亥黎明諸軍梯緪登縛拱樤等宮人多焚死軍士頗殺掠守仁戮犯令者十餘人宥脅從安士民慰諭宗室人心乃悅居二日遣文定珣蓮德孺各

將精兵分道進而使堯元等設伏宸濠果自安慶還兵乙卯遇於萬家渡文定當其前鋒賊趨利珣繞出賊背貫其中文定恩乘之連德孺張兩翼分賊勢堯元等伏發賊大潰退保八字腦宸濠懼盡發南康九江兵守仁遣知府撫州陳槐饒州林城取九江建昌曾璵廣信周朝佐取南康丙辰復戰官軍卻守仁斬先卻者諸軍殊死戰賊復大敗退保樵舍聯舟爲方陣盡出金寶犒士明日宸濠方晨朝其羣臣官軍奄至以小舟載薪乘風縱火焚其副舟妃婁氏以下皆投水死宸濠舟膠淺倉卒易舟遁王冕所部兵追執之士實養正及降賊按察使楊璋等皆就禽南康九江亦下凡三十五日而賊平京師聞變諸大臣震懼王瓊

大言曰王伯安居南昌上游必禽賊至是果奏捷帝時已
親征自稱威武大將軍率京邊驍卒數萬南下命安邊伯
許泰爲副將軍偕提督軍務太監張忠平賊將軍左都督
劉暉將京軍數千泝江而上抵南昌諸嬖倖故與宸濠通
守仁初上宸濠反書因言覬覦者非特一寧王請黜奸諛
以回天下豪傑心諸嬖倖皆恨宸濠既平則相與媢功且
懼守仁見天子發其罪競爲蜚語謂守仁先與通謀慮事
不成乃起兵又欲令縱宸濠湖中待帝自禽守仁乘忠泰
未至先俘宸濠發南昌忠泰以威武大將軍檄邀之廣信
守仁不與間道趨玉山上書請獻俘止帝南征帝不許至
錢塘遇太監張永永提督贊畫機密軍務在忠泰輩上而

故與楊一清善除劉瑾天下稱之守仁夜見永頌其賢因極言江西困敝不堪六師擾永深然之曰永此來爲調護聖躬非邀功也公大勳永知之但事不可直情耳守仁乃以宸濠付永而身至京口欲朝行在聞巡撫江西命乃還南昌忠泰已先至恨失宸濠故縱京軍犯守仁或呼名嫚駡守仁不爲動撫之愈厚病予藥死予棺遭喪於道必停車慰問良久始去京軍謂王都堂愛我無復犯者忠泰言寧府富厚甲天下今所蓄安在守仁曰宸濠異時盡以輸京師要人約內應籍可按也忠泰故嘗納宸濠賄者氣懾不敢復言已輕守仁文士强之射徐起三發三中京軍皆歡呼忠泰益沮會冬至守仁命居民巷祭已出冢哭時新

高宗純皇帝御批宸濠包藏禍心日夕覬覦非望當孫燧上

喪亂悲號震野京軍離家久聞之無不泣下思歸者忠泰不得已班師比見帝與紀功給事中祝續御史章綸讒毀百端獨永時時左右之忠揚言帝前曰守仁必反試召之必不至忠泰屢矯旨召守仁守仁得永密信不赴及是知出帝意立馳至忠泰計沮不令見帝守仁乃入九華山日宴坐僧寺帝覘知之曰王守仁學道人聞召即至何謂反乃遣還鎮令更上捷音守仁乃易前奏言奉威武大將軍方略討平叛亂而盡入諸嬖倖名江彬等乃無言當是時讒邪搆煽禍變叵測微守仁東南事幾殆世宗深知之甫即位趣召入朝受封而大學士楊廷和與王瓊不相能守仁前後平賊率歸功瓊廷和不喜大臣亦多忌其功會有

章公然邀阻且使奸黨分布孔道窺伺朝廷叛跡已著其覘趙王之初不與高煦通謀者情事迴別固非可以隱行消弭前此雖爲諸權倖所匿揚廷和容得諉爲不知何未聞其舉以入告及蕭淮發其罪狀尤當密陳碩畫決策徂

言國哀未畢不宜舉宴行賞者因拜守仁南京兵部尚書守仁不赴請歸省已論功封特進光祿大夫柱國新建伯世襲歲祿一千石然不予鐵券歲祿亦不給諸同事有功者惟吉安守伍文定至大官受上賞其他皆名示遷而陰絀之廢斥無存者守仁憤甚時已丁父憂屢疏辭爵乞錄諸臣功咸報寢免喪亦不召久之所善席書及門人方獻夫黄綰以議禮得幸言於張璁桂萼將召而費宏故銜守仁復沮之屢推兵部尚書三邊總督提督團營皆弗果用嘉靖六年思恩田州土酋盧蘇王受反總督姚鎮不能定乃詔守仁以原官兼左都御史總督兩廣兼巡撫綰因上書訟守仁功請賜鐵券歲祿並敘討賊諸臣帝咸報可守

征以掩其不備顧援宣德故事僅遣重臣宣諭且以往收護衛爲辭激之速反使非王守仁在贑糾合義旅立奏蕩平其勢幾蔓延難制廷和之謀國措置迂謬若此而當時稱爲名臣明之不亡何待

仁在道疏陳用兵之非且言思恩未設流官土酋歲出兵三千聽官征調既設流官我反歲遣兵數千防戍是流官之設無益可知且田州鄰交阯深山絕谷悉猺獞盤據必仍設土官斯可藉其兵力爲屏蔽若改土爲流則邊鄙之患我自當之後必有悔章下兵部尚書王時中條其不合者五帝令守仁更議十二月守仁抵潯州會巡撫御史石金定計招撫悉散遣諸軍留永順保靖土兵數千解甲休息蘇受初求撫不得聞守仁至益懼至是則大喜守仁赴南寧二人遣使乞降守仁令詣軍門二人竊議曰王公素多詐恐紿我陳兵入見守仁數二人罪杖而釋之親入營撫其衆七萬奏聞於朝陳用兵十害招撫十善因請復設

流官量劃田州地別立一州以岑猛次子邦相爲吏目署州事俟有功擢知州而於田州置十九巡檢司以蘇受等任之並受約束於流官知府帝皆從之斷藤峽猺賊上連八寨下通仙臺花相諸洞蠻盤亘三百餘里郡邑罹害者數十年守仁欲討之故留南寧罷湖廣兵示不再用伺賊不備進破牛腸六寺等十餘寨峽賊悉平遂循橫石江而下攻克仙臺花相白石古陶羅鳳諸賊令布政使林富率蘇受兵直抵八寨破石門副將沈希儀邀斬軼賊盡平八寨始帝以蘇受之撫遣行人奉璽書奬諭及奏斷藤峽捷則以手詔問閣臣楊一清等謂守仁自誇大且及其生平學術一清等不知所對守仁之起由璁萼薦萼故不善守

仁以璁强之後萼長吏部璁入內閣積不相下萼暴貴喜
功名風守仁取交阯守仁辭不應一清雅知守仁而黃綰
嘗上疏欲令守仁入輔毀一清一清亦不能無遺憾萼遂
顯詆守仁征撫交失賞格不行獻夫及霍韜不平上疏爭
之言諸猺爲患積年初嘗用兵數十萬僅得一田州旋復
召寇守仁片言馳諭思田稽首至八寨斷藤峽賊阻深巖
絕岡國初以來未有輕議勦者今一舉蕩平若拉枯朽議
者乃言守仁受命征思田不受命征八寨夫大夫出疆有
可以安國家利社稷專之可也況守仁固承詔得便宜從
事者乎守仁討平叛藩忌者誣以初同賊謀又誣其輦載
金帛當時楊廷和喬宇飾成其事至今未白夫忠如守仁

高宗純皇帝御批自道學之名立儒之好名者雖日侈談理

有功如守仁一屈於江西再屈於兩廣臣恐勞臣灰心將士解體後此疆圉有事誰復為陛下任之帝報聞而已守仁已病甚疏乞骸骨舉鄖陽巡撫林富自代不俟命竟歸行至南安卒年五十七喪過江西軍民無不縞素哭送者

守仁天姿異敏年十七案年譜作年十八謁上饒婁諒與論朱子格物大指還家日端坐講讀五經不苟言笑游九華歸築室陽明洞中泛濫二氏學數年無所得謫龍場窮荒無書日繹舊聞忽悟格物致知當自求諸心不當求諸事物喟然曰道在是矣遂篤信不疑其為教專以致良知為主謂宋周程二子後惟象山陸氏簡易直捷有以接孟氏之傳而朱子集註或問之類乃中年未定之說學者翕然從之

道而無裨實用者多若王守仁功業表著原不係講學爲重輕其致良知之說蓋由尋繹而得非徒探索空虛者比迨其後門徒浸廣欲誇授受之殊以致轇轉滋紛漸生異說遂招訾議之口不當專歸咎師傳也

世遂有陽明學云守仁既卒桂萼奏其擅離職守詔停世襲䘏典俱不行隆慶初廷臣多頌其功詔贈新建侯謚文成二年予世襲伯爵既又有請以守仁與薛瑄陳獻章同從祀文廟者帝獨允禮臣議以瑄配及萬曆十二年御史詹事講申前請大學士申時行等言守仁言致知出大學良知出孟子陳獻章主靜沿宋儒周敦頤程顥且孝友出處如獻章氣節文章功業如守仁不可謂禪誠宜崇祀且言胡居仁純心篤行衆論所歸亦宜並祀帝皆從之終明之世從祀者止守仁等四人始守仁無子育弟子正憲爲後晚年生子正億二歲而孤既長襲錦衣副千戶隆慶初襲新建伯萬曆五年卒子承勛嗣明史本傳

徐愛字曰仁號橫山王守仁女弟夫也正德三年進士出知祁州值劉六劉七之亂有保障功疏陳十事多見采納陞南京兵部員外郎轉南京工部郎中廉勤克舉其職初守仁出獄歸愛即北面稱弟子及門莫有先之者後數年守仁遷南太僕愛亦調南工部同舟歸越論大學宗旨作傳習錄良知之說學者多未信愛爲疏通辨析暢其指要門人日益親守仁出撫南贛愛亦請告約歸陽明之麓以究竟百世之業曰朝聞道夕死可矣年三十一卒守仁哭之哀擬於慟顔子焉（陽明集祭曰仁文愛常遊衡山夢一老瞿曇撫其背曰子與顔子同德俄而曰亦與顔子同壽覺而異之）一日講畢歎曰安得起曰仁聞斯言乎卒門人至其墓所酹酒告之（明儒學案參王鴻緒明史稾分省人物考思復堂集　明史附）

錢德洪傳

錢德洪名寬字德洪後以字行改字洪甫號緒山三祠傳輯弘治丙辰祀竈前夕德洪母夢祥雲款款空中呼認太乙而德洪生王守仁平濠歸越德洪與同邑范引年管州鄭寅柴鳳徐珊吳仁數十人會於中天閣同稟學焉姚江書院志略德洪率從子大經應揚及俞大本因王正心通贄分省人物考錢應揚字俊民以進士授長沙府推官選河南道御史巡視長蘆鹽課御史出按廣東建言降全州判官陞樂安知縣明年舉於鄉四方之士來學於越者甚衆德洪與王畿先爲疏通其大旨而後卒業於守仁一時稱爲教授師嘉靖五年舉會試徑歸七年偕畿赴廷試聞守仁訃乃奔喪至貴溪議喪服德洪曰夫子没於道路無主喪者弟子不可以無服然某有親在麻衣布絰弗敢有加焉畿曰我無親遂

服斬衰喪歸築室於場以終心喪十一年始成進士以母
老乞恩便養得教授蘇州至則坐道山亭開講學者翕然
外庠士皆僦居學旁舍以聽丁內艱去服闋補國子監丞
陞刑部主事遷員外郎案史傳作郎中署陝西司事上夜遊西山
召武定侯郭勛不至給事中高時劾之下勛錦衣獄轉送
刑部勛驕恣不法舉朝恨之皆欲坐以不軌德洪據法以
違敕十罪論死再上不報舉朝以上之不報因按輕也劾
德洪不明律法上以德洪爲故入故不報遂因劾下德洪
獄蓋上寵勛未衰特因事稍折之與廷臣之意故相左也
御史楊爵都督趙卿亦在繫德洪與講易不輟久之斥爲
民九廟成詔復冠帶穆宗朝進階朝列大夫致仕萬歷初

復進階一級在野三十年無日不講學江浙宣歙楚廣名區奧地皆有講舍卒年七十九學者稱緒山先生明史本傳參明儒學案景賢錄子應樂舉人三爲縣令而居業蕭然無忝家學三祠傳輯

管州字子行號石屏嘉靖十年舉人官兵部司務每入直諷詠抑揚司馬怪之邊警狎至司馬張皇州曰古人度德量力公自料才力有限何不引退以空賢路司馬譏爲好語謝之以京察歸晚歲家貧有黔婁之風主教天眞水西二書院趙貞吉宿四祖山詩四子堂堂特地來州其一也明儒學案參姚江書院志略康熙志

徐珊字汝珮三祠傳輯珊號三溪本姓史先世史滑六子彌賢宋元革命避跡遷姚子得齋生三子長

承史祧仲出繼張疇季出繼楊原至六世楊堉子曰祐弘治壬子舉人是爲楊珂父曰雲鳳弘治戊午舉人官江夏令復出後舅氏徐銑是爲珊父故榜姓徐正德十六年九月同夏淳等師王守仁中嘉靖元年舉人明年會試策士以心學問陰闢守仁珊歎曰烏能昧我之所得以幸時好乎不對而出聞者高之曰尹彥明後一人後官辰州同知先是守仁還自龍場與冀元亨等講學於州之隆興寺是年珊請於當道於寺之北作祠宇爲虎溪精舍置贍田大集多士以昌明其學焉陽明集參思復堂集辰州府志姚江書院志略

孫應奎字文卿號蒙泉生十歲而父病羸家貧母童課之讀王守仁自江西歸率同縣七十餘人往師之由是鄉閭教澤浹行登嘉靖八年進士爲禮科給事中疏劾汪鋐忤

旨幾斃杖下謫華亭丞鋐亦尋罷時洛陽人有與應奎同姓名者官兵科屢犯權貴以風節自勵兩孫給諫之名並震於朝已移江陰令歷副使視河南湖廣學政轉江西左參政嚴嵩柄國仕江西者莫不禮其門應奎獨不往遷山東按察使左右布政使時議開膠萊河應奎按視地勢必不可河即河無益徒勞百姓奏上役竟寢入覲與冢宰爭官屬賢否時稱其直陞右副都御史總理河道踰年歸家居三十年紹講良知之學年八十三卒著有燕貽錄學者稱蒙泉先生子汝賓舉進士分省人物考參康熙府志思復堂集明史與洛陽孫應奎同傳

夏湻字惟初號復吾父釜曲州知州湻四歲失母事後母

極孝正德十六年師事王守仁嘉靖七年舉於鄉卒業北雍時魏莊渠主天根天機之説淯曰天根天機一物二名指其靜爲天根動爲天機則可若以靜養天根動察天機是歧動靜而二之非所以語性也後判肇慶府遷思明同知立社學以禮教爲急卒於官明儒學案參思復堂集姚江書院志略康熙志

范引年字兆期號半野王守仁弟子守仁卒於南安喪過玉山引年與柴鳳至嘉靖九年與孫應奎董天眞事二十一年爲有司延主青田教事從遊甚衆青田人建文成祠以引年配食明儒學案參思復堂集姚江書院志略

柴鳳字後愚廣敬孫師王守仁主教天眞書院衢嚴之士多從之明儒學案參姚江書院志略

聞人詮案縣學續科第題名碑明儒學案康熙志並作銓陽明集太學題名碑錄乾隆志並作詮字邦
正號北江王守仁姑表弟執贄稱弟子守仁在贛詮與兄
闇字邦英兩致書問學守仁兩復之嘗危病兄闇祈死求代
未幾闇卒其母哭喪明守仁曰聞人氏可謂慈孝兼至詮
舉嘉靖五年進士知寶應縣縣南有氾光湖延袤三百里
風濤汨沒軍民病之詮議開越河以衛漕輿論不決乃試
築一方以一準十工用不煩卒成之擢御史巡視山海關
修城保四萬餘丈論救都御史王應鵬逮入廷杖十一年
視南直隸學政時守仁沒已六年僅存文錄傳習錄居夷
集餘或散亡譌錯詮與德洪定文錄刻之行世世宗幸承
天後行宮尚存八處再幸詮上疏撤之十八年改河南道

御史已出備兵辰沅請告歸卒年六十四陽明集參明儒學案康熙府志姚江書院志略

黃驥字德良副使肅子七歲喪母晝像以事事繼母以孝聞父沒營冢躬負土石不資人力有雙鵲巢其丙舍野犬爲之巡警嘉靖十七年表爲孝子學於王守仁有往復書尤時熙從驥考究守仁之學云明儒學案參姚江書院志略康熙志三祠傳輯

胡瀚字川甫號今山標曾孫七歲端重如成人間塾師學孔孟以何入門師異之年十八從王守仁遊論及致良知之學躍然曰先生之教劈破愚蒙矣守仁授以傳習錄博約說歸而思之益有省從父鐸語以學在心心以不欺爲主瀚乃作心箴圖自課就質守仁守仁沒諸弟子紛紛互

講良知之學王畿王艮劉邦采聶豹各有疏說瀚曰先師標致良知三字於支離汨沒之後指點聖眞主宰卽流行之主宰流行卽主宰之流行君亮之分別太支心若無善知安得良汝中言無善不若言至善汝止以自然爲宗季明德又矯之以龍惕龍惕不恰於自然則爲拘束自然不本於龍惕則爲放曠良知本無寂感卽感卽寂卽寂卽感而文蔚曰良知本寂感於物而後有知必其自寂者求之使寂而常定則感無不通似又偏向無處立腳論者稱其善守師傳云以恩貢就華亭訓導陞崇明教諭歸家三十年築室今山著有今山集一百卷明儒學案參道統錄三祠傳輯

楊珂字汝鳴號祕圖本姓史語見徐珊傳少從王守仁學會學

使者案越檢察舉子無異錄四珂曰是豈待士者哉遂隱自放於天台四明之間天台四明題詠殆徧爲詩瀟灑不羣書法宗王右軍而雅自負舊邑志有石橋時爲暴漲所壞珂書醉臥石三字於上遂帖然監司郡縣吏數式其廬珂未嘗懷刺一詣孫鑛書畫跋跋胡少保宗憲舊令餘姚稔知珂後爲制府欲珂入幕謂倘來謁郎隨以厚幣珂竟不往胡有碑欲得珂書之而難於言役禦倭海上過邑城駐龍山使幕客故與珂交者誘之來山間遊已胡燕居服猝至不得避因留其飲讌談既洽幕客諷以寫碑事珂乃爲寫胡贈之卒不受遠近咸敬愛之姚江書院志略參舊志

鄉大績字有成從學王守仁侍父鵠疾盡瘁父卒廬墓側風雨不廢虎爲遁去紫芝生墓石一本三秀每號泣烏鵲羣鳴若助其哀者鄉里以爲孝感奉旨旌表後子木爲母病割股人稱世孝從子坦與亦先後割股療母府縣勒碑

名其里曰孝子康熙通志參姚江書院志略三祠傳輯

葉鳴字允敘受業王守仁自綱目性理及五經箋註首尾成誦嘗著大學古本中庸註五經一貫臆說諸書以子遵貴封工科給事中康熙志

黃嘉愛字懋仁正德三年進士官至欽州守從王守仁講學嘗有詩云文章自荷逢明主道學還期覺後人其自負如此同時黃文煥號吳南官開州學正守仁使其子受業有東閣私鈔記其所聞黃元釜號丁山黃夔字子韶號一川皆篤實光明墨守師說黃宗羲家錄參明儒學案

徐允恭字子安守誠子十歲父沒遺篋得父手書言志欲立祖祠置義田事允恭感泣後卒成父志母沒廬墓郡守

湯旌其堂曰繼孝以從學王守仁名益著湯延致郡城參究理學商榷經世之務知其貧欲助之允恭辭湯益賢之當道議加賦海地允恭爭之乃止子執策嘉靖四十四年進士知莆田縣有賢聲後至臨江同知三祠傳輯

胡希周字文卿號二川少受業王守仁嘉靖七年舉人初授山東長山縣知縣縣有二河水溢旁邑咸被災希周築隄以時蓄洩民得藉以灌田世享其利尚書李士翔爲記立石河口祀名宦丁內艱服闋補福建南靖縣知縣濱海多盜希周興學綏征扶植善良以循良著翁大立撰傳

盧義之嘉靖閒貢士爲廣昌丞從學於王守仁嘗自歎曰吾三十年窺書史戶外一無所問十年服下僚俸外一無

所入亦不負聖賢不負朝廷矣聞者以爲實錄康熙志選舉注

案康熙志陽明傳後坿弟子七人乾隆志移聞人詮孫應奎黃驥三人合爲一卷以重師承然徐珊諸人猶錯出也今一例改訂並補錄黃徐胡盧四傳坿見黃傳三人若諸陽名見諸用明傳姜應齊名見姜子羔傳鄭寅吳仁錢大經錢應揚俞大岡名見錢德洪傳惜乎事蹟無徵攷訂猶有待也

餘姚縣志卷二十三列傳九終

光緒重修

餘姚縣志卷二十三

列傳十

明

牧相字時庸弘治十二年進士授南京兵科給事中正德元年劉健等求罷相率同官上言謹按禮曰大臣不親百姓不寧又曰大臣不可不敬也是民之表也曩先帝彌留召健等親受顧命未及一年抗章求退豈無故哉近朝事紛更政出多門漫無統紀頒示詔或不經內閣有雖已擬旨旋復改易者有因事建明未蒙諭允及留中不出者是使輔臣充位而已安得不求退哉望陛下念先帝付託之重每日退朝從容延訪政事機務悉從健等平議而公論

是非一付之臺諫庶幾信任專事權一帝不能用又論救宣府都御史雍泰及公疏請罷禮部尚書崔志端等皆不聽尋奉命與御史呂鏜覈南京御馬分給營軍中官李棠拘留不發相等因陳御馬監濫役濫費之弊言馬止八十九匹歲須芻豆無幾今乃糜耗至倍苜蓿芫豆二園又各有采辦且一軍足飼一馬今用軍至七百餘人復有守庫守倉三百八悉按月輸錢冗濫至此而棠敢扞格詔旨專營已私請正其罪奏上未報棠言此洪武初額不可輕變帝即許之相等復劾奏不納與戴銑等劾劉瑾明史銑傳作高鳳案兩浙名賢錄時逆瑾擅權相偕戴銑疏其不法數十事忤旨械繫赴京杖九十下獄王守仁疏救并繫獄相謫職爲民守仁謫龍場驛丞說與分省人物考合疑作劉瑾是廷杖除名既歸授徒養母閒

民閒利病輒走白有司非是杜門不出瑾誅復官擢廣西參議除書至已前卒家貧停喪十餘載按察使李承勛爲葬之乾隆志引萬斯同明史稾參明史戴銑傳

謝迪字于吉遷弟弘治十二年進士授兵部職方司主事轉武選司員外郎文移旁午揮遣若流悉中肯綮正德初逆瑾亂政兄遷罷相瑾移怒於迪勒令致仕世宗登極起爲江西右參議歷河南按察使遷廣東左布政使入覲還任以疾卒於途迪具逸才起廢以來益圖奮勵爲參議時有謀殺兄而誣其嫂者有司莫能訊迪密爲蹤跡得其狀遂伏辜用薦爲九江兵備除煩苛務綏戢建議城彭澤九江形勢自是增壯又葺陶靖節狄梁公祠曰風化所關不

可廢也嶺南之擢以貢院隘陋拓而新之卒年六十三兩浙名賢錄參分省人物考

姜榮弘治十五年進士知五河縣稍遷工部主事以劾逆瑾徙興化府通判尋改瑞州攝府事（毛奇齡撰貞烈賓孺人傳）孫子羔自有傳

徐天澤字伯雨號蕙皋弘治十五年進士授南京工部主事時劉瑾柄政千戶石文義附瑾爲其伯父太監踰例求厚葬天澤持不與尋轉吏部驗封司郎中遷知廣西太平府太平去京師萬里夷獞雜處天澤興學校明禮讓俗爲丕變土官偃蹇不就征調諭以忠義恩信皆驩呼就道江州黃濤爲亂帥府懸賞急捕累歲弗得天澤定計説土官

伏兵誅之御史以才薦調桂林會撫按不協方薦而劾遂歸天澤自幼豪鋭博聞强記侃侃思表見於世既歸杜門讀書遇佳山水輒留品題時王守仁以道學倡東南從弟珊從之游天澤數與辨難既見守仁於會稽親聞良知之教喟然曰吾生平勞精竭慮博求於外今反諸吾心坦然有餘也錢德洪曰蕙皋近年進道甚鋭同志賴以奮發惜不假年以竟其成也卒年三十五三祠傳輯

宋冕字孔瞻弘治十五年進士授刑部主事正德初劉瑾欲殺一囚而囚無死律冕持之瑾怒謫金谿知縣踰年瑾誅召補禮部歷郎中尋參議河南會歲饑哺活無算再遷福建左參政永春流賊起劫捕盜通判以去主者且得罪

衆謂非冕不任滅賊乃借冕任之冕選精騎百人挑戰誘之離巢禽其渠數人賊乃歸通判請以易之冕知賊將遁按地設伏盡禽之而推功於失機者俾直前罪人皆服爲嘉靖初歷陝西左布政使織造中官需供費逾額冕折不與中官怒伺其陰事無所得乃悔謝及拜右副都御史巡撫鄖陽拊循訓勵三省敉寧居二年遇疾乞休而劇賊馬與等爲亂竊發漢中延及鞏昌冕曰吾不可以貽後人遂進兵會勦賊且滅值代者王學夔至乃就途賊平冕亦與賚久之卒冕居官三十年被服如寒士鄉評重之孫岳嘉靖二十年進士官至按察使乾隆志引萬斯同明史稾參兩浙名賢錄

胡東臯字汝登弘治十八年進士授南京刑部主事歷郎

中分省人物考逆瑾弟瑣爲南京守備諸曹爭往候謁東皋獨不往中府都督乃倖臣錢寧姪家奴不法按律坐之不少貸數平反大獄暇則與魏校吳昂講道論德蒸蒸如也出知寧國府初高帝以寧國有餽師勞盡免民田租稅官田半之歲久民田盡歸富室小民困甚東皋請均官田租於民田而官亦應民田役時不能用後知府劉起宗卒行其議徭役素苦不均東皋按籍定大戶爲里小戶爲甲以一里統十甲歲一編審竟歲而代閱九年然後復役人大稱便宣城有金室圩稱沃壤歲入可百餘萬石圩當大河之衝水溢輒害東皋相便宜修築遂爲永利府因山爲城久而頹圮聞寧王宸濠有逆志度工繕修大治器械爲備無何宸濠果反攻安慶東皋將卒兵扼其吭旋聞就禽乃止南陵豪專持有司短長

爲奸利涇巨猾囊橐盜賊禍鄉里東皐悉按誅之池州有告妻殺夫者御史以屬東皐婦訴殺者盜也久不決乃禱於神夢一小兒踏兩木而立東皐曰小兒爲童兩木爲林殺人者爲童林乎遣卒詷之果獲其人一鞫伏辜嘉靖初遷四川副使分巡建昌貧不能治裝僚屬贐以贖鍰峻卻之士民傾城送皆垂涕建昌居蜀西徼前使多駐節雅州以故中官將領肆虐無忌東皐親駐其地嚴立約束軍民帖然番賊入寇授指揮陶安方略殲之番人無敢牧境上者越嶲有相公嶺路峻險戍兵多墮厓谷死寇亦得據以爲阻東皐爲平其道由是官軍得要害寇不敢發成都至建昌有大渡水湍悍甚日一渡猶不免覆溺東皐相山勢

杉其處日可數渡人號爲胡公渡內艱去軍民立祠祀焉
南畿志餘東皋善折獄比諸包孝肅死後建昌士子夢迎新城隍儀仗甚整私問其後騎曰昔之包龍圖今之胡都堂也遂相傳東皋爲建昌城隍神
東皋服除補威茂兵備甫至番賊耿卓兩浙名賢錄分省人物考作耿內煽亂巡撫唐鳳儀檄會討東皋率師爲前鋒
斬賊數百級獲牛馬器仗無算卓由間道夜遁民被脅者千餘人將吏欲殺以言功東皋叱之乃止語鳳儀曰賊多且悍當徐圖之難以兵盡殲也乃罷師還茂州得賊所親信二人厚賞之激以利害二人感悟歸斬渠首以獻邊境始寧鳳儀上其績再賜銀幣進四川按察使九年鳳儀被召遂舉東皋代會代者已有人乃遷右僉都御史巡撫寧夏東皋周覽形勢知其地多與敵境錯軍民屯種樵牧率

爲所擾乃築牆捍之自花馬池至鎮城經賀蘭山抵定邊營延袤三百餘里並緣牆治塹置墩堡營舍自是塞下之田咸得耕植故事歲調漢中寧羌二衛軍千七百餘人戍寧夏小鹽池邊地苦寒軍多道亡或病死至者十不二三東皋請免調發第徵銀備邊費軍咸德之明年改鄖陽提督太和山中官王敏貪恣劾罷之有武將以賄求薦召語之曰貪者必納汝賄刻者必褫汝官苟非污人必至害己汝安得爲此杖而遣之張璁重東皋才薦於帝乃召理院事既至朝旅見外未嘗一謁璁璁銜之會南京太廟災諸大臣咸自陳璁在内閣從中允其去家居六年以身任鄉邦利病浙人倚之同縣孫陞語人曰吾邑登顯仕而清貧

若寒晙者三人胡中丞東皋宋中丞冕胡太僕鐸也時號姚江三廉乾隆志引萬斯同明史稾子翌旦自有傳

胡鐸字時振宏治末舉進士正德二年授刑科給事中出勘寧夏失事狀持正無私參將霍忠以下多獲罪會焦芳附劉瑾攻謝遷建議餘姚人不得爲京官出鐸河東鹽運副使瑾敗遷福建僉事分巡建寧興教化辨冤抑巡按御史列其善政二十事以聞就遷提學副使教士先理學諸生化之時王守仁以良知教學者鐸與書曰足下薄宋儒以聞見之知汨德性之知知一而已德性之知不離聞見聞見之知還歸德性怵惕惻隱之心良心也必乍見孺子而後動誰謂德性之離聞見乎人非形性無所泊舍耳目

聞見之知德性亦無所自發也大學論修身而及於致知
則固合德性聞見而言之矣守仁不答嘉靖初遷湖廣參
議遭母憂哀毀盡禮三年不履城市起補河南再遷雲南
左布政使庫有羨金數千吏告此無礙官帑例得歸公鏜
曰無礙於官不有礙於民乎叱之十二年入爲順天府尹
坐鄉試進題稍緩改南京太僕卿帝一日念之問往常白
面府尹安在吏部因推鏜刑部右侍郎未上卒鏜與張璁
同舉於鄉深相得初大禮議起璁首主考獻王鏜意與合
璁要之同署鏜曰主上天性固不可違天下人情亦不可
拂考獻王其迹似私考不已則宗宗不已則入廟入廟則
當有祧以藩封虛號之帝而奪君臨治世之宗義固不可

也入廟則有位將位於武宗上乎武宗下乎生爲之臣死不得躋於君然魯嘗躋僖公矣恐異日不乏夏父之徒也當俟數年後羣情盡洽而後徐以入告默爲轉移以興義起之禮如欲借爲終南之徑則非鐸所敢知也璁議遂上旋被召鐸方服闋赴京璁又固要同疏鐸復書謝之且與辨繼統之義曰禮官之說謂皇上以小宗後大宗宜重大宗置小宗此泥於戴記宗法之論也足下復引大宗小宗爲辨其閒不能以寸夫國有統家有宗嫡長子承王者之統其次適爲族人之宗故宗法爲卿大夫公子設耳君統九族不爲九族宗何也有位則統無位則宗君不與族人爲宗懼褻尊也小宗可以絕大宗不可以不世故以小宗

後大宗而禮又謂適子不得後大宗若國統絶而立君寓立賢之意不必論其行輩雖從祖伯叔皆可雖適子亦可繼統與後宗原不同條也子云上以興世子入繼武宗之統非繼武宗之嗣其言精矣天親不可以人爲父改而稱叔姪改而稱子非天敘之典也鏜謂皇上承遺詔遵祖訓兄終弟及之文可謂正其始矣其繼武之統以主宗廟之祀非若宗法必爲之後而後得奉其祀者故以倫則武宗兄也孝宗伯考也以位則皆君也皇上以弟代兄以臣道事先君豈不名正言順何必考孝宗而後爲繼耶但既考獻王後必有稱宗入廟之事子當豫發其議以爲之防杜小人逢迎之隙乃爲以道事君者耳璁亦采用其言大禮

旣定鐸又遺書曰閣下以一人挽天下已成之議可謂得行其志矣而禍流搢紳國之元氣從此傷焉今惟勸上召還議禮諸人養以和平之福斯爲克終其美若直情任之則申商之續矣璁不能從遂至爲世大詬鐸與王守仁同鄉而不宗其學與張璁同欲考獻王而不因以取高位世稱其能獨立焉乾隆志引萬斯同明史稾明史坿張璁傳

倪宗正字本端別號小野父樸菴家貧歲暮啟戶拾遺金斤餘室汪曰失此物者得無迫於私債逋於公廩促出俟之其人果泣而來詰之數符遂盡還之次年宗正遂魁鄉榜越十年登弘治十八年進士選庶吉士以逆瑾目爲謝黨出知太倉州時水災條上封事報可所全活甚多入爲

武選員外郎武宗欲南巡抗疏遮留幾斃杖下猶以詩諫上尋悔賜獸錦已出知南雄府會朝廷追錄言者加三品卒賜祭葬贈學士謚文忠宗正有夙慧精於易工書與詩小野集坿錄孝廟雅重宗正詩一日御便殿命賦扇詩有天上素娥分半月人間酷吏避清風句喜曰不圖朕詩與倪翰林相符遂出御製詩扇賜之蓋孝宗中聯亦有素娥分半月人間避清風句世傳爲美談居官忠君愛國被杖後遇陰雨輒作楚遂告歸教授後學錢德洪諸孌張元李本皆出其門王守仁謂宗正詩文逼陶杜近日何李遠不能逮又曰世傳小野爲東坡後身及觀其文章氣節生平出處去就亦略與東坡相似又曰東坡洵才美然未免出入於內典若吾友小野生平學問原本六經詎非所謂粹然無瑕疵者耶著有易說豐富集突兀稾太倉

稾小野集行世孫鏞撰傳參錢德洪究兀稾薮翁大立撰傳

謝丕字以中號汝湖遷仲子也弘治十八年一甲三名進士授編修正德初請告歸省頃之逆瑾搆禍父遷落職瑾移怒丕亦爲民搆肥遯嘉遯二莊日與高人燕賞爲樂遷家居喜接後進丕尤加意奬掖儁異之材多所成就其立教重經義治事有宋湖學風嘉靖初詔復編修四年武廟實錄成陞贊善八月主順天鄉試稱得人六年陞太常卿是年遷再入相丕充經筵日講官無何遷乞休丕以太常少卿兼翰林學士掌院事十四年上臨軒策士特命讀卷丕每進講敷陳剴切儀觀詳雅上爲之傾注自是寵渥日深尋轉吏部左侍郎兼翰林學士仍掌院事同修永樂大

典丁丑憂服闋巡按疏薦起用弗應因修譜牒創宗祠置義倉義學拯貧病造津梁鄉人德之後有被召當國者丕僚舊也道武林避不一見京華權近亦不一通問遺暇即汝湖勝處葺東巖闢留園爲逸老所盤桓其間自號留園野老絕意世用卒贈禮部尚書賜祭二壇兩浙名賢錄參分省人物考

諸用明王守仁妻弟也積德勵善有可用之才而不求仕或勸之仕用明曰爲善最樂因以四字扁其居卒二子階陽日與鄉之俊彥讀書講論於其中後僕夫治圃得一鏡背有爲善最樂四字衆以爲用明爲善之符守仁作文記之陽字伯復守仁弟子嘉靖元年舉人陽明集

黃嘉會字懋禮號履齋讀書城南僧舍脅不霑席者數年

遂得博覽學使者謂姚江才壓旁邑必得通五經者爲首選試嘉會巖第一以弘治十四年舉人知金谿縣撫屬六縣金谿與樂安皆遠水樂安無兌淮而金谿租米之致淮者費三石有奇而得一石又割金谿西北境十八里立東鄉其兌淮之米尚留金谿嘉會皆移文除之由是見稱武宗南巡嘉會預備諸費民用不擾人益以爲能考上上乞休黄宗羲家錄

顧蘭字斯馨弘治十七年舉人正德十六年除大名府判職捕盜多爲閒諜按捕無遺其遠引者盡釋之河南大盜王堂犯山東河北蘭率所部絕其北渡境內獲免澶滑一路瀕河岸崩築塞之費歲以萬計蘭奉檄署理未半載築

隄四百餘里省浮費三千餘兩寬減民力倍其數民咸稱便以最擢廬州府同知百姓攀轅刻石立亭以識去思在廬數月丁內艱歸後三年卒蘭性篤孝祖姑有疾爲之嘗藥比沒父先卽世喪之如哀其父喪母亦如之家無餘貲惟藏書千卷每謂諸子曰能誦此行且不負足矣外非吾所望也子遂傳三祠輯自有傳

楊節字居儉能文章弘治末以懷才抱德舉已乃以善書直內殿爲序班正德初以忤劉瑾謫爲袁州幕逾數年推高郵判官還家卒書效顏眞卿加瘦勁畫菊有草書法晚年益精人得其手跡咸寶之孫世華自有傳孫鑛撰楊世華墓志銘參乾隆府志書史會要

駱用卿字原忠積學不第以經術授徒他郡族故有戍籍在關中適徵檄至應代者不欲往用卿代行以衛學生中陝西鄉試正德三年進士累遷兵部員外嘗奉使山西題詩韓信廟李夢陽見之曰絕唱也士大夫作詩版懸之又精堪輿術嘉靖中以張璁汪鋐薦卜永陵地於十八道遂用之用卿不自得嘗歎曰天生駱兩山顧作相埋術士乎兩山其自號也乾隆志引舊通志參乾隆府志

嚴時泰字應階幼從父賈於楚寄籍江夏成正德六年進士知溧陽縣縣張湛睚眦殺人莫之誰何時泰置之法徵拜御史以戚畹例改鎮江府同知轉福建鹽運使浯州場與島夷鄰恃險三十餘年不輸課莫敢往徵時泰曰爲君

之吏奉君之事豈可以風濤沮哉遂揚帆抵場旬餘輸稅以萬計陞雲南永昌知府永昌新設時泰選民夷俊秀者訓以理義而鋤其豪惡以功陞山東兵備副使時水旱頻仍特奏停起運又設法賑濟活兖曹民數十萬轉廣東參政以從征安南功陞福建按察尋陞四川左右布政兩臺薦其賢入爲太僕卿晉右副都御史督四川軍務都蠻積寇一鼓而殲捷聞賚白金文綺加俸二級陞南工部右侍郎致仕又二年卒貧無以歛著有專城稾牢盆木山等集

兩浙名賢錄參分省人物考

乾隆志案朱彝尊明詩綜謂餘姚嚴時泰官鹽運同知江夏嚴時泰官巡撫別一人然雲南通志載餘姚嚴時泰爲永昌知府有聲彝尊謂其止官同知殆未博考究萬歷府志作時泰餘姚人入籍江夏舊省志亦載侍郎嚴時泰墓在西湖其時去正德未遠聞見較真是時泰非有兩人也

施德禎字天瑞正德六年進士知崑山縣遭水患悉屏隷卒親詣鄉保察被災者蠲其租平居自奉儉約性剛果好摧挫權勢以是罹謗卒貧不能斂僚屬爲具喪而歸蘇州志

邵德容字原廣正德九年進士知廬陵縣縣屬江西第一繁劇大盜曹國祥等叛逆德容計禽千餘人不役一卒不費斗粟人稱爲神丁內艱歸民奔趨泣送至不容馬跡服闋補貴溪尋擢江西司主事嘉靖三年奉敕駐淮安人畏其執法獄清而漕運無阻既以是得罪權璫楊一清以屬託不行桂萼以議禮不協唐龍以裁革濫關皆怒之謫六安州遂連疏乞養歸時舉九老會賦詩飲酒往來白山竹山之間世稱白竹山人弟德久字原可嘉靖十三年舉人

知六安州築塘引芍陂之水灌田民享其利善平反大獄邛某以父宦浙東（三祠傳輯作四明守）橫於鄉里治之不少貸自是里中少年舉相顧斂戢興學課行士習丕變以最聞陞右軍都督府經歷尋陞工部員外郎歷郎中出知邵武府守臣度支不隸少府自丞至胥雖尺蹏寸鏹皆責辦於庫吏吏分取於民德久革里甲煩征節庫役冗費并言狀於巡按徧檄旁郡著爲令閩中庫役之蘇自邵武始流賊攻城親集義兵沿城巡督不避矢石屬邑泰寧光澤故無城賊退亟城之城成逾五月廣叛兵猝至趣入收保二邑以安未幾以忤同官致仕光泰二邑並立祠祀之邵武祀名宦德久少德容二十四年兄弟友愛同居五十年爲世羽儀

德久子陛自有傳乾隆志引萬歷志江南志闕書參三祠傳輯

張懷字德珍勤學强記日誦數千言過目不忘正德十二年進士授禮部主事武宗南巡伏闕泣諫罰跪門五日杖三十濱死奪俸六月世宗繼統歷精膳員外郎未幾議大禮建室上疏力爭奪俸一月又議改稱皇考聖母與廷臣同議者伏哭闕下廷杖三十復濱死歎曰一死何足惜但至誠無以格君使聖天子有過舉爲可恨耳出爲江西左參議歷廣東左參政所至有廉敏聲坐江西建昌知州夏良勝知府鄭源滇刊刻雅書非毀大禮詞連懷奪職歸著書自適三十餘年足迹不入城府布衣蔬食督耕飯牛如寒士所著雞鳴集茹茶錄藏於家兩浙名賢錄參分省人物考

陳煥字子文號西愚父簡薊州判官煥舉正德十二年進士授工部主事分署淮之清江浦董漕艘武宗南巡嬖倖江彬從所過大索賂遺煥弗與貴戚陳某治第憑寵苛求不應皆銜之出爲南刑部四川司員外郎尋擢廣西右參議守柳州獞猺爲患參將沈希儀欲誅之煥曰猺不可盡雖兵之亦不能止其患不如以恩信撫諭遂與希儀入其境召諸酋長見爲約不犯則賞之諸酋長大悅聽約束遷雲南提學副使滇南士習與中土異煥教之安貧執義以廉節爲先士由是嚮方復遷湖廣右參政督修顯陵上嘉之賜金帛進階一級一日渡漢江大風雨舟幾覆衆擁泣煥命拯溺者活數十人竟無虞擢江西按察使轉左右

布政使吉水豪某依山阻水與有司抗逮至察之慒人也貸其死笞之卒改行爲良民入爲光祿卿光祿供內府饍膳多濫額煥獨按籍而應中貴多不利搆蜚語中傷之是時煥子墀陞俱成進士煥年漸高喟然曰夫不視而履且及阱焉不慮而進且及殆焉予生平持守卒不便於回邪官可久戀耶遂上疏乞休開圃於舊第西南壘石蒔花搆亭榭其中列爲八景皆以愚名自爲文記之卒年七十三子墀陞觀自有傳從父僅字廷實成化十三年應天榜舉人官彰德府同知遷知襄陽府世稱虛齋先生僅子熺字子訢號南愚嘉靖元年舉人仕終德慶州知州父子並以循良著兩浙名賢錄參分省人物考三祠傳輯

顧遂字德伸蘭子正德十二年進士授刑部主事累決疑獄法如素練武宗南巡伏闕疏諫廷杖幾斃嘉靖朝陞俸一級歷員外郎中並有聲出知惠州有老嫗見陵於土豪攜幼子叩治鳴冤輒捕治之值歲大歉出金糴粟遣官分道煮粥復移檄諸郡毋遏糴全活甚衆亢旱禱雨輒應民爲建喜雨亭民居火遂匍匐拜火尋滅治惠五年法嚴政平遷廣西副使兵備賓州等路賓地錯猺犵出沒肆剽掠遂親歷險峻考岨谷委曲狀縱火焚其林薄又多築城堡扼要害賓賊以寧改福建副使分巡建寧時議造戰船禦賊遂謂海濱居民處舟若家寄跡於商乘閒爲盜計莫如籍海舟於官以便稽覈即以巡捕事付之省費數萬遷廣

西右參政思恩土目爲亂遂親督陣斬其酋又議曰使賊畏我而退不若悅我而服單騎往諭皆羅拜聽約束以功遷貴州按察使晉湖廣左布政督修顯陵宮殿事竣三錫金幣晉右都御史巡撫遼東坐累左遷旋陞右副都御史提督江西閩廣等處軍務晉南京刑部右侍郎有監生朱環誣坐殺人罪久不白遂廉得情實奮筆釋之百戶劉羽凶狡毒善類賂權右爲城社仇莫敢斥遂按寘之郎日斃之獄皆稱快丁母憂哀毀成疾居數年卒遂資敏質厚生平未嘗輕毀譽人撫仲弟孤如己子從子廉幼失恃遂攜之官教育有成嘉靖十四年魁會試榜族黨閭里無不稱爲長者子褒號覲山四十四年進士官福建按察使獻徵錄參

兩浙名賢錄

三祠傳輯

于震字孔安號東溪正德二年舉人知福安縣讀書博古尤深於易晚爲詩亦工未仕時家故貧常授徒自給旣致仕歸亦無所增人稱其廉著有東溪類稾門人楊撫修邑志謂列傳出震手足方信史子廷寅嘉靖十一年進士官山東僉事三祠傳輯

施信字德成號白樓正德八年舉人會試屢躓遂潛心性命書以守先待後自任嘉靖二年謁選授福建漳平縣風檢嚴峻不爲權貴屈豪強咸歛跡治冤獄多平反鄰屬疑讞屬代理一鞫無遁情復加意學校以羨餘置學田士類德之撫按交薦爲中貴所沮致仕民攀輿留有泣下者歸

築息心亭於山麓率子姓讀書其中嘗作眞率會月一舉習與倪宗正陳煥楊大章于震管溥龔輝諸子往來有司觀風輒加禮問餽額其堂曰仁壽三祠傳輯玄孫邦曜自有傳

胡玠字仲信正德八年舉人知壽張縣有惠政遷工部主事董大工廉慎自持不徇權貴終楚雄知府平生甘清苦鹽虀麥飯以爲常所著有醯醋集百拙子集又有王隸敬知贛縣歸廬舍蕭然日以讀書爲樂姜天衢知銅陵歸督農課子不事干謁乾隆志叢談參澥山志

陳克宅字卽卿父巨理以孝聞克宅舉正德九年進士知嘉定縣有異政吳中賦重豪右欺詭爲奸克宅履畝清丈宿弊頓革以治行最召拜御史首劾巨閹劉允取佛烏思

藏挾邪蠱亂罪當斬又劾武定侯郭勛大不敬直聲震中
外時坐寧庶人及錢寧江彬註誤繫獄者甚衆會暑疫囚
多瘐死克宅及給事中許復禮請復讞獲釋者二百四十
人嘉靖初出按貴州應天府尹趙文奎先爲貴州左布政
其家僮私納土官安萬鈞賄克宅追劾褫其官四川巡撫
許廷光被論部議調貴州克宅言不當復居憲職廷光坐
免時隴政搆亂方議用兵歲辦物料爲公私擾克宅奏止
輸十二行者患盤江瘴氣特裂山開道避之還朝道淮陽
見饑民載途上救荒五策民大獲濟帝將考獻帝偕同官
力爭詣闕哭諫有大僚知帝震怒欲起去克宅直前扼其
項曰奈何先去爲人望其人愧而止俄繫獄廷杖得釋再

按貴州按察使張淮吏部尚書廖紀姻也克宅以不職劾罷之紀不悅出克宅爲松潘副使甫至官有指揮爲番人所殺乃勒鋭卒夜襲其砦焚碉房十餘盡殲之番人畏懼咸獻馬乞降將士乾沒軍餉悉繩以法部內懔然遷河南按察使歷湖廣左右布政使綜核庶務必周屬邑輸課令自操衡吏旁睇而已十三年擢右副都御史巡撫貴州都匀苗酋王阿向者世據凱口囤率衆攻掠平浪招之不服克宅調兵三萬攻之賊堅守三月不克乃分兵先破其黨招降旁砦四十九賊勢遂孤宣慰安萬銓乘夜雷雨率所部以懸梯鉤繩魚貫登山顛發弩石下擊賊總兵楊仁亦督諸將仰攻萬銓兵馳下開囤門遂斬阿向及其黨二百

五十級俘三百六十人招降稱是諸洞悉平論功進秩有差旋移撫蘇松諸府既行而阿向黨復叛阿向之先與土官王仲武爲世讐阿向既平用副使林茂竹議逐諸苗以其地隸都勻府募軍民佃種仲武因諸苗失業陰遣招復旋科索之諸苗怨望私推阿向餘孽王聰王佑等爲主謀復故地佑等遂糾黑苗攻陷凱口據之大肆殺掠巡撫汪珊檄茂竹及副使陳則淸參將李宗佑等進討賊夜乘雨襲破官軍宗祐被圍援不至與指揮陳佐周鍾等俱爲賊所執仲武反潛與叛苗通仁聞敗坐制會城不肯出兵巡按御史楊春芳遣使撫諭賊質宗佑等求復官還故地春芳以聞乃奪仁職罷克宅候勘茂竹等論罪有差仲武亦

下吏未幾珊進兵討賊賊授首推功克宅會克宅卒乃賜卹任一子官克宅少好讀書父欲令從業克宅隨父園中仆一樹以悟父父曰惜哉且成材而敗之自今任汝所爲遂成進士當官有器局操行清白聲色名利一無所嗜子有年自有傳乾隆志引萬歷志同明史稾參分省人物考三祠傳輯

管浩字惟寬宋時名萬里者從汴梁鈞州遷姚九世至浩父欽篤行醇孝浩濡染庭訓尤以孝著玄孫文榮國祚並以至孝旌入祀典三祠傳輯

夏子明鳳亭鄉農夫性至孝母没舍墓側暮則往宿旦歸視父食飲晝出力作歲時以爲常父没廬墓亦如之康熙志

羅季斌字懷風聖廟志以字著父大臨元元統閒歲凶輸粟濟民

有司薦授紹興路長史洪武十三年以誣枉戍南京廣洋衞季斌以兄孟斌既從戍奉父命居守思親不置結茅舍于匡阜望焉後父歸葬厲家園結茅墓側三年時有白雲繞墓有司賜扁曰白雲茅舍世稱白雲孝子聖廟志鄉賢傳參羅譜

張槐字茂甫號南逸偉容儀倜儻有識度少業儒後棄去以布衣翹然里中季弟某未舉子有相冢者私謂槐曰君葬父法如此子孫其昌獨不利季耳槐曰季猶我也而君歧之乎謝罷之呂本方總角厚致廩焉本既貴槐不以故知見德本嘗曰南逸高士吾少也服其鑒貴也服其介老也服其忘類有道者矣年九十卒子燧燿燧子釜萬歷十三年舉人官至四川清吏司郎中釜子治績萬歷三十七

年舉人治績子之栻　國朝順治八年舉人之楙及燿七世孫義年並自有傳乾隆志引萬歷志參三祠傳輯

俞瀾字有源精易正德十一年舉人知德化縣折獄明敏廬山有鹿被傷投廨中馴擾不去人謂孔祐鹿亭復見江滸有神木能致風濤瀾取以充廟學之用民李汝讓逐其從子從子貧販致富汝讓爭之不得則籍其數獻於官瀾責汝讓而諭從子養其老撫按奏最移知吳橋流亡咸集具疏請廣里甲不報遂編爲畸零戶以恤之再移仁化而歸康熙志參三祠傳輯子介自有傳

張逵字懋登正德十六年進士選庶吉士嘉靖元年授刑科給事中疏言陛下臨御之初國是大定今舉動漸乖弊

端旋復齋醮繁興爵賞無紀政事之不關於宰執者不一刑罰之不行於貴近者甚多臺諫會奏而斥爲瀆擾大臣執法而責以回奏至如崔元封侯蔣綸市寵陳萬言乞賜第先朝貴戚未有若是恩倖也廖鵬緩死劉暉得官李隆復遣官勘問先朝罪人未有若是淹縱也願陛下一反目前之所爲報聞給事中劉最鄧繼曾謫官逵疏救不聽尋伏闕爭大禮下獄廷杖四年十一月上疏曰近廷臣所上封事陛下答批必曰已有旨處置是已行者不可言也曰尙議處未定是未行者不可言也二者不言則是終無可言也且今日言者已非陛下初政時比矣初年事之大者旣會疏公言之又各疏獨言一二不得行則相聚環視以

不得其言爲愧近者不然會疏則删削忌諱以避禍獨疏則毛舉纖微以塞責一不蒙譴則交相慶賀以苟免爲幸消讜直之氣長循默之風甚非朝廷福也章下所司尋進右給事中王科陳察劾郭勛帝慰留之達與同官鄭自璧趙廷瑞言勛倚奸成橫用酷濟貪籠絡貨資漁獵營伍爲妖賊李福達請屬爲逆黨陸完雪冤溫旨諭留是旌使縱也既復疏言福達誑惑愚民稱兵犯順勛黨叛逆罪不容誅不聽尋以言事忤旨黜爲吳江縣丞復坐福達獄逮問謫戍遼東邊衞居十年母死不得歸哀痛而卒隆慶初贈光祿少卿明史本傳從子元見諸燮傳從孫堯年自有傳

邵煉字德成號一溪有良孫奉母沈以孝聞正德十六年

進士初授行人屢使王國相匡以禮陞司副轉工部員外郎陞雲南僉事臨沅民苗錯居號難治煉結以恩信皆悅服土酋搆亂往撫旬日而定遷副使備兵南贛廉靜不擾引疾歸卒年八十四弟煃子基皆進士（乾隆志引萬歷志參三祠傳輯）基自有傳

楊撫字安世正德十六年進士工古文辭初知濟南李攀龍爲諸生撫鑒其才由是知名嘉靖中同進士胡膏處士岑原道纂修邑志原道亦博聞強識負氣不修小節晚乃入趙文華幕遂損名撫終湖廣提學副使（乾隆志引萬歷志）

史立模字貴宏（案三祠傳輯作季宏）治三禮有聲正德十六年進士授行人選兵科給事中疏請三途並用選擇賢能以重邊

郡驅潛伏奸人肅清幾甸並見采納立模與張璁同年夏
言同官交最密及議大禮立模不附以言事出判通州釐
革馬政寬郵商竈通民德之移蘇州通判權知長洲陞江
西袁州同知掌饒州府事饒號劇郡寇盜驛騷立模推誠
撫輯民用協和陞廣東惠州府惠地濱山海民夷雜處立
模興學校建津梁重葺東坡白鶴寺同官林某没於官出
俸經紀其喪在郡五載民夷歸化以上計赴京便道展墓
感泣卒子自上嘉靖四十三年舉人官平陽府同知孫元
熙萬歷二年進士江西僉事（康熙志參呂本撰神道碑三祠傳輯）曾孫孝感
孝復入國朝自有傳

魏有本字伯深正德十六年進士授行人轉御史首劾武

定侯郭勛貪恣宜奪其兵柄都督馬永有大將才可代勛忤旨調外任吏部尚書廖紀疏留有本且言馬永有勇略名重夷虜會臺省亦交章如紀奏詔復御史尋按蘇松四郡有風裁奸墨褫魄累遷僉都御史巡撫河南值歲祲屢疏蠲賑時宗祿日增歲計不足請復舊制得減十之四宗藩奏改州爲府割汝許登封三州縣益之有本言藩王不以州府爲崇卑條其不可者五宗人聚譁卒不可奪秩滿督南京糧儲民遮道泣送肖像祀之遷大理卿刑部右侍郎進右都御史督漕儲議浙東改折人蒙其利卒贈南京工部尚書兩浙名賢錄參分省人物考

沈堯孚字子賢以貲爲鹺司主吏掾同舍某被逮甚急堯

孚百計脫之某自分無可報陰使其妻夕焉堯孚驚起趨戶外叱曰吾以義脫汝而汝以不義汙我何也遽引避去謁選高等授溧陽丞以廉能稱昆季五人當析箸堯孚取其瘠者羣從子弟悉授室成立之里有緩急各饜其意而去乾隆通志參三祠傳輯　案乾隆府志依前省府志作宋人誤孫應欽應文自有傳

餘姚縣志卷二十三列傳十終

光緒重修

餘姚縣志卷二十三

列傳十一

明

龔輝字實卿祖璋有隱德父森官宿遷丞輝舉嘉靖二年進士授工部主事以營仁壽宮先蠶殿命督木川貴至貴州以木不中程疏請專事四川得大木五千株部檄欲再倍其數公私俱困適彗星見詔求直言輝因蜀頻年兵荒財力空匱繪十五圖條說具奏略曰臣謹按全蜀古梁益之地險阨四塞獨冠天下唐杜李二子形諸詠歌至稱天以擬之固以見非人世所宜有也乃若採取所由特異內壤人迹不到魑魅魍魎之區其山則有若靑岡黑蕩古嘴

磨角、偏腳、坎頂、薄刀、剮腦、猿猴、菩薩、峻虎、陷鬼、蛇退、馬鞍之類，其水則有若龍吼、魚噞、羊角、雞肝、躁虎、喂賊、落眉、結髮、雷鳴、混陣、甕柄、翦刀、帚節、鬼門，以至眼號、穿錢、路名、鬼錯、雜戚、八害、崖目、萬仞之類，顧名思義，險實與俱。第不幸而不遇二子，寂寥無聞，其亦幸而未經品題，不拒人於千里，自分終棄之材，猶得以登廟堂之用也。原注作山川險惡寒巖冰壑，崎嶇萬狀，攀木緣崖，索橋傴僂，升之則躋於九天之上，降之則入於九地之下，怵目駭心，神魂飛越。原注作跋涉艱危嘗聞蚺蛇吞象，三年而出其骨，禽獸偪人，自古爲然，而況深山窮谷，老箐荒林，固其所窟穴哉。原注作蛇虎縱橫道里之遠，程以千計；夫役之衆，日以百計；供頓之繁，歲以萬計。櫛風沐雨水陸疲勞雖雞犬亦有不寧者原注作探蓮困頓斷崖千尺下臨無際結構重疊緜亙數里原注作飛橋度險梁棟美材天地固祕藏之重以頻年採取所遺無幾崇岡疊巘限隔高下異爲力且百倍於曩時原注作懸木弔崖人日食米一升一夫負米五斗往返之期旬有七日自給之外僅足以給二人萬一變生不測趨赴少後緩急將何所濟原注作饑餓流離輕生嗜利夷虜之常以逸待勞以衆暴寡昏夜乘間將何所不至哉原注作焚劫暴戾天災流行世所必有加以蠻煙瘴雨之所浸淫饑渴勞瘁之所搖奪鮮不及矣原注作疫癘時行至若灘高水落爲力尤難築踶壅泉架木飛輓若轆轤之汲井然游移前卻日不能以一里原注作天車越澗波濤泛漲衝激四出挽留

無計仰天太息要之水旱俱病惟川蜀爲然（原注作巨上浸飄流）自藩臬以至府縣轉相督責撫字之心誠勞而職守固然不敢怠廢剔無知犯法小民之恆性哉（原注作追呼逮治）山林材木初不必其皆良兼之天時人事參錯不齊外直而中空者十之八毀折而遺棄者十之九僥倖苟且百纔一二宿負未償新逋是急稱貸不足繼以田宅田宅不敷繼以子女子女不給隨以妻妾夫人孰不欲有宮室之奉夫妻子母之屬哉自全之道固如是也（原注作鬻賣償官）驗收登記比次成筏連筋捩頂雇募器用之類種種各備每筏爲木凡六百有四爲竹凡四千四百有五爲銀以兩計者凡百四十有八公私耗斁莫可勝記（原注作驗收找運）自蜀至京不下萬里

每運爲筏以二十三十爲率每筏運夫四十每夫日計直十分之五大約三年其爲直殆且六萬要皆生民膏血日朘月削其存幾何父往子來曾無寧歲出萬死於一生原注作轉輸疲弊噫不身膏野草則葬於江魚之腹隨其所在動若陷穽彼青黃雕刻木之災也楩楠杞梓獨非生民之災乎夫楩楠杞梓愛護而保全之徒以應用營建所需之故而傷陛下赤子曾楩楠杞梓之所不若每三復萇楚之詩爲之於邑奏上俞旨停止蜀人德之至與諸葛亮並祠遷陝西提學副使晉參政敕理黃册爲全陝政要一書悉載軍民利病尤詳於制虜折衝之具歷廣西按察湖廣左布政擢右副都御史提督南贛軍務巨寇劉廷選等據懸纑苦

竹白葉三巢分道流劫輝行十家保甲法陰檄漳南嶺北分布犄角率師三路夜薄壁門賊不及備遂平懸繩巢苦竹白葉以次剷定移總督漕運兼鳳陽巡撫時河流忽東南注淮城市岌岌眾議上聞輝曰民命在旦夕可循故事待進止乎亟下令濬築費省工鉅兩地俱建祠祀以南工部右侍郎致仕士大夫作完名篇送之年八十五卒贈右都御史分省人物考參獻徵錄三祠傳輯

楊大章字章之滎孫丱角能文舉嘉靖二年進士知瀏陽縣豪民李鑾拒兵殺官大章單騎叩其巢禽之後補歙縣以卓異徵已擬臺選冢宰汪鋐歙人也銜大章未通候問力改刑部主事公論殊不厭大章曰吾方憂職之不稱豈

以刑部爲少耶未幾改兵部擢郎中陞山東副使備兵霸州霸固盜藪大章練兵彈壓境內帖然亡命胡廷秀三祠傳輯作廷擧直入都城白晝刼殺人從西直門出人莫敢近大章選驍騎迹至臨清斬之歲饑發粟振貸又城武清漷縣巡撫交薦以武選帖黃事詿誤左遷江西布政司經歷尋擢袁州府同知歷陞福建僉事參議湖廣荆州兵備副使轉參政歷南京鴻臚光祿卿召爲工部侍郎改刑部左侍郎鄭曉爲尙書互相敬愛比律平允天下無冤民曉去大章亦以疾告歸雖家居每聞朝廷有善政未嘗不躍然喜及時事少不當意則仰屋太息不已歷官四十餘年清約不異寒素惟養父母則竭力滫瀡不以貧故儉其親時稱其

孝卒年七十八兩浙名賢錄參分省人物考三祠傳輯

胡與之嘉靖四年舉人知寶坻縣縣有社倉儲粟邑大水與之以社倉賑又廩餼久缺借支若干石編戶分領約秋熟償及期開倉按簿得粟如常數又稽弊得縣庫青衣扛夫料價銀悉請糴粟增倉儲民善之或獻銀魚與之曰富春茶魚歲貢正德間韓邦奇欲奏除此害余視寶坻銀魚民之不安殆有甚焉弗能爲韓之所爲要亦服韓之義也順天府志

吳惺嘉靖五年進士由襄陽守調承天府與顧東橋修輯府志考據詳明足備一代文獻善政頗多郢民頌之終山西布政使鍾祥縣志參康熙志

諸演字宗易嘉靖五年進士以主事擢御史大興隆寺災上疏請順天心絕異端又以姚廣孝拔緇從祀成祖不便遷其像於興善寺巡按廣西平猺亂復疏劾嚴嵩遷江西僉事卒康熙府志

管見字道夫號石峯嘉靖五年進士授常州府推官風檢嚴峻豪强斂迹崇明劇盜流劫瀕江州縣奉檄剿滅殆盡攝宜興武進無錫縣篆加意學校以羨餘置田贍士徵治行第一擢吏科給事中轉兵科監壽陵工時戶工二部議加賦以佐工費見抗疏極陳利害上是之黜建議者尋補禮科疏止車駕謁陵又條陳邊藩事宜著爲令二十年正旦日食詔議朝賀應否衆莫決見請擇日行之以明敬天

之意上嘉允之擢廣東右參政皭然無染以疾歸足迹不入城府劉宗周謂其不急急於榮進不規規於利祿超然遠引急流勇退其胸中雅有邱壑趣非苟而已也卒年七十二子府四十年舉人隆慶五年授魯山知縣不尙敲扑贖鍰無所問民稱爲管佛移寶豐治如故左遷周府審理歸周王走幣請迺就職擢右史轉左史在藩寮十餘年王信任之會祥符人故縣令某與宗庶相搆宗庶奔奏於京上怒下其事河南將置之重典兩監召府謀府入見王白宗庶不直王命府屬草據法奏上令得完爲城旦坐宗庶違制律杖之府子應龍萬曆五年進士知盧溝縣應龍子宗聖自有傳兩浙名賢錄參分省人物考劉蕺山集孫鑛撰管府墓誌三祠傳輯

徐建字曰中先世自宋建炎中參謀官琛扈駕臨安子孫徙居餘姚再徙馬堰曾祖汝塏祖雷父訓世有善行嘉靖七年舉人知福清縣中使以采辦至勢熏灼建力抗之中使奪氣改知古田歲賦故輸米福清倉後議改折民稱便而衛官薄其價倡言求益建力白當事得從前議縣坑場之守有三曰龍嶺曰游家皆設官軍百餘人附以民兵去縣二百里曰寶興近三峯禹溪視諸抗爲衝舊設官軍五十人嘉靖七年礦賊犯縣巡按御史移寶興官軍守游家坑久之賊犯寶興奔水口焚掠無忌御史議增設機兵百人建以邑小兵餉無所出白當事曰寶興要害地官軍既復則水口民兵可無增設三峯禹溪有備則龍嶺游家水

口亦可無患請改龍嶺游家民兵五十人衛水口而抽龍嶺莞洋兵駐三峯禹溪之隘當事從之由是民不加編而守禦固其去也民祀之旣歸邑方患倭寇欲城江南衆譁然建獨主議稱是又謂量田均役二事錮民之瘼不在城後子紹卿幼以孝稱性敏讀書過目成誦嘉靖三十五年進士由兵部主事仕至興化知府父沒哀瘠禮葬小西山披築廬居之人稱徐孝子乾隆志引閩書參三祠傳輯

許來學字四峯嘉靖七年舉人知贛縣父性嚴毅怒輒跪請受杖侍母白首孺慕世稱許孝子三祠傳輯

葉洪嘉靖八年進士與孫應奎同官給事中同上疏劾冢宰汪鋐及武定侯郭勛眞人邵元節逮訊杖謫寧國縣丞

孫敬愿萬歷二十年進士康熙府志

趙塤字平仲嘉靖八年進士授刑部主事轉戶部員外郎謫亳州同知歷肇慶府同知孤立狷介人不敢干以私號趙鐵面時征封川麒麟白馬山轉餉數百人部兵者欲掩殺爲功塤力止之歷陞廣東案明史趙錦傳作廣西參議子錦自有傳乾隆通志參江南府志

周如底字允直嘉靖八年進士知瀏陽縣改婺源時汪鋐柄銓家奴橫甚如底一裁以法鋐銜之移判武昌鋐罷始擢工部主事歷郎中時九廟四郊慈慶慈寧諸大工繼起川湖巨材銜尾至故事至則輓入臺基山西二廠聽內豎取裁繕司唯唯而已如底密召工師索其總册令輓木者

悉以木置長安東西街召諸匠如式裁用然後進兩廠而所餘闕頭悉送器皿廠造御器內豎一無所利太監高忠武定侯郭勛日夜伺其閒竟無所得後擢太僕寺少卿念親老未嘗攜家憂勞被疾請告歸歲餘卒無以爲斂子思齊二十八年舉人兩浙名賢錄參分省人物考三祠傳輯

丁克卿字嗣毅嘉靖十年舉人知安州值水災活饑者無算以艱去父老人持百錢泣送不受起補和州值旱禾及莅任禱雨立應民呼爲隨車雨遷永寧丞致仕克卿嘗館於桐川同邑葉選就宿克卿中分其徒與之所著有周禮集要康熙志

陳塏字山甫嘉靖十一年進士由行人轉南京給事中首

劾武定侯郭勛驕恣復劾禮部尚書霍韜與鄉人羣飲郊壇擅取海子魚飲啖松下大不敬帝爲停韜俸四月嚴嵩入內閣塏太息曰嵩險人柰何使當國幸備諫職其可默乎即偕同官王曄御史陳紹等疏言嵩貪污狡獪重以孽子世蕃納賄市權置之政府必爲國患語甚剴切帝不省然是時帝雖嚮嵩猶未深罪言者嵩亦以初得政未敢顯肆擠陷塏得以考滿入京出爲湖廣參議歷廣東提學副使海瑞龐尚鵬方爲諸生皆第之高等行部過厓山改張宏範紀功石書宋少帝及其臣陸秀夫死國於此見者韙之遷湖廣參政嵩修前郤令私人追論之遂斥歸塏有識鑒好扶植風教林居隱約如寒素性嗜古爲文醖雅不爲

鉤棘語著有戴記存疑受歎稾其手所丹墨圖史甚多乾隆志引明史稾參分省人物考

呂本字汝立明初更定圖籍誤呂爲李至本登第後始奏復父改字正之晚寓東山醉夢窩自號醉夢居士美鬚髯精三禮博覽羣籍通陰陽律呂農圃醫卜諸書豪鄰嘗侵改地或曰盍訟諸改曰是在子孫不在地子孫不肖當盡屬他人不以此滅子孫賢守此足矣何訟爲其大度如此本在孕母楊樓居夢庭中赤日卓午旣寤本生因命其樓曰瑞日稍長謝遷奇之曰國士舉嘉靖十一年進士以庶吉士授檢討南司業晉宮坊主順天試錄呈稱旨晉兩雍祭酒二十八年廷推閣員本在六人之末特簡以少詹事

入閣辦事歷十三年躋少傅二十九年秋八月俺荅薄郊
關本奏請亟出視朝安中外心既則以郊保僵尸瘠痍就
死請亟下令掩骼埋胔發振捐租京營故多糜軍請亟更
張以善後上悉嘉納咸寧侯仇鸞調邊兵入衛要戶部載
糈從征甚則秣馬掠田禾本奏言其許邊臣請互市本極
言不可徐邳水溢民饑上用本言遣使振之大同歲豐一
緡幾得十石本請發度支銀十五萬預糴以佐軍輿較之
年終可省三倍先是莊敬太子薨上諱言儲左中允郭希
顏上書以建邸立儲爲發語上大怒傅上刑本言二王同
居分邸宇内莫測淵衷一留京一之國人心自定詎可以
人廢言上然之諭景王之國本之力也丁内艱歸以哀毀

聞邑故城江北本請夾江而城如通州淮安臨清犄角相守事竣人頌其功又請履畝均糧徵徭銀罷優免狀上絜爲令年八十四卒賜祭九壇遣行人治葬贈太傅謚文安兩浙名賢録參乾隆志三祠傳輯

邵時敏字伯來嘉靖十三年舉人知天長縣築馬埠隄數百丈建二石橋以便民民呼其隄曰邵公隄橋曰邵公橋改知桃源俗强悍時敏扶善懲暴積習一變仕終廣東兵備道江南通志

韓應龍字汝化號五雲與弟應奎孿生同入縣學並貧稾卓犖名世自期應龍登嘉靖十四年進士廷試以法天法祖對策稱旨置第一特召侍經筵備顧問時方嚴飭臣僚

應龍以敬大臣體羣臣及手足腹心喜起一堂爲言上嘉納一日將入朝忽不懌冠帶執笏端坐而逝上甚悼焉賜寶鈔斂許馳驛歸葬先是有韓明者應龍族人成化十一年進士官提學副使以孝友廉明著三祠傳輯參聖廟志鄉賢傳

諸燮字子相少負奇氣下帷究經義登嘉靖十四年進士授兵部主事守山海關以簡亢忤巡邊大僚爲所中謫茶陵同知不上歸居錢塘扁曰梅隱迎父母就養梅隱者其父別號燮因以自託比梅福隱吳市云遠近慕燮經學受業者不下百人踰年移潮州通判遷邵武同知皆寬簡馭下勤於勸學士民懷之以艱歸有自閩粵負笈來者燮館穀之不靳從游益衆開化諸士咸請傳經於其邑六月返

棹過嚴陵濯足溺死葬錢塘石屋山初燮居邑西偏海隅與呂本鄒絢游本爲言邑中張元燮一見遂爲知己元字以貞有文名與燮同舉進士理刑泉州絶請謁直行一意官至府同知餘姚固多文學無不屈意下此兩人海内操觚之士亦無不知餘姚有此兩人者兩浙名賢錄參分省人物考康熙府志

盧璘字秀夫嘉靖十四年進士知肇慶府剛直自持省浮費刱修郡志鉅政畢舉時督府移鎮肇慶四至大羅山殫思贊籌轉餉不匱立廣寧縣璘之力也擢福建運使廣東通志

邵基字子厚號横江煉子嘉靖十四年進士授江西進賢知縣邑多巨族號難治基一切接以禮卻餽遺絶宴會翦豪右撫善良節冗濫寬征税均徭役政通民洽考滿行取

拜江西道監察御史巡按上江戈永慶依外舅嚴嵩勢殺人獄未決嵩憂之屬基同官曰予壻某獄聞邵御史厲風裁有死無生矣同官爲道其意基領之至則給戈至案狀其罪死杖下家僮論罪者數十人嵩聞大怒呂本趙錦力解得免基若不知也凡贓官土豪悉置之法時有盜坐死舁黃金三千兩匄緩死基并決其舁金者行部還任病暍卒子桯隆慶元年舉人官刑部郎孫應禴字太乙父梲早沒應禴日寫孝經一通注孝經忠經三十餘卷母顧疾篤割股和藥創甚忽假寐夢與神爭母算許增二紀母疾遽瘳自是絕意進取事母逾二十年母沒居廬哀泣無節世稱孝子應禴子承宗亦刲股療母有世孝之目康熙志參三祠傳輯

夏維寧嘉靖十年舉人知房縣秉姿剛毅守己清白擢易州知州鄖陽州縣志

王喬齡嘉靖十四年進士以僉事分巡長寶敦尚風節時率士子講道嶽麓書院理學賴以發明湖南通志

黃齊賢字汝思嘉靖十四年進士任江西永豐知縣明敏練達剔蠹祛奸吏不敢玩以法人不敢干以私政尚嚴明心存撫字蒞任三年卓有惠政以內召去永豐縣志 案選舉表官主事

胡賢嘉靖十四年武進士授本衛鎮撫三十三年領兵至松江上海剿倭死之子子化世襲百戶臨山衛志

翁大立字孺參嘉靖十七年進士累官山東左布政使三十八年以右副都御史巡撫應天蘇州諸府被劾罷久之

起故官巡撫山東遭喪不赴隆慶二年命督河道朱衡開
新河漕渠便利大立因頌新河之利有五而請濬回回墓
以達鴻溝引昭陽之水沿鴻溝出留城以溉湖下腴田千
頃未幾又請鑿邵家嶺令水由地濱溝出境山入漕河帝
皆從之三年七月河大決沛縣漕艘阻不進帝從大立請
大行振貸大立又請漕艘後至者貯粟徐州倉平價出糶
詔許以三萬石賚民大立以下民昏墊閭閻愁困狀帝莫
能周知繪圖十二以獻且言時事可憂更不止此東南財
賦區而江海泛溢粒米不登京儲可慮一也邊關千里悉
遭洪水墩堡傾積何恃以守可慮二也畿輔山東河南霪
雨既久城郭不完寇盜無備可慮三也江海閒颶風鼓浪

舟艦戰卒悉入波流海防可慮四也淮浙鹽場鹹泥盡沒竈戶流移商賈不至國課可慮五也望以五患十二圖付公卿博議速求拯救之策帝留圖備覽下其奏於所司當是時黃河既決淮水復漲自清河縣至通濟閘抵淮安城西淤三十餘里決方信二壩出海平地水深丈餘寶應湖隄往往崩壞山東沂莒郯城水溢從沂河直河出邳州人民多溺死大立奔走經營至四年六月鴻溝境山諸工及淮流疏濬次第告成帝喜錫賚有差陞工部右侍郎旋改兵部爲左明年爲給事中宋良佐劾罷萬歷二年起南刑部右侍郎就改吏部三年入爲刑部右侍郎再遷南兵部尚書六年致仕歸明史朱衡傳　三祠傳輯大立讞獄江西至廣寧民大疫大立夢道士天一生

指穴泉取飲覺而眎所指果得穴試之驗羅洪先題曰生生人以是爲祥刑之徵大立懸車時適姚當兵興之後差役煩重民至不保其田廬大立爲講求雇役遺意爲條鞭法民不知役而事亦辦直指使上之著爲令又以田多詭不可問請有司履畝以釐正之著均徭或問及量田記其學不立門戶而務本原採先聖言作四思四爲箴以自勗餘如詠史編啟蒙編國朝文獻春秋全意歷官奏議若干卷藏於家　田樂撰翁大立墓誌大立宦楚涉洞庭有二龍夾舟幾覆大立不爲動俄而龍蜿蜒以逝行部廣東過峻嶺一虎猝至從者驚遁大立端坐車中相對久之虎徐去卒之前夕夢朱衣人持江西城隍神符命至寤而疾作遂逝

蔣坎字養孚嘉靖十七年進士授兵部主事提督武學不徒取具課程親受諸生韜鈐指畫方略如示諸掌出其門者多著武功三殿工興坎董役覈諸奄占役冒支弊申明職掌忌者莫能中累遷車駕郎中曾銑議復河套下廷議莫敢先發坎獨上書十七事皆切中機宜雖寢不行朝論

蹤之出守瑞州俗好訟坎判決無滯巨猾熊騰峯以危法中傷上高黃令坎召其縣父老讞之遂全黃而誅熊瑞民快之以艱歸起知臨江府歲亢旱禱雨輒應郡中多盜殺耕牛計捕之盜屏迹郡有蕭灘驛衝甚時嚴嵩權勢熏灼天下子姓往來相屬傳騷弗堪前守率厚款遇坎獨御以常憲不少假貸故雖積聲望薦剡至數十上竟以觸忤當路罷官去卒年六十四分省人物考子勸能自有傳

陳陛字晉甫號龍白煥子嘉靖二十年進士少從塾師受書再讀不忘從兄塏問其志曰異日願爲好官耶爲好人耶陛曰好官不如好人塏異之既官編修時詞臣撰西苑靑詞多蠟取相位陛獨辭不爲纂修會典兼掌內外制累

遷侍讀學士薊鎮被兵敕守皇城擢禮部右侍郎以艱歸服闋起南京禮部左侍郎奉詔修鳳陽陵以勞瘁卒於道贈禮部尚書謚文僖陞與兄墀鄉會試皆同榜墀字宜甫號見川官行人遷工部郎中擢福建延平府以憂歸哀毀骨立起補廣東高州府擢湖廣按察副使卒分省人物考參三祠傳輯

宋大武字文成嘉靖二十年進士與弟大勺從子岳同榜官刑部主事歷郎中持法平恕時緹騎橫罔無辜希賞格西曹無敢牴牾大武輒白其枉釋之出爲永平知府繕城治備歷廣東副使時有臨高陝林之寇撫定功多擢參政歸家居杜關里巷不覿面者幾三十年分省人物考

金蕃字世章嘉靖二十年進士歷華亭順德知縣擢刑部

郎出知岳州所至以廉稱時藩臬守令入覲有名譽者嚴世蕃率先宴享之人爭藉重幣結歡蕃惟以二帛報世蕃大恚遂罷歸居數椽僅蔽風雨角巾道袍自號嘉遯山人康熙志 朱彝尊明詩綜蕃知順德縣初政尙嚴民謠云朝鰓鰓毛厥施乎夕摵摵石厥畫乎勞乎勞乎盍燕以敖乎比及期豪强斂迹獄訟減民復謠云華蓋之矻矻不如尹之無泐碧鑑之粼粼不如尹之無津長我禾黍穀我士女吁嗟乎膏雨

孫銁字文齊墀子有詩名官晉州判官好義周急鄉里稱之有訟者銁一言即解康熙志

孫鐩字文用銁弟嘉靖二十二年舉人選授河南磁州丁母憂歸行李一肩士民泣送者千計服闋改知汝州時積荒之餘糧逋纍纍鐩設法緩征貧難追者蠲之爲政首課

士暇則練勇爲守備壤接光息鄰警頻聞寇終不敢犯擢湖廣岳州同知未任道卒諸大綬撰傳

周仕佐字鳳南嘉靖二十三年進士知太倉州識王錫爵於髫年目爲國士後以工部郎榷稅蕪湖時土司兵禦倭所過殘掠仕佐設方略安戢不擾商民德之乾隆志叢談引蕪湖志餘

胡翌字敬甫東皋第六子嘉靖二十二年舉人初知高唐州有惠政高唐人爲立生祠碑記其大要曰作興學校公審均徭立冢卹貧設倉濟衆旌崇節義招撫流亡節省里甲禁服强暴買牛助耕給財完配皆實蹟也秩滿奏最以忤嚴嵩遷南京後軍都督府經歷嘗作經歷解勞逸記以見志嵩歸及嵩父子敗擢廣東僉事未赴卒年五十分省人物

考參滸山志胡譜

俞介字學可瀾子嘉靖二十三年進士知福建長樂縣以抗直忤當事歎曰枉道事人雖致身通顯如衾影何遂歸家居數十年布衣蔬食處之晏如晚爲俞氏族長邑令取其宗約二十條榜於庭令家以爲式卒年八十七曾孫聞夫自有傳三祠傳輯

趙錦字元樸墳子嘉靖二十三年進士授江陰知縣徵授南京御史江洋有警議設總兵官於鎭江錦言小寇剽掠不足煩重兵帝乃罷之已疏言淮兗數百里民多流傭乞寬租徭簡廷臣督有司拊循報可軍興民輸粟馬得官錦衣錦極陳不可尋淸軍雲南三十二年元旦日食錦以爲

權奸亂政之應馳疏劾嚴嵩罪其略曰臣伏見日食元旦
變異非常又山東徐淮仍歲大水四方頻地震災不虛生
昔太祖高皇帝罷丞相散其權於諸司爲後世慮至深遠
矣今之內閣無宰相之名而有其實非高皇帝本意頃夏
言以貪暴之資恣睢其閒今大學士嵩又以佞奸之雄繼
之怙寵張威竊權縱欲事無巨細罔不自專人有違忤必
中以禍百司望風惕息天下事未聞朝廷先以聞政府白
事之官班候於其門請求之賂輻輳於其室銓司黜陟本
兵用舍莫不承意指邊臣失事率賄削軍資納賕嵩所無
功可以受賞有罪可以逭誅至宗藩勳戚之襲封文武大
臣之賜謚其遲速予奪一視賄之厚薄以至希寵干進之

徒妄自貶損稱號不倫廉恥掃地有臣所不忍言者陛下天縱聖神乾綱獨運自以予奪由宸斷題覆在諸司閣臣擬旨取裁而已諸司奏稿並承命於嵩陛下安得知之今言誅而嵩得播惡者言剛暴而疏淺惡易見嵩柔佞而機深惡難知也嵩窺伺逢迎之巧似乎忠勤諂諛側媚之態似乎恭順引植私人布列要地伺諸臣之動靜而先發以制之故敗露者少厚賂左右親信之人凡陛下動靜意向無不先得故稱旨者多或伺聖意所注因而行之以成其私或乘事機所會從而鼓之以肆其毒使陛下思之則其端本發於朝廷使天下指之則其事不由於政府幸而洞察於聖心則諸司代嵩受其罰不幸而遂傳於後世則陛

下代嵩受其譽陛下豈誠以嵩爲賢邪自嵩輔政以來惟恩怨是酬惟貨賄是斂羣臣憚陰中之禍而忠言不敢直陳四方習貪墨之風而閭閻日以愁困頃自庚戌之後外寇陸梁陛下嘗募天下之武勇以足兵竭天下之財力以給餉搜天下之遺逸以任將行不次之賞施莫測之威以風示內外矣而封疆之臣卒未有爲陛下寬宵旰憂者蓋緣權臣行私將吏風靡以掊克爲務以營競爲能致朝廷之上用者不賢賢者不用賞不當功罰不當罪陛下欲致太平則羣臣不足承德於左右欲遏戎寇則將士不足禦侮於邊疆財用已竭而外患未見底寧民困已極而內變又虞將作陛下躬秉至聖憂勤萬幾三十二年於茲矣而

天下之勢其危如此非嵩之奸邪何以致之臣願陛下觀上天垂象察祖宗立法之微念權柄之不可使移思紀綱之不可使亂立斥罷嵩以應天變則朝廷清明法紀振飭寇戎雖橫臣知其不足平矣當是時楊繼盛以劾嵩得重譴帝方蓄怒以待言者周冕爭冒功事亦下獄而錦疏適至帝震怒手批其上謂錦欺天謗君遣使逮治復慰諭嵩備至於是錦萬里就徵屢墮檻車瀕死者數矣既至下詔獄拷訊榜四十斥爲民乾隆志叢談引歐庵集有巨賈某者亦坐薄譴在獄中來視公感憤下涕且私語曰公卽受拷訊宜爲雙足計誠得行六十金公足全矣公嘻曰吾不能謀身而暇謀足又安得金賈歎去息去明日榜掠俱下至足刑則幾寘去時有青衣校數去來公旁若有囑者則賈已賄若校矣竟賴其力辭既具賈人亦先得脫以蚺蛇膽一具來別謂公曰吾聞中旨欲杖公百已擬票矣吾爲公購得藥可以不死今贈公遂去終

不言名氏嵩既盛怒必殺公呂文安在內閣知不可救則爲公治後事擬票既上上引筆抹廷杖一百數字故得免父墳時爲廣西參議亦投劾罷錦家居十五年穆宗即位起故官擢太常少卿未上進光祿卿江陰歲進子鱭萬斤奏減其半隆慶元年以右副都御史巡撫貴州破禽叛苗龍得鮓等宣慰安氏素桀驁畏錦爲效命入爲大理卿歷工部左右侍郎嘗署部事有所爭執萬歷二年遷南京右都御史改刑部尚書張居正遭喪南京大臣議疏留錦及工部尚書費三暘不可而止移禮部又移吏部俱在南京錦以居正操切頗訾議之語聞居正令給事中費尚伊劾錦講學談禪妄議朝政錦遂乞休去居正死給事御史交薦起故官十一年召拜左都御史是時方籍居正貲產錦

言世宗籍嚴嵩家禍延江西諸府居正私藏未必逮嚴氏若加搜索恐貽害三楚十倍江西民且居正誠擅權非有異志其翊戴沖聖夙夜勤勞中外寧謐功亦有不容泯者今其官廕贈謚及諸子官職並從褫革已足示懲乞特哀矜稍寬其罰不納二品六年滿加太子少保尋加兵部尚書掌院事如故帝幸山陵再奉敕居守其冬以繼父喪歸十九年召拜刑部尚書年七十六矣再辭不許次蘇州卒贈太子太保謚端肅錦始終厲清操篤信王守仁學而教人則以躬行爲本守仁從祀孔廟錦有力焉始忤嚴嵩得重禍及之官貴州道嵩里見嵩葬路旁惻然憫之屬有司護視後忤居正罷官居正被籍復爲營救人以是稱錦長

者明史本傳

胡安字仁夫兄完嘉靖開貢士官句容教諭與安並有異質好讀書所得見之躬行安幼穎異讀書一目數行嘉靖二十三年進士知衡州府興起斯文擇士秀者與辨論經義於石鼓書院月課之士爲歌曰前有白石後有樂山白石謂蔡汝楠樂山安別字也終陝西參政著有說約篇鉤玄篇趨庭集樂山集乾隆府志參湖南通志康熙志選舉注

邵稷字伯嘉嘉靖二十三年進士知蕪湖縣有権署商貨既集権關主事率知縣按其數分其羨沿爲故事稷盡卻弗取召拜御史卒乾隆志引萬歷舊志

楊山字伯鎮嘉靖二十五年舉人授泰安知州幼讀書至

入孝出弟問其父若何而可謂孝弟父釋其義山曰吾知所從事矣遂儼若成人家貧爲父母營辦外出歸必對親檢括囊中分二弟歲宴享婦谷亦必以簪瑱先二娣其友愛終身如故乾隆志引萬歷舊志

符元亮嘉靖二十五年武舉三十三年倭寇蘇松元亮獻策於巡按周如斗領楚兵三百守四涇港口夏四月十五日倭屬集元亮拒射斃二酋餘倭退走元亮追至七保中伏力戰死之劉元德撰行狀

翁時器嘉靖二十六年進士知開封府有善政簡重恂默軌步先民鄉論稱之終福建參政乾隆志叢談引萬歷舊志選舉注

周如斗字允文嘉靖二十六年進士知貴溪縣有神明稱

二十九年擢江西道監察御史出按湖廣清軍籍念滔襲詭影之弊難於湔滌先條四事復著便宜五十餘條爬梳弊垢民不擾而戎伍清三十三年海寇充斥江南蘇松柘林川沙之寇揭竿剽掠歲又大祲朝廷命如斗按吳如斗疏鐲常稅什五民始有固志復召募鄉勇自乘單舸出入波濤險阻中偵賊動息時撫院嬰病待告綏攘大計悉身任之旋敕監軍得軍法行事乃有平望婁門勝墩青陽寶山木瀆分湖之捷秩滿將代吳人華察周萬章吳仲劉光濟曹倣郭鋹桑弼等詣闕疏留凡七上乃得允如斗益發舒奏設海防專官鐲濱海綱運議改運艘折兌所經畫皆恤民要務三十四年寇復至松鄉民奔避者萬計撫院令

閉門弗納如斗至曰民避寇而拒之是驅民於死也即令納之地狹民衆疾疫大作人給糜與藥衆賴以安賊屯桃花港調永保諸兵力戰斬獲無算仍會浙省兵夾攻之大捷於沈莊徐海麻葉陳東之衆始以次蕩平如斗按吳三年奉有監軍紀功兒運諸敕戰功甚巨視師趙文華銜之匿不以聞賜白金文綺加俸一級而已三十五年督學南畿明年夏校士鳳陽倭由淮安經盱眙守土者議請移郡避警如斗曰陵寢在臣子宜死守敢以職不任兵辭乎乃餉士卒飭將領使進擊賊始遁三十八年陞大理寺少卿遭母喪終制擢右僉都御史巡撫南畿奏減兵餉三分之一以寛疲民督郡縣選士著以時訓練築丹陽溧縣南陵

石埭諸城尋轉副都御史巡撫江西末代曾三衢鑛賊竊發壤接婺源如斗曰婺非城不守亟令庀工令下而賊猝至如斗自太平馳救賊始出境人皆服其先見抵江西㧗爲一條鞭式檢閱府縣圖册賦役若干徵銀若干做浙中便宜事例使無侵漁編法既成疾作卒於官貴溪松江常熟虎邱江陰吳江胥門江右皆立祠祀之吳人至今有餘姚周邵之稱邵謂邵陛後如斗二紀按吳者也子思充字道可嘉靖四十一年進士初知直隸巢縣民苦河工役費悉捐俸代其直陛禮部主事改福建監察御史徐階中權貴搆語思充白之陞四川按察司僉事征蠻有功轉湖廣布政參議時有周思宸隆慶五年進士官至廣西提學道

嚴飭屬吏裁抑王府致多蜚語上素知其賢得白因乞休精研星理著有夢覺星平若干卷藏於家兩浙名賢錄參三祠傳輯

張孔修嘉靖二十八年舉人知大埔縣多惠政調增城寇掠城下孔修登陴守禦募勇士縋城擊賊斬賊首揭之竿捐金修學校祠字身衣垢茹蔬澹如也俗貧逋輒格鬬或仰藥死以誣人乃嚴反坐法竄俗為之一變鄉多虎患為文牒城隍神虎自斃入為刑部民扶老攜幼爭送之廣州志

黃尚質字子殷號醒泉嘉靖二十八年舉人知息縣縣民曾珣兄弟訟產尚質手書常棣章與之曰熟讀後始為若理越數日詣尚質求直尚質曰前詩熟不曰熟尚質為發明詩義慷慨嗚咽珣兄弟感動流涕不待終章相讓去或

怪其速尙質曰人孰無天性折之以法愈見其汨沒耳尋遷守景州時嚴嵩竊柄大官多出其門尙質激烈抗憤發言無所梗避嵩旣敗其黨未衰廉平之譽無由漸朝廷之耳六載不調乃自免歸在景州時呂本方貴盛尙質未嘗以尺牘自鳴不平與同縣楊珂郡人徐渭最善詩文書畫稱一時又與馬魯原唱和無虛日黃宗羲撰傳孫曰中自有傳

孫鈺字文鼎堪子嘉靖三十一年舉將材明年中武舉署指揮同知堪適以母喪南歸道卒例武階有喪第制服不解職鈺痛不得送父終願歸鄉葬因疏乞卹典許之後二年至京師晉南鎭撫司管事三殿災巡督營建歷署至都指揮使隆慶改元提督巡捕其督察諸不法者號東司房

權最重次則西司房後進爭事要人求越補鈺獨退然自守久之始補以裕府宿直勞遷後軍都督府都督僉事管衛事奏最遷都督同知居官循謹未嘗更一法造一事即有所建立輒掩其迹惟恐以材能自著招忌雖以武奮跡不廢文業好讀書又喜歌詩詩法陶孟見者稱之卒贈右都督賜祭五壇有司治葬著有思則堂稾行世子四如津官都督僉事孫鑛撰行述參明史孫燧傳

杜文明有勇知方士也嘉靖三十一年後倭屢犯境縣簽文明部長令團練保聚其子省祭官槐以父老願代散貲結勇列隊以守三十三年十月寇薄觀海衛城槐呼勇直前斫賊賊退犯慈谿鳴鶴又擊之明年賊犯東山槐偵有

數寇飯空舍提刀徑赴之遇賊牆隅即揮刀中石刃缺賊盡出提廢刃當之戮其緋衣渠帥後力竭戰死其麾下士願殺賊復讐會倭自黃巖犯寧海海道復檄文明偕主簿畢清統兵遮要遇寇於楓嶺力不支與清俱死事聞贈文明府經歷槐光祿寺署正有司立祠祀焉乾隆志引萬歷志參三祠傳輯案籌海圖編乾隆通志作慈谿人吳氏大本以萬歷志時代較近定爲縣人必有依據其實兩邑接壤杜之所居或在邊境遇警援鄰事勢之常通志或以觀海鳴鶴之戰並屬慈邑界內遂謂爲慈人未可知也今依舊志著錄并著所疑以備攷訂又案龔譜有名濟者武勇過人年八十餘卒

謝志望字見甫遷玄孫監生讀書究忠孝大旨閒習騎射嘉靖三十二年倭掠四門陷臨山衛志望出貲集勇豫爲防禦三十四年屢敗賊於蟶浦東關白洋未幾賊自奉化

入四明志望策斤嶺爲餘上要害先據之以爲壘時兵道檄指揮張佑來守禦志望伏佑嶺左爲奇兵以俟賊至志望率勇士迎戰自卯至申殺傷相當佑怯匿不敢出後賊踵至戰益力志望奮呼陷陣手斫賊三人矢盡援絕被害

胡夢雷號嶼峯府學生喜孫吳之學先是分守道許東望檄招勇敢才智之士夢雷自署曰能盡出貲募得族屬數百人列梃作陣至是瀝塽塘尾擊倭寇驚遁急追入上虞斷橋寇分道伏兵佯敗夢雷突入陷賊陣賊合圍殺之（案籌海圖編嘉靖三十四年十一月夢雷與賊戰於東關手刃數賊力竭而死文異）從兄應龍操六等同死者百餘人東望憫其節爲文祭之事聞志望贈太僕寺丞賜祠額褒忠夢雷贈廣德州同知皆春秋祀同死者

有周惟明等二十餘人及志望家奴草地蠻車三長三沈陽永勒乾隆通志參三祠傳輯　案三祠傳輯禦倭忠節列傳序夢雷與從兄應龍操六卒鄉兵邀戰於東關死之與夢雷本傳敘死稍異

倪泰員諸生少倜儻有膽氣嘉靖三十五年募家兵四百從湖廣守備楊縉擊倭於定海龍山三戰三捷追擊賊至雁門嶺賊死鬬泰員兵疲勢孤與家兵四十二人竝死之籌海圖編

楊九韶嘉靖三十二年進士知南陵縣奏蠲養馬八百七十匹邑免賠累又築隄爲圩凡十餘所豬洩有法至今利賴大清一統志參江南通志

姜子羔字宗孝號對陽榮孫父應期學於王守仁子羔幼

侍講席輒有所契嘉靖三十二年進士授成都府推官御史捕惡失實子羔不行以卓異召嚴世蕃求賂不應調禮部主事累遷陝西副使先是屯政叢弊子羔清覈軍田大開屯種法於是甌脫盡藝囷庾彌望薦治行第一有旨補邊方巡撫時張居正爲政子羔出其門素不屑依坿遂遷行太僕寺卿尋罷寺故有羨金三千吏謂無籍可稽投之橐中子羔擯之家居屏跡益發明艮知之說卒時猶賦詩自言其學年七十八子鏡自有傳康熙志參姚江逸詩傳三祠傳輯

韓萬年布衣北游京師諸司有疏留張居正不奔父喪者萬年伏闕論之杖一百邑令陳勖揖之曰好男子姚江事蹟

馬自進字思中嘉靖三十一年武舉授臨觀備倭把總奉

擻鄭陶宅劉河後海粱衕亭山曹娥青風嶺等倭寇斬五十餘級陞本衞指揮使一日駕舟巡海遇賊舟覆而死賜恤如制紹興府志

餘姚縣志卷二十三列傳十一終

光緒重修

餘姚縣志卷二十三

列傳十二

明

孫鑨字文中陞子嘉靖三十五年進士授武庫主事歷武選郎中尚書楊溥深器之世宗齋居二十年諫者輒獲罪鑨請朝羣臣且力詆近倖方士引趙高林靈素爲喻中貴匿不以聞鑨遂引疾歸隆慶元年起南京文選郎中萬歷初累遷光祿卿引疾歸里居十年坐臥一小樓賓客罕見其面起故官進大理卿都御史吳時來議律例多紕盭鑨力爭之帝悉從駁議歷南京吏部尚書尋改兵部參贊機務命甫下會陸光祖去廷推代者再乃召爲吏部尚書吏

部自宋纁及光祖爲政權始歸部至鑨守益堅故事冢宰
與閣臣遇不避道後卒引避光祖爭之乃復故然陰戒騶
人異道行至鑨益徑直張位等不能平因欲奪其權建議
大僚缺九卿各舉一人類奏以聽上裁用杜專擅鑨言廷
推大臣得其衡可否此爵人於朝與衆共之之義類奏啟
倖途非制給事中史孟麟亦言之詔卒如位議自是吏部
權又漸散之九卿矣二十一年大計京朝官力杜請謁文
選員外郎呂允昌鑨甥也首斥之考功郎中趙南星亦自
斥其姻一時公論所不與者貶黜殆盡大學士趙志皋弟
預焉由是執政皆不悅王錫爵方以首輔還朝欲有所庇
比至而察疏已上庇者在黜中亦不能無憾會言官以拾

遺論劾稽勳員外郎虞淳熙職方郎中楊于廷主事袁黃

鑨議謫黃留淳熙于廷詔黃方贊畫軍務亦留之給事中

劉道隆遂言淳熙于廷不當議留乃下嚴旨責部臣專權

結黨鑨言淳熙臣鄉人安貧好學于廷力任西事尙書石

星極言其才今寧夏方平臣不敢以功爲罪且旣名議覆

不嫌異同若知其無罪以諫官一言而去之自欺欺君臣

誼不忍爲也帝以鑨不引罪奪其俸貶南星三官淳熙等

俱勒罷鑨遂乞休且白南星無罪左都御史李世達以己

同掌察而南星獨被譴亦爲南星淳熙等訟帝皆不聽員

外郎陳泰來曰臣嘗四更京察其在丁丑張居正以奪情

故用御史朱連謀借星變計吏箝制衆口署部事方逢時

考功郎中劉世亨依違其閒如蔡文範習孔教等並挂察籍不爲衆所服辛巳居正威福已成王國光唯諾惟謹考功郎中孫惟清與吏科秦燿謀盡錮建言諸臣吳中行等今輔臣趙志皋張位撫臣趙世卿亦挂名京察公論冤之丁亥御史王國力折給事中楊廷相同官馬允登之邪議而尚書楊巍素性摸棱考功郎徐一檟立調停之法涇渭失辨亦爲時議所譏獨今春之役旁諮博採覈實稱情邪諂盡屏貪墨必汰乃至鑴削渭陽之情南星忍秦晉之好公正無踰此者元輔錫爵兼程赴召人或疑其欲干計典今其親故皆不能庇欲甘心南星久矣故道隆章上而專權結黨之旨旋下夫以吏部議留一二庶僚爲結黨則兩

都大僚拾遺者二十有二人而閣臣議留者六詹事劉虞
夔以錫爵門生而留獨可謂之非黨耶且部權歸閣自高
拱兼攝以來已非一日尙書自張瀚嚴清而外選郎自孫
鑛陳有年而外莫不奔走承命其流及於楊巍至劉希孟
謝廷寀而埽地盡矣尙書宋纁稍欲振之卒爲故輔申時
行齮齕以死尙書陸光祖文選郎王教考功郎鄒觀光矢
志澄清輔臣王家屛虛懷以聽銓敘漸清乃時行身雖還
里機伏垣牆授意內璫張誠田義及言路私人敎觀光遂
不久斥逐今祖其故智借拾遺以激聖怒是內璫與閣臣
表裏箝勒部臣而陛下未之察也疏入帝怒謫孔兼泰來
等世達又抗疏論救帝怒盡斥南星涫熙于廷黃爲民鑨

乃上疏言吏部雖以用人爲職然進退去留必待上旨是權固有在非臣部得專也今以留二庶僚爲專權則無往非專矣以留二司屬爲結黨則無往非黨矣如避專權結黨之嫌畏縮巽愞使銓職之輕自臣始臣之大罪也臣任使不效徒潔身而去俾專權結黨之說終不明於當時後來者且以臣爲戒又大罪也固請賜骸骨仍不允鏓遂杜門稱疾疏累上帝猶溫旨慰留賜羊豕酒醬米物且敕侍郎蔡國珍暫署選事以需鏓起鏓堅卧三月疏至十上乃許乘傳歸居三年卒贈太子太保謚清簡鏓嘗曰大臣不合惟當引去否則有職業在謹自守足矣其志節如此明史本傳子如法如洵自有傳

孫鋌字文和鑨弟嘉靖三十二年進士選庶吉士授編修嘗直經筵講虞書𢏤違之義剴切詳至時傳旨購珍異計部援以上疏竟得罷校永樂大典纂承天大誌書成陞左中允歷諭德祭酒遷南禮部右侍郎鋌性恬淡清謹以名節自持精易義學者宗之所著詩文法秦漢遒麗博綜爲世所推注康熙志分省人物考參蔣勸能姚邑賦子如洤自有傳明史見孫鑨傳

陸一鵬字應程賦性魯鈍嗜學成疾遂棄去久之拾故紙有臣事君以忠五字皇然曰舍學何以事君因復理舊業時年已二十二從子夢熊負儁才與同學凡二十餘年嘉靖三十八年同舉於鄉及一鵬以三十五年成進士試題郎前所拾故紙句也初授刑部主事與嚴嵩不合出守汀

州建溪橋九洞名曰畫錦士民樂頌再任梧州守大旱步禱甘霖立降兩地皆祀名宦歷兩淮鹽運使居鄉能緩急人莫不德之康熙志參三祠傳輯

張應奎祖敏永樂初授臨山正千戶世襲嘉靖三十二年四月倭犯臨山衞應奎死之子國化以父功優敘授本衞指揮僉事三祠傳輯

陳覲字忠甫煥四子嘉靖三十八年進士歷兵部主事員外郎中飭治戎政莫敢干以私出爲湖廣兵備副使會新寧猺寇掠江廣詔討之覲以兵餉不足而從事邊夷重傷民命乃遣使招撫諭以威信猺人降廣東賊黃潮祖等流劫郴州桂陽督兵擊之斬獲百餘招降其黨廣西賊韋銀

豹駕樓船泝衡永江大掠諸郡又督兵殲之威震八桂蒼梧間賊爲褫魄猺人既平則給土田修城垣募勇敢足軍糧興學校明教化報政陞雲南左參政以勞瘁卒於京邸衡永人立祠祀之獻徵錄參三祠傳輯

夏道南字宗時嘉靖三十八年進士授刑部主事讞獄廣東林恭守等二十餘人通番坐死道南第錄其首餘多保全量移廣西僉事備兵蒼梧募壯士千餘儆軌里連鄉法以俸緡置賞格士氣距躍又做條鞭法履畝定稅擢廣東參議轉兵備別廉曌豐儲峙箭卒伍尤厲交通之禁潮惠二郡延袤千里盜出沒無常乃刱鋪舍二十八所修甲子碣石兩衛又立水兵放班之法上官薦才可大用以祖母

老乞養歸乾隆志叢談參三祠傳輯

張岳字汝宗嘉靖三十八年進士授行人擢禮科給事中巡視内府庫藏奏行釐弊八事已又陳時政極言講學者以富貴功名鼓動士大夫談虛論寂靡然成風又今吏治方清獨兵部無振刷推用總兵黄印韓承慶等非庸即狡曹司條例淆亂無章胥吏朋奸搏噬將校其咎必有所歸時徐階當國爲講學會而楊溥在兵部意蓋指二人也溥奏辨乞罷帝慰留之溥自是惡岳及掌吏部岳已遷工科左給事中遂出爲雲南參議再遷河南參政三祠傳輯岳年移江西副使飭兵九江尋奉敕督上江漕廠漕務以清又攝饒康諸道安慶指揮張志寀讐其守査志隆以兵圍之岳用計潰其逆黨悉縛之上賜金幣丁參議雲南逾憂服闋起補廣西改河南破劇盜喬際時萬歷初張居正

雅知岳用爲太僕少卿再遷南京右僉都御史督操江甫
到官會居正父喪謀奪情南京尚書潘晟及諸給事御史
咸上疏請留居正岳獨馳疏請令馳驛奔喪居正大怒會
大計京官給事中傅作舟等承風劾岳貶一秩調外岳遂
歸久之操江僉都御史呂藿給事中吳縉知居正憾未釋
摭劾岳落職閒住甫兩月居正死南京御史方萬山薦岳
劾作舟作舟坐斥起岳四川參議旋擢右僉都御史巡撫
南贛入爲左僉都御史獻時政四議其一言宗藩宜以世
次遞殺親盡則停俾習四民之業其一言治河之策夏鎮
固當開泇頭亦不可廢並報寢進左副都御史上疏評議
廷臣賢否爲給事中袁國臣等所論時已遷刑部右侍郎

坐罷歸明史本傳子集義自有傳

楊世華字懋成號完愚節孫父大綱以孝友名兄世芳嘉靖二十六年進士汀州知府世華登四十一年進士歷刑部主事員外郎郎中隆慶二年擢撫州知府遷廣東副使兩臺留之仍徙江西法有不可即直指前必力爭之萬歷三年轉山東參政推誠與八賢不肖見之心醉擢廣西按察使有禦寇功以不埘要路罷歸官南刑部時有大獄或爲飛語云將投重賄又云以要人某書來衆謂事已明宜急具獄世華故徐之既而情得與初所鞫殊賄屬亦竟不來前云云者乃敵家懼獄負用反詞相激也衆乃服官無贏貲至饑舍以居饔飧不繼處之自若孫鑛撰墓誌銘

駱尙志臨陣能用大刀號駱千斤征西寇東倭屢立大功擢至副總兵萬曆三十年邑修學校尙志捐田四十畝元時史華甫捐田五十二畝至是尙志繼焉（姚邑賦注參三祠傳輯）

葉道元號葉千斤婁師可號八百竝有力道元嘗獨力拒倭能於水中行三時總管白某忌其能潛射殺之（濟山志）

蔣澤字鐵松治禮經性行高潔不樂仕進肆力稽古以詩鳴通曉天文雜術等書然脫落世故惟與善詩者日夕唱和孫燧贈詩云世事不妨迷酒聖鄉評嬴得在詩豪王守仁贈詩云平生心迹兩相奇誰信雲臺重釣絲性僻每窮詩景遠身閒嬴得鬢霜遲其爲搢紳推重如此（姚邑賦注）

陳有年字登之克宅子嘉靖四十一年進士授刑部主事

改吏部歷驗封郎中萬歷元年成國公朱希忠卒其弟錦衣都督希孝賄中官馮保援張懋例乞贈王大學士張居正主之有年持不可草奏言令典功臣沒公贈王侯贈公子孫襲者生死止本爵懋贈王廷議不可即希忠父輔亦言之後竟贈非制且希忠無勳伐豈當濫寵左侍郎劉光濟署部事受指居正爲刪易其稾有年力爭竟以原奏上居正不懌有年即日謝病去十二年起稽勳郎中歷考功文選謝絕請寄除目下中外皆服遷太常少卿以右僉都御史巡撫江西上方所需陶器多奇巧難成後有詔許量減既而如故有年引詔旨請不從內閣申時行等固爭乃免十之三南畿浙江大祲詔禁鄰境閉糴商舟皆集江西

徽人尤衆而江西亦歲儉羣乞有年禁遏有年疏陳濟急六事中請稍弛前禁令江西民得自救南京御史方萬山劾有年違詔帝怒奪職歸薦起督操江累遷吏部右侍郎改兵部又改吏部尚書孫鑨左侍郎羅萬化皆鄉里有年力引避朝議不許尋由左侍郎擢南京右都御史二十一年與吏部尚書温純共典京察所黜咸當未幾遂代純位其秋鑨謝事召拜吏部尚書止宿公署中見賓則於待漏所引用僚屬極一時選明年王錫爵將謝政廷推閣臣詔無拘資品有年適在告侍郎趙參魯盛訥文選郎顧憲成往咨之列故大學士王家屏故禮部尚書沈鯉故吏部尚書孫鑨禮部尚書沈一貫左都御史孫丕揚吏部侍郎鄧

以讚少詹事馬琦七人名上蓋鑨丕揚非翰林爲不拘資琦四品爲不拘品也家屏以爭國本去位帝意雅不欲用又推及吏部尚書左都御史非故事嚴旨責讓謂不拘資品乃昔年陸光祖自爲內閣地今推鑨丕揚顯屬徇私前吏部嘗兩推閣臣可具錄姓名以上於是備列沈鯉李世達羅萬化陳于陛趙用賢朱賡于慎行石星曾同亨鄧以讚等而世達故都御史也帝復不悅謂詔旨不許推都御史何復及世達家屏舊輔臣不當擅議起用乃命于陛一貫入閣而謫憲成及員外郎黃縉王同休主事章嘉禎黃中色爲雜職錫爵首疏救有年及參督等疏繼之帝竝不納趙志皋張位亦佯爲言而二人者故不由廷推因謂輔

臣當出特簡廷推由陸光祖交通言路爲之不可爲法帝
喜降旨再譙責遂免縉等貶謫但停俸一年給事中盧明
諏疏救憲成帝怒貶明諏秩斥憲成爲民有年抗疏言閣
臣廷推其來舊矣曩楊巍秉銓臣署文選廷推閣臣六人
今元輔錫爵卽是年所推也臣邑前有兩閣臣弘治時謝
遷嘉靖時呂本並由廷推官止四品而耿裕聞淵則以吏
部尚書居首是廷推與推及吏部皆非自今創也至不拘
資品自出聖諭臣敢不仰承因固乞骸骨帝得疏以其詞
直溫旨慰答有年自是累疏稱疾乞罷帝猶慰留賚食物
羊酒有年請益力最後以身雖退遺賢不可不錄力請帝
起廢帝報聞有年遂杜門不出數月中疏十四上乃予告

乘傳歸歸裝書一篋衣一笥而已二十六年正月卒年六十八四月詔起南京右都御史而有年已前卒乾隆志叢談引萬歷舊志有年未卒之先月餘嘗自作紀夢云萬歷丁酉十二月十八日之夜余臥畏天樓之從吾齋夢徘徊一山館中已而吳灤州敬夫兒博士章偕至余曰此中儘有佳處吳曰適來舟故在試共一遊遂相攜入舟中舟無榜人亦無僕從漸能自移有頃轉入山口峯巒聳拔山椒一老桂盤根樛枝下臨淸澗飛花飄灑芳香襲人逡巡稍前遙望前山中房舍甚都相與嘆賞倏忽已至艤舟而登白石鱗次涓泉出石間若微雨新過狀徐步入舍明廠軒四無窗几寂不見一人循除久之忽老僕自外來詣前報曰館罷矣余第領之又回指偉衣冠數人自舟而陸若相就者二友曰此吾輩適來泛舟路也遂欠伸而寤惟見窗際月影矇矓而已念昔嘉靖丙辰南宮被放與吳倪同舟東歸中閒區區聚散亡論已卽二友化爲異物不啻一紀而頃刻之夢堪爲惘然若老僕之言莫可致詰豈余病侵尋預爲捐館兆耶枕上漫成二調紀之夫千古一夢也勝紀乎哉又爽然自失已其二調云山之幽鬱盤丹桂臨淸流臨淸流花泉落漾馥襲蘭舟箇中秋思空淹留覺來窗外寒蟾浮寒蟾浮同遊安在千古悠悠人翩翩翩來攜手穿雲泉穿

雲泉依稀玉宇不見神仙箇中徵語胡來前瞥□□□□□□□□□□□□□□□調寄憶秦娥云明年正月既望環恭介宅而居者丙夜聞車馬雜沓聲竊窺之見籠火隱隱不下數十度驄馬橋而來上下橋址開呼聲甚徹雞再號始返呼復如之輒訝何物官人乃爾深夜過訪詰朝走問則屬烏有越數日恭介卒贈太子太保謚恭介故事吏部尚書未有以他官起者有年以右都御史起蓋帝欲用之而政府陰抑之也有年風節高天下兩世膴仕無宅居其妻孥至以油幙障漏其歸自江西故廬火乃僦一樓居妻孥而身栖僧舍其刻苦如此明史本傳

諸察嘉靖四十一年進士以主事歷官廣東參議勁直有節概家居灌園釣魚與陳有年友善乾隆志叢談引先進遺風

葉逢春字叔仁號和齋祖景賢精易學父選嘉靖十七年進士官工部郎中有文名逢春登四十四年進士出高拱

門拱見所撰亭記大奇之時逢春方倅撫州卽擢爲工部都水主事萬安朱衡亦以文器之遷員外郎丁內艱服闋旋晉郎中出知廬州府與其佐不相能遷鄖陽首敦風化數擊强宗漢水大溢漂民居出倉粟數萬石振之已發乃報丁外艱歸家居簡貫絕請寄著有工部集十六卷子憲祖自有傳乾隆府志參鄖陽志三祠傳輯

蔣勸能字汝才坎冢子嘉靖四十四年進士授行人擢祠祭主事歷主客員外郎丁外憂服闋起補精膳郎擢郎中出爲湖廣右參議分轄衡永永與廣西界峒猺爲患猺老爲之謀主乃集兵聲勦而陰以恩撫之猺老懼來歸除其罪令約束諸猺又爲立社學猺人悅服永以猺警嚴夜禁

奸民報怨賄邏卒私伺夜出者掩殺之勸能曰是甚於猺矣下令擅殺者死閭里以安永屬邑零陵易治以附郭稱繁官全設而祁陽在郡東北民狡悍多盜官乃不備勸能請損零陵簿以益祁陽兩邑至今便之零陵王篆爲張居正私人假威福勸能不爲下因搆之以大計歸家居惟好讀書著姚邑賦爲人所稱姚邑賦予以讜[illegible]明祿熙朝陽九運逢遘讒蒙擯棲遲衡茅者十五年餘矣嗟精力之茂強乘時日之清暇探歷佳景以銷壯行之懷稽詢前哲以終尙友之志因知一邑山川之勝億代人物之隆嘉孫因卜居之雅希子賤生魯之幸竊謂二京三都張平子左太沖咸摛賦以侈其盛吾姚迺舜禹之遺墟宋帝所駐蹕兼以謝安支遁陸龜蒙輩之所遊覽國朝諸名賢之所題詠是宜鴻筆靈珠之士緝藻搴芳繪繡縟采以表章之雖在昔龜齡會稽有賦此不過總掇其槩耳然譚之不備擻之未究奚足以闡勝而宣奧彰往而式來予遂忘其蕪陋操觚作賦略其繁惟掄其大紀其實弗炫於華非敢效顰於先賢特欲誇耀乎休美覽者循

詞考眞廢豔取素庶得以諒其衷而觀其懿也若夫搜剔
其遺而祓飾以文則俟後之君子云爾賦曰繄會稽之肇
建樹姚邑於鎭東滸邑名之攸俶壯有虞之支封瞻天文
於揚域正牛斗之炳空考地維於易象値巽風之潔蹤歷
春秋而統越更嬴秦而附庸天寶置郡而旋復唐元升州
而鮮終迨皇明之踐祚奠土宇而朝宗望靈緒以經始依
祕圖以宅中灝灝注趨一江界其胸臆巍巍拱峙兩城判
爲樊籠熒然景曜之暐曄燦乎風物之楙豐都隅其四十
兮總總疆里幾三百兮蔽蔽連嶠嵊而距錢塘展也鉅區
接蛟門而通曹渡允矣要衝譙樓嵬峞霏靄遙聯於棖楔
琴堂嶙嶙星辰迴綴於簾櫳雉堞參差晻映乎層蒼疊翠
虹橋聳跨密鎖乎萬派千甍繽紛衞所綦布於北海煇煌
庠序雲構於南墉繕庾廥兮置郵同啟闢憲臺兮藩臬並
崇觀村郭之森羅珠連而綺錯羨甲第之璀璨日耀而霄
沖於巷兮覵市肆之縱橫在野兮嘉桑禾之鬱蓊塵壤隸
於浙省雖爲稍僻輿圖冠於天府疇與齊隆若山則化鈞
巧爲融結神工賚其雕鎪岑巒嶠拔脈絡纏繆蜿蟺碕礒
嶫岋崒嵂坦夷如几案崔嵬如冠鍪排撇如矛戟飄蕩如
旌旆飛舞如鸞鶴搏躍如貔貅烈壘二黃競峙於左畔豐
眉五峯爭馳於右陬勝歸兮後之巘扆茭蘭兮前之屏嶹
奇哉龍鳳之對列儼然龜蛇之並浮虞山歷塋大舜之芳
蹤已遯圖山石屭神禹之鴻功罕儔龍泉爲高宗所幸梅

粱乃理宗所鉤雁嶺致雁想虞國之偉蹟馬渚埋馬懷秦皇之遐遊鑄劍憶歐冶之利點兵貽高雅之獻聚粒蘿壁兮郗愔之宅東山薇洞謝安所休客星兮高節永企賢嶺兮遺跡可哀白釜兮煉丹之竅菱茎兮讀書之耶金山兮葛仙所剖銀塘兮靈神所留杏與茅兮雞鳴松與柏兮鶯投蟠龍兮小大判栲栳兮東西倂芙蓉兮四明之心樊榭兮九曲之道鳥膽鳥玉兮石窗石屋白水白雲兮石谷石舟誠天造之勝槩非人工所與謀若水則渟演滉瀁澎湃渺茫漣漪瀲灩潺湲汪洋淨似匹練噴似飛霜灑似瀑布環似帶纕喧似轟雷瀉似騰驤發源於太平旋遶於河隍決飛湍於百仞疏清瀾於八方引修堤之遠迴激危磧而雷硠礚黃泊瀾兮聯六浦舜菁與蕙兮分三江潮汐吞吐於昏旦潤鑿貫通於池潢灩濤漲則層瀠沒迴波滅則沈沙彰經曲匯兮縈紆難溲醲禪海兮淼漫無疆泉有舜井飛瀑靈源華清淨聖姜女化安葛仙其源也洸洸潭有竹山雁池屏風龍湫鬼嘯淇浸靈軀後橫其蓄也瀼瀼溪有日紫日箕日白日梅明塘鳳鳴游源牛屯其流也汸汸湖有余支牟山汝仇燭溪上林上嶴蒲陽松陽其豬也泱泱渠逕折其支流灞閘峻其堤防灌溉兮資億頃之畦畛闊衍兮勝千斛之帆檣煙銷月朗聞漁舟之笑歌浪推風送艱賈舶之飄揚其萃秀也莫喻其溥利也靡量若物則陸衆儲稸之殷莫測其數動植孳生之富難畢於辭唯句餘之

金玉古籍可諮海壖之鹹鹺國課攸司東作有三農之業
南畝急百穀之芋送夏早秀迎秋晩秖穫兮稌秈粒食可
資秫有黄白醞釀咸宜粟藕皁蕃稷菽茂滋候時覘節遞
熟遞剸採邛麻兮葛苧擷園蔬兮芹薺銀茄紫莧碧瓠青
蓏石芥石耳野葵野蘼如練之土酥如拳之蕨肥兒臂兮
芡美仙人兮茱奇踆鴟兮李相食蔓菁兮劉綱遺果則青
橘仙品烏椑繁核林檎楙梨石榴榧栗雞心枇杷馬乳蘡
鬱雷柚叶榮枸櫞含秘桃判緋白櫻胡異實李擇翠黄茄
郁殊質杏有銀杏之辨絳囊超百梅有楊梅之別爛湖第
一渤海所蓄惟菱惟芡澤陂所產曰菂曰薏懸泥之橘膚
綠而香凝眉山之瓜瓤赤而甘苾木則平山異隅櫲梓櫧
榧明山豐植楩楠樟枳松槐柘檀檜柏榆柹檉椐桐柳楓
楊櫟杼堅脆殊性卑高異止輪菌虯蟠堛墕鱗皮幹合抱
以參霄葉千重而蔭趾沿長谷以傾柯結深林以成斐皁
莢兮臻劉樊之昇仙丹桂兮兆王華之太史如彼檿桑嘉
樹罕匹葚可療枵腹葉則飼蠶室綺縠紵綾經緯綸綍杼
軸所需貨殖繇出至於僊茗神異所述化安童轡日鑄甲
乙龍鱗雀舌霞腳乳窟誇於茶經廁於貢帙嗟陸羽之未
逢致鑑味之獨軼竹則箭材殊葉笙管同枝空實有差淇
纖各擬曰龍鬚曰鳳尾曰觔曰毛曰班曰紫曰金閒玉曰
石與水修幹繁枝堅節薄齒均翳薈而扶疎亦葳蕤而森
薿染雲煙而媚漣抗風霜而離披埒淇澳以猗姸遲鷟鸞

之樓倚或劚或礪爲器爲紙凡厥筍箬可供甘旨嗟劉殷之泣饋感元玫之盜止花則揚之芍藥洛之牡丹海榴海棠山茶山礬金絲金錢玉簪玉蘭繡毬豔易寶珠馥鬱薔薇稠架茶蘼盈壇蠟梅黃梅之異種碧桃絳桃之殊顏薝蔔兮薦馥洛陽兮吐斑芙蓉芙渠兮婀娜紫薇紫荆兮緗翻瑞香丁香兮芳騰水仙鳳仙兮妍班肆杏李之的爍泊槿棣之爛熳杜鵑木犀詡四時之華萼蜀葵圖鞠俱五色之燦爛芬郁肹蠁勤虋蒙蔓絢彩葩於綠蔕晃素甤於翠獮菲菲乎隱映於薜砌簇簇乎點綴夫藥欄草則蘭壁毓蘭蕙江產蕙薰山之英芝山之瑞蘋蘩之可羞芸蓀之可佩魚腥魚藻之叢馬鬚馬蓼之莾七里香兮蔓蔓千年潤兮葑葑笠兮莎之苗藉兮席之穗山之葛兮越王湖之蒲兮楊尉蜓岡之聯茵兮蒙茸蘿石之長生兮葱翠萋萋芊緜咸被隄而彌高膴膴繁縟若擒錦而布隊芬芳鬱亂於五風蔥蒨光昭於旭燧禽有海鷗水鷺雪姑山鷂鶻鴿靈鳥鸜鵒鶺鴒仙驥飛奴爽鳩鷙鳥鴛鴦白頭鵂鶹黃鸝鶪木桑扈淘河鸕鷀鴝鵒䴉火鴉舅畫眉知風布穀喚雨鳴時金衣公子荻塘女兒或西來而結陣或北嚮而始號愛羲雁之頑傲豢舒鳧之稚雝顧疏趾之在梁覷翰音之棲塒遡霄漢而高搏拂簷楹而差池投叢林以侶宿充庖廚而羣頤獸有憑林之虎食苹之鹿霧豹鞹文雪狸面玉鞠侯連臂黑郎豐肉兔以三穴而狡麂以三足而亍牂羖羝

擅縱豝蹢蹝有纖離之駿有茁壯之犢或元邛校尉之類或盧山郡公之族逞飛技於崇崖棲幽蹤於窮谷攀木杪而呼號履曠埜而馳逐若鱗介之物更潙渺難知邵礜迺潛龍之宅白溪爲神蛇所居長鯨吞航巨鼇負嶠江黨湖鯽桃鰦梅魚鯧鱗裕於三月鯉色異於各隅彈塗兮海之涯銀魚兮蒐之陊鯆如箸而珍鰻如箭而腴石首如碁也比目如箬歟揚鬐掉尾耀錦傳書或乘浪以潑躍或依藻而險喁黃甲酥凝紫蟹芒輪卵生影伏之類被甲剖珠之軀溢於網罟盈於市渠若茲百藥山澤不一陳於本草名種詎悉元參丹參白朮蒼朮忍冬門冬惡實枳實益母豨蓯寄奴牛膝赤芍龍牙黃精虎骨天麻蛇蛻地丁蜂蜜或並類而殊性或異形而同出卷柏萬代而不隕茯苓千載而始菀既含靈而萌芳亦驅氛而療疾葛公餌而昇仙伯仁用而精術若祕色之器兼絲之葛冰紈之絹毳罽之氍苧紗連雲繭布累霭簟以流黃而充貢燭以曰紅而耐跋琁管之陸離金版之修潔庶可伴乎槧鉛將有資乎纂掇其人則海嶽精液鍾粹炳靈丰儀煥發神宇清明德行醲醇而玉潤文學淵蘊而雲橫節操勵冰而陵雪勛業幹造而迅霆科甲式濟其美簪纓允紹其馨成嘉之閒驚臚傳之聯唱弘正以後羡魁元之彙征父子發解於棘院翁埒獨步於雲程一門而三第者希覯一麟而三鳳者再升或橋梓同捷或棠棣連登或祖孫輝暎或伯叔崢嶸或三世

而步其武或四代而續其聲繇繇宰輔疊疊卿丞冠蓋累蔭踶輪接乘閥閱羨搢紳之賦寰宇惟賢喆之弘郎誌傳所載未罄剡諸諏所逮奚徵虞帝之生諸馮疑且闕之夏禹之函祕圖遜無論矣考夫勳戚之沾榮雅有名爵之可擬世南五絕册公於永興虞汜多庸晉侯於交阯武昌之虞潭勛自勤王平康之虞預蹟由傾否胡衛錫開國之伯胡沂應郊恩之子永年武康以戚畹而寵殷新建文成以平逆而功彌孝友則石明三搏虎而痛母王彥達罵賊而代親岑全之候侍靡懈黃濟之承順克敦孫應符以世友名堂虞思輿以歸養萃姻陳臬僉孫都督咸撫櫬而哀毀徐蕃參邵一司寇俱廬墓而瑞臻胡景莊祥徵於其產孫文恪譽擅於一門忠節則王綱之論寇戕生董襲之捐軀衛主景豫聞篡而興悲次安臨焚而不懟甘於致命虞忠之艮不忍負國唐震之語惠潮賊熾毛憲副授首於河源宸濠變起孫中丞殞身於江墅余廷簡城潰而隨亡謝志望矢盡而猶拒胡夢雷力竭而被殲杜文明纏戰而傷遇理學則陽明之良知祀允配乎孔聖曰仁之警悟德上契於顏賢汝登所修同文簡而並勵時振所著與虛齋以相先安貧講學管子行之堅其守尊師衛道錢德洪之衍其傳懿行則虞喜以孝廉徵車誠以賢良出王旭召於茂才與準薦於遺逸李尙之陰德純篤虞聳之清虛靖謐伯順有雲巢之名嘉閭有竹梅之實直諫則朱伯先之彈文狡獪

是黜莫叔光之駁議文清著稱遇順指斥權貴見推南朝
炳炎切劘君德毋媿古英氣節益勵則潘貴模時政極言
則方山京糾劾逆豎則牧時庸振肅風紀則馮本清張給
事譎戍於紫塞趙侍御逮杖於肜廷循吏則虞日南之逐
車馴雁徐士涓之蓬池瑞竹虞昺之扶弱抑強黃昌之發
奸摘伏九皋以溫恭而治沔南傑以剛敏而守曲虞賓彰
鉏黠之嚴楊瑾致好官之祝錢伯英之敦俗興化胡惟彥
之政平訟服朱孟常之安撫從容胡季本之縣庭清肅朱
常德則張弛稱便陳嘉定則詭灑釐復學識則虞荔有十
事之對虞翻貽五世之傳黃珏之旨趣精妙安卿之造詣
精研顧臨之性資方正彥慽之德操純全周伯以忠實而
聞達宋棠以博洽而名宣楊璲之景星著述爲任王逑國佐
窮老益堅胡宗伋臻醞儒之譽李友直似美玉之嬛虞龢
之書全而體儷思行之望重而才連希頤之好學不懈覺
民之力學罔譽懷應時之慮遠慨虞俊之見先文藝則虞
緯勤大烏之銘虞寄揚瑞雨之頌孫因補越問而流芳湛
若工詞賦而從衆刻燭而虞義之韻成揮毫而王至之辭
縱黃文僖陳文僖謹厚見於簡篇楊學副陳學副藻續敷
於縑總劉侍郎之沖澹優柔孫亞卿之遒麗博綜戚瀾宗
正則名翰苑而相後先諸燮張元則善時埶而爲伯仲才
操則孫嶸叟之竭盡忠智李貴昌之料理精詳莫子純之
堅守終始孫子秀之任事慨慷民夷悅服陳彙之治權變

善適何林所長王華之秉節不渝魏瀚之興利有方陳司空以厚重而被遇魏伯深以風裁而用臧謝文正呂文安謀猷並彰於殿閣孫冢宰陳太宰耿介繼著於巖廊陳雲之銓選明核管見之疏議頡頏韓守清之築城振饑龔實卿之採木繪傷顧司寇以明執而讞獄無冤楊亞卿以嚴恪而莅職惟康史宫保策勛於戰伐周柱史樹績於激揚蔣駕部之持法雖矯旨索符而抗違宋總憲之加級以黜寇困孀而定襄廉約則李居義卻滇南之金虞士恭見越王之石虞鎬能潔己以愛民于震唯貞心而供職陳叔剛守徵於服御周允直譽顯於易簀宋中丞既休而辭饋二千張司教主試而揮賂數百虞茂蹯則屐至斷葵陸大參則笥無餘帛張懷之布袍芒履邵蕃之水飲蔬食華方伯之儉素嚴亞卿之清白邵兵憲則廉靜不擾金郡守則恬淡自適敷教則胡撙之資業不厭許泰之嚴憚可楷虞僧誕之申杜難服趙宜生之端己育材張天民陳師表於鈐珮趙撝謙布學範於瓊臺李應吉鋭於條奏而科貢有賴夏廷器躬自飭斷而士類永懷奉師則錢古訓麓川平亂而拒方物之遺劉季箎朝鮮得體而蒙鏹寶之賜滿刺之順泰嘉猷之勞庾史學則元信之縝密素著宋緒之恬退鮮倫膚迪才優於修纘廣敬功昭於苦勤張廷玉以大典而搜校惟愼邵宏譽以實錄而編纂有聞武職則顧全武有長厚之稱鮑君福有忠壯之謚孫督僉膺首選而世薦

戎科駱副總饒膂力而驟遷顯秩尙義則孫椿年之博達
置莊振援吳自然之高誼積世助捐隱逸則客星焜燿於
澄霄樵石流芳於鬱㠥徜徉湖山則楊子祥遯跡湖海則
厲元吉菊磵之高尙鄭彝之清佚孫介則終身不仕仲寧
則屢徵不屈蔣澤之嘯詠自怡楊珂之夷曠鮮窒仲凱昭
敦篤之風成器有祭忠之崖壽考則黃義貞之百五以篤
學而好修孫西河之百五以業醫而惠流名畫則元秉之
蘭蕙與地萌符秀夫之葡蔔眞天下少楊司空兼菊竹之
優黃州守得山水之宎史一拙呂端俊竹籜咸精其趣黃
九胥毛世濟菊卉各蓀其妙孫伯泉怡情於績素而美斯
傳張仁卿寄興於丹青而名斯耀是雖繪事之末技可供
文房之清瀕亦足垂芳似所當表也若夫笄幃之屬輒有
容德之隆瑋態瓌姿奚奮浣紗之色白操觚染翰豈若舞
劍之氣雄警雞鳴而授熊丸者世緐其選赴曹江而誓柏
舟者閒有其逢如虞夫人則高筆雅韻莫淑人則律曉經
通徐氏女則鼓琴遺世孫夫人則唫詩訓僮戒子忠義虞
孫之謚定迪肩貴顯黃陸之功崇欺傲鬼魅毛潘之貞著
泣誓鬼神馮鄭之譽隆吳姚之毆虎救母陳董之封股籲
穹薛章之居樓定樞黃章之滅火反風韓黃操刃而畫檻
任李經廁而沈淵黃周斷指而拒媒史陽視髮而號空築
墓集烏駭高氏之感完印溺井旌寶氏之忠泣語嫁聲服
張氏之義禿首毀形憫魏妻之容鞠孤自完成謝汪之美

撫姪自矢明孫祝之悰或焚篋而縊頸或散材而保躬或行孝以獲壽或樂儉以從終或姑媳而志合或娣姒而節同第異操高行之流顯可易錄而造家裕後之懸夥難盡窮 有詩文集若干卷從子一驄萬歷二十九年進士官至太常寺卿孫茂浙萬歷四十三年舉人 孫鑛撰墓志參分省人物考三祠傳輯

趙世美字國用性朗悟嘗省從父塤於桐城縣有疑獄未決世美從旁一言而定以術官御醫從兄錦劾嚴嵩下獄并逮世美榜掠甚酷折其一指辨不屈語多侵嵩時楊繼盛在獄世美與定交忘身之在囹圄也隆慶初復官疏論太醫院弊指斥內侍再下獄其直如此 康熙志參乾隆府志三祠傳輯

張震農家子生周歲父爲人所陷將死齧震指語曰某吾讐也汝勿忘震長而指瘡不愈母告以故震誓必報其友

謂曰汝力弱吾爲汝殺之未幾讐乘馬出友以田器擊之死震喜走告父墓已而事發有司傷其志減死論戍遇赦歸有孫文者幼時父亦爲族人時行箠死長欲報之而力不敵乃僞與和好其武斷鄉曲時行坦然不疑一日値時行於田閒以田器殺之亦坐戍遇赦獲釋明史俞孜傳

徐子時字善行諸生倜儻有智略以割股療父瘧賜粟帛性不喜附勢趙文華視師以公禮格其鄉子時入見不屈文華愕然下堂與成禮聞者壯之康熙志參三祠傳輯

孫一鳳侍父疾衣不解帶者歲餘父沒廬墓三年白雀來集人以爲孝感康熙志

徐孔文字思成成諸生侍母不離左右母疾割股療之母卒

三年未嘗見齒三祠傳輯徐譜有徐時齋莅以割股療親稱孝

吳梅幼孤母徐以節著梅以孝稱妻亦賢生子應泰甫八齡妻亡妻故爲母所愛深悼之梅體母志躬自養子終身不再娶凡供母甘旨歷四十餘年卒自親鼎鑊後應泰亦以能養稱孝官縣丞母貞子孝婦淑孫賢聚於一門事聞旌如例康熙志參三祠傳輯

邵宏袠字治君年十一母徐病危宏袠割臂和藥母病尋愈後母死思慕不置手書法華經以寄哀蓋童子中之有至性者乾隆志引萬曆志

胡渤字宗本業戴禮有聲與其室黃偕隱相敬如賓黃沒渤甫逾壯不再娶孫龍以儒名室徐卒守義鰥居四十年

能修祖父之行三祠傳輯

岑之英父大縉病篤刲股療之知縣馬從龍以寸草春暉表其閭事聞賜八品銜弟廪生之瑛亦爲親刲股岑譜

徐子期諸生甫成童父患疾篤醫數更莫效子期刲股療之族友仁年十六亦以刲股療母聞徐譜

陳艮金字用齋年六十餘無子娶妾上虞詢知鬻身以償父責立時歸之不索前聘後更娶生三子至孫丹區官府經歷崇禎時有清查開儲一案丹區捐金代白谿免全活萬家子彰孫宏謨俱登仕籍三祠傳輯

聞人炳字蔚文家貧業儒一日過知會橋拾金五十餘兩候遺者至還之歲暮自館歸遇償債鬻妻者哭甚哀出槖

脩金贈之得完聚子陞官光祿丞亦慷慨好施三祠傳輯
鄒名字仁甫號龍巖祖瑞父彥以治詩世其家名生月餘失母四歲能記誦稍長遂傳家學家貧自執爨繼母符紡績以給之屢試高等以隆慶三年歲貢知武邑縣甫三月即疏請損社數減巨戶略曰武邑民口幾五萬地止四千頃地少而鹵民多而貧乃有二十五社社多則賦多久將不給且冀州所領縣棗強地三於武邑南宮兩之新河猶溢四之一其地皆肥饒社皆不滿二十五大約地至四百頃乃一社今武邑一社之地或十餘頃或五六頃社有十甲以五六十畝供一甲之費疲矣臣以爲宜損之便臣不敢以遠地比請以畿內諸縣比臣聞慶都十五社今損其

五南樂四十二社今損其九皆以地爲準乞下戶部議令得如二縣例損武邑爲十六社又縣故巨戶四百奉令定爲三等取盈於上六則而中貲者仍不及百繭絲及下中下戶大困今酌縣之經費可減爲九十戶戶無上上中今自上下差降之三年而更役一年則休二年如是則民困少舒矣並報可著爲令又申保甲十條有大盜逸入界輒擒之監司頒其令於郡縣其省驛遞之賦及諸冗費歲餘凡二千餘金名體瘠弱以撫字勞成疾再乞休上官惜其才不允萬歷五年上計署循良自京師乞身歸卒年七十三孫鑛撰行狀　參三祠傳輯

鄒學柱字國材名子隆慶二年進士知溧陽縣豪民呂祚

等夙爲民患學柱置之法王寡婦有姑暴死姑之女意有所貪以酖毒誣寡婦前令繫之獄學柱出之人稱年少包閻羅田賦有官民二則官田賦重貧者或留累子孫學柱爲清丈編以一則官田賦絀則以勢家漏賦補之百年大患釐於一旦巡撫海瑞薦授禮部儀制司官張國祚請襲眞人學柱堅持不可出守歸德歲饑力爲振濟白蓮妖人曹倫劇寇朱應科倡亂滅之遷寧州兵備廨有物爲厲屬文諭之遂絶累遷河南左布政調山東內監陳增以礦稅擾地方學柱曲爲維持全省賴之調山西左布政時山西礦罷而稅存中貴孫朝肆虐學柱以處陳閹者處之無所阻比入覲白於朝三晉始罷礦征而陳孫之恨日深因以

病告歸屢召不起居官除食俸外纖毫不取去溧陽六十餘年士民聞其死相與涕泣請祀學宫子九人光紳字士宗以善書名乾隆通志參三祠傳輯

鄒墀字朝卿祖鵠泰安同知墀登隆慶二年進士知錫山縣歲祲巡撫令饑民貸富家粟幾釀亂墀祕令不發多方振貸卒以安堵喜獎掖士類識顧憲成於童子中及爲南兵部憲成以父命求白唐應麒寃獄墀爲言於有司事得解以均役忤銓部遷南職方主事去之日民環輿泣送旣受事練習軍事悉中條理轉車駕司員外郎郎中車駕掌船政費多奇羨墀爲準輕重權出入部長善其法著爲令丁艱服闋改補刑部四川司出守泉州御史某楚人挾重

以鷙悍爲能郡邑風靡至泉墀不爲禮卒無能中巡按解
忮而喜事議引海潮入城聚兵數千人督作嚴厲衆囂然
墀馳至其地立遣散因爲上官極言非便竟罷役擢本省
海道副使莅四郡春秋行部明斥堠簡什伍屬二司之員
並綰七綬吏鱗次抱牘一一署發莫敢爲奸晉參政守漳
南陞廣東按察有魯司理逮繫數年墀雪其寃後司理歷
官有能聲閩地狹恆待哺於廣屬廣遏糴盡收商貲諸商
束手待斃墀白兩臺弛其禁全活無算晉江西右布政尋
轉左同官以索羡金不應忌之會入覲中蜚語坐左遷歸
再出補河南參政轉湖廣按察使治兵蘇松兼攝常鎮在
吳四年序遷陝西右布政使單車之任不數月又爲同官

媒孽致仕卒年八十四乾隆志叢談參三祠傳輯

孫鋐初名鈞避御諱改字文秉陞子隆慶二年進士知長垣縣邑張氏苦節久淪鋐達之學道奏旌其門凡有關民社者悉舉擢福建監察御史巡視南城持法峻豪右斂跡出按宣大修垣塹廣樹藝復墩軍折餉實關塞逃亡地方不勞而機宜咸備代還猶手籍其山川夷險士馬登耗轉河南道再巡福建興除利弊遇冤抑雖朝議既定必反覆辨論於睦北川一贓兩追說尤剴切遷河南按察副使尋改廣東督學品藻名士如李士馨許子偉林熙春皆以學行功業著歷山東參政江西按察河南左布政使累陞至太僕寺正卿以疾歸卒詔遣官諭葬葉向高撰墓志銘明史見孫燧孫鑨傳

管應鳳字嶰谷萬歷五年進士知寶坻縣平政省刑恤災興利縣四門無月城前令丁應詔萬世德議未及行應鳳毅然爲之餙不費民不勞焉順天府志引寶坻縣志

邵陛字世忠德久子隆慶二年進士選庶吉士授御史給事中李世達以諫買珠下獄陛上言上不當索珠又不當薄受言之量使天下謂上重貨而輕賢不報萬歷元年丁內艱廬墓有靈芝之產於墓左服闋補河南道御史出按蘇松疏寬四郡宿逋四年再按鳳淮江北故患水溢陛搠築泗隄濬海口請留振䘏邮時漕督吳桂芳開草灣及老黃河故道以廣入海之路會河決曹縣給事劉鉉等語侵桂芳陛言曹縣非漕督所轄諸臣以河漲歸咎草灣阻任事

氣乞策勵桂芳益底厥績而詰責河臣傅希摯曠職詔罷希摯以桂芳總理河漕卒成高郵湖隄功六年按江右時張居正用事有旨查革書院陞請得不毀白鹿累遷湖廣巡撫大盜劉汝國出沒太宿黃蘄間陞分設犄角身督師黃州抵其巢賊倉皇走追擒汝國湖廣以寧潞王之國請景邸莊田溢於故額陞列見田以聞無濫及民者終刑部右侍郎初張居正奪情趙用賢疏論廷杖陞獨護視之及居正乞歸營葬諸臣爭上疏促其還都陞與吳之彥言於臺中曰奈何爲不義屈同事有具疏請者扼之不使上居正復相聞而恚甚顧陞居官勤恪無以難也有兩臺奏議行世分省人物考參三祠傳輯姚邑賦注又邵型字澹山以舉人知饒陽縣

興學育才愛民緩刑百廢具舉饒陽縣志

張堯年字長卿號嵩巖先世惟一官給事中以直諫謫戍雲南洱海衞第三孫皡留姚越三世至遷贈光祿少卿逵兄也遷子諸生啟元是爲堯年父堯年登隆慶二年進士累官至廣東按察副使領惠潮武備龍川劇寇鮑時秀去邑城二十餘里與礦徒相犄角出没不常時有剽奪堯年徵三大校由東水藍田龍川分道勦之賊出不意皆竄伏斬勁酋杜九思餘悉就禽督府上其功賜白金爲胥人所搆未幾謫歸堯年公明練達好談吏事人有所叩必悉究首尾酌古今之宜舉其要領所指一一破的解綬時年僅四十六日走四方攬山水采風俗至老不倦卒年七十三

孫鑛撰墓志銘

姜聯錦少孤母徐世母韓並蚤歲守節韓無出二母共撫一孤聯錦事二母孝謹篤至偕計北上聞韓訃歸制三年人以爲難乾隆志叢談引萬曆舊志選舉録注

葉之盛治尚書陳有年師事之盧中長於春秋會稽陶氏宗之著録最盛與胡膏並稱高廷桂博雅有質行官寧波訓導張應元持身謹約官袁州教授皆經訓之士不愧人師乾隆志叢談引漸水舊聞

餘姚縣志卷二十三列傳十二終

光緒重修

餘姚縣志卷二十三

列傳十三

明

沈應欽號靈臺堯孚孫與弟應文同學築室半霖專力古文辭應文官南部曹應欽就省之因縱遊棲霞牛首諸山見者服其博洽迨歸郡守請見歎曰吾浮雲富貴久矣乃僕僕迎送謝去之遂終身不入城市康熙府志

沈應文字徵甫號雷門應欽弟也隆慶二年進士授池州推官有徽商被殺無主名應文行部青陽鴉數百繞輿飛噪應文曰此間有逆旅乎牽其人詰之果得殺商者累移江西副使沿江多盜應文設梭船二千領以卒伍復嚴保

甲法聽民自爲部署歲終課其勤惰盜爲衰止擢順天府
尹稽省諸司宂費禁狹邪平冤獄治曹掾之橫於鄉者輦
轂以清轉南大理寺卿誠意伯劉世延多行不法應文與
尚書謝杰擬罪錮之原籍遷南工部侍郎錦衣馬尙仁言
濱江蘆田十萬餘頃可立皇莊應文執奏蘆洲遷徙不常
高帝僅供葦束以充燒造正統始徵銀課嘉靖課二萬七
千今增四萬五千民困已極豈堪變法不報丁艱起補刑
部侍郎御史曹學程諫日本封事繫獄十年應文疏請得
改戍咸寧知縣滿朝薦忤稅奄梁永被逮應文疏救之萬
歷三十五年陞本部尚書予告歸起南吏部尚書掌京察
尋告病天啟七年卒贈太子太保謚莊敏子景初萬歷四

十一年進士官吏部員外郎景夔貴州安順府知府景怡

崇禎十二年舉人孫振嗣　國朝順治十五年進士選庶吉士續獻徵錄參三祠傳輯

諸大倫號白川隆慶五年進士由兵科給事中謫知東鄉廉能仁愛民苦虛糧爲累大倫力請丈量田畝既平隱占悉清修黌舍建義學興廢舉墜民立祠祀之乾隆志引西江志

孫鑛字文融陞幼子萬歴二年會試第一當入翰林爲張居正所阻授兵部主事歴吏部考功文選郎中佐尚書嚴清楊巍澄清銓法名藉甚十九年以左僉都御史同吏部尚書陸光祖主外察明年鑛兄鑨代光祖鑛引避出巡撫山東二十一年進刑部右侍郎明年改兵部九月代顧養謙

總督遼薊軍務兼經略朝鮮巡撫李化龍總兵董一元破賊於鎮武鑛以功加右都御史初封貢議起欲取道寧波而浙人素苦倭鑛及沈一貫排之尤力比鑛經略則封議已定要以撤兵而不許貢市然倭志在貢市不在封也尙書石星信沈惟敬言遽遣册使李宗城楊方亨使倭鑛不得已先遣麾下葉靖國持檄諭行長行長辭疾不見踰二日始見殊無撤兵意亦無不求貢市之說靖國還報鑛乃疏言倭情多詐且聞山城君尙在有文祿三年歷可證關白當如禮臣議改封順化王責關白之子或行長親持誓表詣遼然後命宗城往使而罷遣惟敬仍增募水陸諸軍嚴爲之備夫禦敵之策以戰守而兼羈縻則可以羈縻而

忘戰守則不可今封使一至倭卽引退固善不退當卽進
剿若待奏請恐失事機又聞關白嘗欲召行長還而淸正
素不服關白與行長復不相能則以計招之亦一策也疏
入星抗章辨且言鑛不宜遣人入倭阻壞封事鑛乃作封
貢議以諷星益恚已封事大壞星出方亨私書言淸正之
來鑛實召之方亨不承給事中徐成楚御史陳遇文劾星
爲行長所賣不自悔罪遂坐免二十六年倭以國內大亂
遁歸邢玠推功及鑛得賜幣三十二年十月起南京右都
御史就進兵部尚書加太子少保參贊機務是時政事廢
弛公私凋耗南京營兵十二萬七千少至三萬六千而帝
黷貨無厭採榷橫出民皆愁怨三十四年冬河南劉天緒

以白蓮教惑眾聚至千餘人自號龍華帝主其黨張名僞稱將軍期冬至作亂事覺掩捕得數十人鏜以留都昇平日久民不知兵眾思乘隙請用重典帝以爲然於是南中訛言相煽明年正月有詔脅從罔治而尚書蕭大亨欲盡除之其黨懼復謀作亂鏜令職方郎中劉宇捕之邏卒四出民大驚擾南京吏部尚書曾同亨歎曰孫公之禍始於此矣於是兩京給事中金士衡曹于汴宋一韓御史孫居相等先後論鏜亂殺無辜貪功生事鏜具陳定亂之由及奸宄不法狀且言留都十年九牧動多掣肘每一事出相顧持疑所以奸雄鼓掌狂逆攘臂宜分定職事帝手鏜疏傳諭內閣將重罪言者內閣力戒之乃止鏜三疏求去三

十七年致仕鑛歸後妖黨轉相部署枝蔓州縣後十餘年紀法益亡邪謀遂熾所在煽動人始服鑛先識鑛既歸布衣疏食恬然自得嘗欲輯五車一笈謂易詩書可云三墳周禮禮記春秋三傳可云五典儀禮管老列莊國語國策楚騷可云八索荀韓呂淮南太玄史漢文選可云九丘歷官自主事迄南大司馬爛然有聲而虛懷自下以孟秋雷士貞爲直友唐鶴徵趙南星爲諒友余寅周宏禴爲多聞友接引後學無町畦人稱月峯先生年七十卒乾隆志引萬斯同明史稾　案明史鑛無專傳僅於孫燧傳附見之孫鑨傳則云鑛自有傳未免疏舛攷王鴻緒明史稾鑛附石星傳事蹟較詳明史既不爲星立傳遂并鑛而遺之耳

徐震萬歷五年進士授增城知縣其俗輕生睚眦之忿輒

自殺相誣震嚴反坐之條錄過枉死姓名揭之門闕遂相
戒不犯姦民以訟衣食者震書其面爲訟師徇於道使言
曰無或如某起滅訟情爲明府羞訟亦衰止卒於官民皆
爲出涕康熙志

邵夢弼字傅野蕃曾孫萬歷八年進士授高郵知州河淮
合流自盂城抵興化成巨浸夢弼陳狀制府請築隄以救
之半發官帑半取之有田之家數月築長隄七十里田出
水中者二十萬畝人名爲邵父隄奄人過境豪橫夢弼拾
其長隨罪狀上之制府參題名捕奄舟泊河下圍而索之
奄人哀求斂手去入爲刑部員外郎中陞福建僉事備兵
漳南有告謀叛者府縣請發兵夢弼以一尉往無實尋大

計罷康熙志

胡旦字穉明號鏡陽東皋第九子母陳娠時夢空中降一巨丁東皋沒三月旦生敦敏力學就試輒高等登萬歷八年進士初任江西宜興縣振饑民開藥局築隄岸濬城隍理寃獄振士風甫八月庶務畢舉値邑災代民請緩征忤上游意被劾左遷應天教授量移南雍博士再轉南營繕郎以母老乞歸母沒起刑部郎尋出知岳州時方討播荆蜀閒兵供巨萬又三殿災中貴銜命四出徵材岳疲痔民不堪命旦百計調護民賴以蘇移守永州擢四川川東道命下卒旦少隨兄翌學及居官恬退自矢一以父兄爲法能世其清白分省人物考參許山志胡時麟撰傳

李槃字用甫貴昌六世孫性絕警敏通六經子史百家之言成萬曆八年進士授湖廣推官有中官驕橫郡守倅皆卑奉之槃獨與抗禮中官敬憚焉治獄多平反以忤直指使者引疾歸與張元忭講學於紫陽陽明二書院父喪服除赴京補官上書數千言切中時弊執政忌之謫盂縣典史遷知鎮原縣韓藩有積逋數千追呼擾民槃爲請悉蠲之又通風角占候之術巡撫閲武風折大纛槃曰必有下戕上者亟請申嚴城守未幾劉弁殺帥叛鎮以有備無恐內艱歸薦不復起家無餘資宗族有匱之必多方助之雖田夫牧竪無不知其賢者著有學正堂集等若干種康熙府志子安世自有傳

史記勳字稽叔號忠嶼八世祖孟通明初舉耆儒官乾州同知曾祖鵷廣信同知父銓全椒知縣季父銅隆慶五年進士官編修萬歷八年册封楚藩事竣中途請告聞張居正奪情草疏將上同官力阻乃止杜門埽軌無一書至政府記勳早慧從銅遊業頓進登萬歷十一年進士授南刑部主事歷郎中遷湖廣德安知府景藩在故承天有采地數萬頃德安居半藩絶悉歸州縣及是上母弟潞藩請得之中貴挾勢將踰額肆攘且重索歷年官已徵租士民惶懼荆西道奉檄下記勳覆之記勳按籍履畝銖粒無益藩使詬之不爲動卒如初籍仍止與見租事遂定郡千戶將席條鞭法漁于士伍記勳版正其數請之憲司斥千戶賦

法如故丁父艱服闋補四川重慶宿奸斂迹未兩月完積案八十餘事巨室子某父卒繼母逐之記勳召其諸弟諭以禮法平其產母子迄和時播州宣慰楊應龍與黔中七姓夷爲讎大吏失於措置應龍益驕漸懷不軌記勳得其情堅主剿樞臣方厭兵慮其梗移知彰德後五年事大決裂應龍自殺人乃服記勳卓識在彰德歲歉請蠲賦萬金易折漕粟數萬石發贖鍰糴粟食餓者境内饑而不害孫鑛撰墓誌銘參三祠傳輯

楊文煥鄉榜名文元字太素聞人詮女孫夫也研精三禮逃詮宗旨聞楊繼盛忤權相死東市慷慨發憤潛草諫章欲爲代訴萬歷十一年成進士授中書舍人册封趙藩屏

絕餽遺擢刑科給事中時戚黨憑權文煥抗疏得俞旨諸奸斂迹鄒元標孫如法劉志選以建言落職文煥力爲申救有以宿憾中之者遂謫廣東潮陽典史東粤士飢鼓譟當事議用勦文煥親詣諭定之未幾以疾歸文煥工眞草書初習楊珂家法佐以遒勁風骨絕殊著握機略一編八卷未就卒年七十九明年天啟新詔追錄直臣贈光祿寺少卿子培萬歷三十一年舉人官錢塘教諭康熙志參三祠傳輯

姜鏡字永明子羔子萬歷十一年進士授禮部主事進員外郎哱拜據寧夏圍之三月不克寧夏城環湖廷議決湖灌城鏡上疏曰城中百萬戶不盡賊也而使一朝盡爲魚鼈乎今哱拜與許朝劉東陽三叛鼎立必不相下若遺權

譎之士入城招降乘機搆會離其腹心使自相疑貳然後重兵臨之三叛之俘當獻闕下神宗韙其言既而三叛就殲卒如其策萬歷二十年皇儲未建鄭貴妃與司禮監田義蓄異謀鏡上書劾奏義大怒條旨杖午門外神宗以其言直改命革職卒於家光宗追直諫功特贈光祿卿鏡曾祖榮以劾逆瑾貶父子羔以忤嚴嵩罷子逢元以修三朝要典忤魏璫見屏世以直節聞鏡尤卓卓云乾隆通志子效乾逢元一　洪道元自有傳

陸鎮默字淡源萬歷十一年進士知汝州以廉惠稱累陞刑部郎恤刑山左題豁冤罪一百四十三人後其子孫過姚多泣拜而去祀汝州名宦康熙志

胡時麟字靈昭號之罘萬歷十一年進士選庶吉士其議王守仁從祀曰世以傳文成之學者稍沒於功利夫孔子之學三傳而爲莊周世不以孔子之學爲莊周而乃以王氏之學爲功利何哉改給事中以抗直忤權貴出爲江西僉事興利剔弊上下懔然丁父憂服闋補雲南僉事分巡金滄道薙毒草以驅瘴癘滇人德之滇有三宣六慰部落各别乃考其山川險夷稽其風俗作西南夷志備經略焉中蜚語罷歸著有卷阿集乾隆志叢談參許山志胡譜

孫如法字世行鑨子萬歷十一年進士授刑部主事時鄭妃專寵生子即欲封皇貴妃閣臣請立太子封皇長子母王恭妃皆不許給事中姜應麟沈璟皆以言册立謫官如

法上言曰太子天下本大本未定人心不能無疑皇上以册立爲早英宗爲太子二歲武宗週歲今皇長子五歲矣不爲早也以册立爲勞宫中一受册文華一受朝不爲勞也如以貴妃勤勞酬之封號則恭妃朝夕奉御不可謂不勞也貴妃生第三子恭妃生第一子欲封貴妃不可不並封恭妃不封恭妃不可先封貴妃此理之固然序之一定者願陛下亟立元子爲皇太子以慰臣民之望並封貴妃以昭朝廷之公召復姜應麟沈璟之官以彰納諫之度則羣疑釋而德意明矣疏入上大怒謫潮陽典史移疾歸廷臣累薦悉報寢卒後贈光祿少卿子有開案有開如洵子出繼如法字子長有孝行如法從貶所歸瘴毒發衄如湧泉百藥不治

有聞籲天祈代及歿結廬墓側晝夜悲號深山多虎夜常繞廬不相害光宗嗣位赴闕訟父忠得贈官賜葬母史氏性嚴能曲意事之得其歡心史寢疾妻來氏絕兒乳哺姑妻卒終身不娶廕授光祿寺典簿遷戸部主事以疾歸卒年七十著有桐竹廬詩文八卷明史孫鑨傳參乾隆通志

諸元道字留方萬歷十三年舉人任嘉興教諭諸生或貧病不能支輒請邑令賙助之屬鄭令栅仁文書院設義田元道躬歷荒野覈定肥瘠條議徵收井井有法自是公費有賴遷湖廣醴陵令嘉興府志

吳道光字孚伯工古文辭詩有奇致陸光祖奇之函其文以示趙錦錦曰吾邑有此名士乃不知耶游揚其名成諸

生登萬曆十四年進士終灤州州同著有日鑄文集康熙志

楊宏科字意白萬曆十四年進士知新淦縣時凶歲洊至宏科散財發粟極力撫循盜賊流劫諸鄉捕治首惡無所株蔓境賴以安乾隆通志

孫繼有字姚岑萬曆十四年進士除刑部主事時王錫爵執政行人高攀龍以趙用賢去國疏爭之與鄭材楊應宿相訐攀龍謫揭陽典史御史吳宏濟復爭亦被黜繼有疏言高攀龍楊應宿其爲君子小人較若蒼素今吳宏濟救攀龍則黜鄭材傾陷善類而黜罰不加何其舛也今所指爲攀龍罪者以攀龍謂陛下不親一事批答盡出輔臣然疏內初無此語何以服攀龍心臣本輔臣所舉士安敢糾

彈獨見其柄國以來伐異黨同好諛惡直臣是以不能爲之諱然此猶小者也本兵經略安危所係乃以匪人石星宋應昌任之豈不誤國家大計輔臣常東臣亦言二人短而不爲陛下更置何其果於容奸也會南京刑部郎中譚一召同時疏劾錫爵南京吏部主事安希范繼之帝怒謫極邊雜職給事中葉繼美疏救帝益怒除繼名後復起用官至知府乾隆志引萬斯同明史稾參明史安希范傳

張集義岳子萬歷十四年進士知丹徒調常熟慷慨任事修城浚川不避勞怨更變役法每區以一人掌賦而各用經催佐之重差則通融均派後皆遵行陞兵部主事蘇州府志引龔志

徐世卿字畏巖武生倜儻負節萬歷十四年署臨山衛鎮撫歷官守備征倭寇沒於陣賜祭廕子乾隆府志引東山志

祝國泰字鳳池萬歷十四年武進士管溫州中軍歷陞福建欽州總兵海寇掠欽至龍門國泰領兵衝之殺賊百級賊益衆圍急有怯者國泰厲聲曰龍門欽之咽喉萬一有失不重誤欽人乎遂迎敵奮戰潮淺船膠遇害剖腹焚屍事聞立廟祀之乾隆通志參三祠傳輯

楊維嶽字五參萬歷十七年進士授刑部主事哱拜之獄多所全活出知漳州府歲有橋稅四千金上下乾沒維嶽視其橋甚固遂罷之關白之亂諸生姚世賢等挾策干督撫召海外諸國以撓日本督撫壯之至是以島人雜種賫

奇貨至居民皇駭前胥已遷去代者謂生事將剿之維嶽曰何以示信莫若犒之出境而以外國入貢地方卻遣上聞斯爲兩得以不媚上官遷忻州築城裁量工費在忻八載修明禮教遷貴州兵備致仕家居訓人以致良知爲本紹明姚江之學孫詡以文學稱乾隆志參府志

邵圭字世瑞德久子萬歷十九年順天舉人仕至漳州府同知有惠政海濱立祠祀之乾隆志

孫如涎字一之號仁宅鋌子五歲能解孝經小學諸書日以卷計過目不忘嘗曰惟歷日須三過餘何煩再讀其穎敏如此萬歷十九年舉人授壽昌教諭擢國子監助教拔尤黜浮崇實著監規十三條一時士風丕振遷廣東萬州

守晉鞏昌同知及去民攀留者接踵子應楫質行好學崇禎十五年收麥薊州遇大兵死之葉憲祖撰行狀參越殉義錄

朱錦字文弢號恕銘曾祖端字思正志在濟物鄉人私號曰濟齋有負端者遇諸途端輒以扇障面恐其以逋債愧也父宇道字性之萬歷五年歲貢選遂安訓導遷知從化有聲移署清遠時連州苦山猺爲梗宇道奉司道檄委部署方略願聽招撫者輒開一面於是巨魁廖永凝等自縛請罪事平移署順德會定戶籍宇道均賦役覈欺隱民皆悅服錦登萬歷二十年進士知金溪執法不阿刱八限法公私便之治盜有神略能陰得其主名嘗親入賊穴縛渠魁金瓜精等十八人境內夜不閉戶遷車駕司主事陞員

外郎抗疏停花木綱歲省金錢二十餘萬陞禮部精膳司郎中擢知揚州府維揚天下衝貴遊如織故事饟餽皆鹺商代辦得太守尺刺以爲榮錦悉罷之儀徵少年張虎等混以僞號相署令某倉皇上變當道議用剿錦挺身潛往盡收之秩滿遷河南按察司副使備兵潁上多所建明會御史某疏訐首垣語侵錦遽拂衣歸著有字學集要今古紓籌君臣當機錄四六類函千歲攷三祠傳輯

沈裕萬歷二十年進士選御史妖書事起沈一貫欲借陷沈鯉郭正域獄久不成後得皦生光侍郎李廷機趙世卿謂朱賡即此可以成獄賡勸一貫如廷機言刑部尚書蕭大亨欲窮究之裕力持定獄上命磔生光事得解康熙志

孫如游字景文燧曾孫萬歷二十三年進士累官禮部右侍郎四十七年左侍郎何宗彥去位署印無入閣臣方從哲屢以如游請明年三月始得命其時部事叢積如游決遣無滯白蓮無爲諸邪教横行何宗彥疏請嚴禁如游復申其說帝從之七月帝疾大漸偕諸大臣受顧命帝崩鄭貴妃懼禍深結李選侍爲請封后選侍喜亦請封太后以悅之楊漣語如游曰皇長子非選侍所愛選侍后嫡矣他日將若何宜亟白執政用遺詔舉册立登極三日公即援詔以請如游然之八月朔光宗即位三日如游請建東宮帝納之俄遵遺旨諭閣臣封貴妃爲皇太后如游奏曰考累朝典禮以配而后者乃敵體之經以妃而后者則從子

之義祖宗以來豈無抱衾之愛而終引去席之嫌此禮所不載也先帝念貴妃勞不在無名之位號陛下體先帝志亦不在非分之尊崇若義所不可則遵命非孝遵禮爲孝臣不敢曲徇自蹈不忠之罪疏入未報尋進本部尚書帝既命建東宮又言皇長子體質清弱稍緩册立期如游力持不可二十三日命封選侍爲皇貴妃期已定矣越三日帝又趣之如游奏曰先奉諭上孝端皇后孝靖皇太后尊謚又封郭元妃王才人爲皇后禮皆未竣貴妃之封宜在後既聖諭諄切且有保護聖皇儲功即如先所定期亦無不可帝許之選侍以貴妃爲未足必欲得皇后二十九日再召廷臣選侍迫皇長子言之如游曰上欲封選侍爲皇

貴妃當即具儀進帝漫應曰諾選侍聞大不悅明日帝崩
朝事大變如游請改册封期報可熹宗爲皇孫時未就傅
即位七日如游即請開講筵亦報可十月命以東閣大學
士入參機務言者詆其不由廷推交章論劾如游亦屢乞
去帝輒勉留天啟元年二月上疏言祖宗任用閣臣多由
特簡遠者無論在世廟則有張璁桂蕚方獻夫夏言徐階
袁煒嚴訥李春芳在穆廟則有陳以勤張居正趙貞吉在
神廟則有許國趙志皋張位即皇考之用朱國祚亦特簡
也今陛下沖齡臣才品又非諸臣比有累至尊知人之明
乞速賜骸骨還田里帝仍留之如游十四疏乞去乃加太
子太保文淵閣大學士遣官護送廕子給賜悉如彝典家

居四年卒贈少保謚文恭明史本傳子嘉績自有傳

汪登瑞字熙宇萬歷二十三年武進士任大同都督僉事屢著戰功值魏璫用事乞休歸建閣庋書日與文士講論其中甲申聞變卒同志哭於東山寺絕粒死臨終詩有臘得儀容還舊主敢將膚髮付先八句　國朝乾隆四十一年　賜謚節愍三祠傳輯參勝朝殉節諸臣錄

鄭伯乾字伯健讀書過目成誦數應舉不售橫經授徒出其門者多名士著涉史謬論河圖易象解其後有盧望者文譽特起亦以諸生老嘗著信心錄非學究語也康熙志

黃曰中字鯤溟璽玄孫孝於親親稍不悅輒伏地請扑有爲解者卻之曰吾以釋怒爲喜不以免扑爲喜以易教授

吳中三吳弟子經其指授皆爲名士及以子貴封官邑之利害毅然聞之當事不稍假借令昵一皁隸爲民害曰中投以治生帖皁隸大驚不敢肆惡有逆黨越境追八曰中擒其僮客扑之曰吾非扑汝聊以此棒寄汝主耳嘗議南糧謂是役多破家者不如以道里費稅畝而官解之邑紳以爲貴賤均役咸不悅曰中曰吾所言諸君可爲子孫計諸君能保後世不降爲皁隸乎子尊素以劾閹下詔獄乃走京師入視之逆閹使卒縛置神祠中使籍記其所與往來者曰中不可乘閒得脫走崇禎初贈尊素祭葬知縣蔣燦弔於殯宮曰中移書責之曰此郊弔也明府以春秋起家不讀左氏傳乎燦愧服曰中累封至太僕卿尊素自有

傳（康熙志參府志）

戴王言字仲默父晟字明佐性孝友研窮性理以古人自期每歲祲設法振廩鄉閭皆依以爲活晟室盧每典質以佐晟志王言登萬歷二十六年進士授刑部主事奄人父干法如律按之稅使坐贓奄黨力撼之王言執法追比不爲撓奄人咋舌遷分巡建南僉事建南爲全閩咽喉歲供不支廚傳涼薄王言裁量盈縮悉去無名之稅乾沒者無所措手民有爲佛會者屬官文致將成大獄王言曰愚民無知罪當笞奈何論死傷好生之德咸決遣之陞廣西按察使轉布政使致仕（康熙志參三祠傳輯）

汪秉（案東山志三祠傳輯汪誤作謝）字懿卿萬歷中官南京下注巡檢二

十一年六月賊奄至夜火四起衆欲走秉不可率士兵力戰矛洞胸死子樹敏字襟春陷陣奪父屍矢損一目樹政字玉然年十六亦奮呼從梃中折賊足賊怒甚幷力攻特急樹政從父兄殊死戰衝突煙焰中不少懾卒協護屍歸事定上官抑不以聞後樹敏爲輝縣丞樹政服賈養母終其身著勉斎錄大旨歸於忠孝語質理足與經傳合監察御史王立賢表其閭曰奕忠第乾隆府志參桑調元撰汪樹政傳

邵元凱字忠白萬歷二十八年舉人授桐廬教諭秩滿移知湖北黃陂縣首拔豪强境內肅然天啟初璫燄方烈中貴人挾持有司所過以夫役累民誅求無厭元凱曰長江風駛一日千里何夫役爲必不得已請出庸錢麔之竟主

折價之議未幾縣患旱環楚黃千里野無遺苗元凱齋祓禱祀甘雨隨澍歲復洊饑發倉振貸有巡按以忤奄削籍歸仇誣其子殺人罪當死元凱曰附勢不智畏罪不勇黨惡不義戮無辜不仁疏其狀釋之當事咸側目因乞休歸卒年九十子秉節字安之崇禎十三年進士授行人出使益藩王敬其知禮賚甚厚辭不受監國時歷吏禮二科晉太常卿革命後杜門謝客　國朝順治十八年饑振活萬人康熙二年又饑所濟尤多云三祠傳輯

諸允修字安所萬歷二十九年進士授襄城知縣入爲工部主事督理通惠河會福王之國道潞河舟例用雙纜民居妨挽道者議盡撤允修持不可具小舟兩岸俾人夫夾

挽之數萬戶安堵如故三遷雲南左布政使寇迫郊外民擁門號哭求入議者不聽允修曰此吾赤子奈何以飽賊刃乎乃由別門先出精兵數十里外設伏衛之親坐城樓啟門令入所活數十萬天啟七年以南光祿寺卿致仕後徙居仁和乾隆通志案本傳實於致仕後徙居仁和並非竟隸外籍乾隆志亦列入選舉表因爲補傳

陳謨號禹聞萬歷三十二年進士授刑部主事富人張義陷獄讞者避嫌不決謨曰人之生死豈買聲名地乎證佐具即出之守潮州餉不足議加稅萬餘謨括羨餘充之丁艱起補肇慶府海潮歲爲患請撫按發贖鍰築隄十餘里至今賴之擢廣東副使卒子士嶽字周翰諸生事母孝教養庶弟備至甯紹道方旦心書孝友堂額贈之有嚴五者

負債鬻妻謨貸之嚴夫妻復完聚會稽余煌以魏黨削籍士嶽歎曰安有此人而黨逆者煌卒殉甲申之難世服其知人康熙志參三耐傳輯

錢中選字瀛州萬歷三十五年武進士初官臨山把總累遷福建南路總兵以疾歸甲申聞變服衰慟哭不數月死中選能書有純一堂法帖東山志

姜效乾字玉洲鏡子萬歷三十七年順天副貢判揚州府性剛直不阿權要運使汪某以忤魏璫遭羅織擬贓盈數萬嫁禍效乾屬其承追汪貧甚繫獄數載效乾代完八千金蕢少免太監劉某者督追詬詈且微示媚璫意效乾拒之劉恚甚爲飛語中以危法效乾聞之曰與其媚璫生不

若忤瑺死即引刀欲抉子天棟力抱持之瑺敗事雪遷某藩長史效乾曰得全歸足矣遂歸與徐如翰余煌輩掀舉蓬萊會臨沒誡子孫以讀書明道而已天棟性純孝嘗父病背勢危口吮瘡不解衣帶者兩月禱天祈代夢神語以參末糝之遂瘳孫之琦入　國朝成康熙二十一年進士康熙府志

蘇萬傑字伯邁萬歷三十八年會試副榜授海寧教諭轉國子監學正遷鎮江同知理王店關榷悉罷沿途邏卒通河道而稅額自足外艱服闋補邵武攝福寧州篆州故患盜萬傑至獲一賊察其可用釋而撫之使盡疏其黨散置各船給糧爲兵遂帖然無他志尋督餉通州轉兵部員外

郎出知大理府雲龍州民何天恩等爲亂將攻城萬傑持之以靜賊俄潰去崇禎二年擢廣西副使會靖江王叔姪爭立不決擾及官民萬傑以情理折之十餘年懸案立定晉雲南右布政道聞土寇普名聲結聯交阯反乃疾趨請於督臣移檄交阯慰之以毋得助逆單車直詣普壘開布誠信普悦服後反覆不常乃用閒攜其黨魁內自殘殺遂終就撫巨猾張國泰冒廠璫入滇横甚院司咸震慴萬傑獨言其僞立邀之至一訊而服人以爲神旋爲忌者所中拂衣歸著有易卦近言四卷論疑一卷子元璞自有傳乾隆通志參三祠傳輯

胡一鴻字季漸萬歷三十八年進士授南工部主事出知

荆州府濱江之田視隄爲荒熟歲久將決一鴻發民修築隄成利倍又慎發皇木價商人吏胥不得表裏爲奸內艱服除補武昌府水西之亂推爲辰沅副使主餉挪運法爲連珠營每營距十里迭爲運防輪日番休黔軍得以藉手復添築邊牆六十餘里以防鎮筸轉陝西按察使未任卒贈太僕卿康熙府志

張孔教字魯生萬歷四十年舉人授南雍學正遷錦衣衛經歷轉清吏司主事出監荆南稅務剗除奸蠹商民德之累擢四川川南道轄敘瀘等府州甲申冬張獻忠陷瀘州孔教率義師赴之遇賊於南溪衆寡不敵力戰死事聞贈兵部侍郎　國朝乾隆四十一年　賜謚烈愍妻孔氏殉

節甚烈事具列女傳勝朝殉節諸臣錄參明史通鑑輯覽三祠傳輯　案乾隆府志作會稽人

姜逢元字仲訒鏡子萬歷四十一年進士選庶吉士累遷國子司業時神宗政事多弛逢元上疏其略曰臣聞天道不可一日無陽無陽則萬物枯君權不可一日不斷不斷則百官亂誠以明作與闒茸莫辨則樂便安者多忠讜與浮僞不分則進昌言者少故國是議論與其相持而日趨於紛不若獨斷而使歸於一與其默以觀臣下之自起自廢自通自塞不若明以決臣下之或名或實或是或非蓋天道主陽君權主斷萬古治亂卒不外是欲綜名實其道有三曰審舉刺破資格議轉遷欲剖是非道亦有三曰別公私豁門戶平意氣書上顯皇雖納其言而不果行侍講

經筵得大體趙南星爲左都御史歎服之由是小人目爲樹黨纂修三朝要典逢元爲副總裁入局比詳章奏邪正分途不阿時論於是閣筆而歎魏忠賢聞之曰吾固知其爲黨人也勒閒住崇禎初起爲詹事上急於綜核大臣多以罪下請室逢元講帝德罔愆言天道風雷之日少雨露之日多上爲霽威司寇胡應台曰姜公所謂仁人之言也累陞禮部尚書皇太子行冠禮充三加官加太子太保致仕子天樞字靜甫崇禎六年九年兩中副榜以任子授都察院檢校尋陞工部主事遷郎中督視北河時亢旱累年河渠盡涸漕艘愆期天樞相度搠刀泉捱引以濟漕亟請於河使濬之躬自啟閘甫三板河流湧發重艘遂行於是

疏請衞河設專官以濟漕奏入著爲令被讒下獄與黃道周講學寒暑不輟後閹臣鞫訊無實乃釋歸康熙府志參三祠傳輯

王業浩字士完高祖守文嘉靖十六年舉人知安仁縣諳習吏事勸農興學凡公署津梁多所修葺父先鋐萬歷二十八年舉人官工部主事業浩登萬歷四十一年進士初知穀城縣卓異調襄陽縣輕刑緩賦勸農息爭會下詔捕蝗鄉人負擔來獻業浩計蝗發振民德焉入爲御史掌首篆魏忠賢專恣凡直言數罹詔獄業浩疏稱深文羅致株連實繁撰以公論不無顛倒遂大拂忠賢意方擬杖會乾清宮震乃止崔呈秀希登台鉉議者僉同業浩獨以爲不可閹黨指爲門戶削奪歸崇禎改元擢右通政時粵寇陳

萬鍾靈秀等衆數萬據九連山出沒縱掠累歲不能禦業
誥以右都御史總督兩廣集兵擊之勦撫兼施渠魁前後
授首餘寇悉平又築連平州城建鎮平縣治爲善後策加
兵部侍郎世襲錦衣再晉尚書十年考選九卿科道例有
圈評業浩憐才多奬借上以爲濫遂罷卒賜祭葬贈太子
太保謚忠貞廕一子康熙府志參湖南通志湖北通志三祠傳輯

孫如洵號木山鑨次子萬歷四十一年進士授刑部主事
疑獄立決更生者二十餘人督餉關中宿弊一清晉員外
郎乞終養歸母沒廬墓雙鶴來棲起補工部出守池州土
賊盛長等千餘人沿江肆掠令鄉聚守隘親率壯士夾擊
一鼓而殲其魁遷山東副使時漕政蠹壞極陳利弊十條

擢參政駐江寧振饑荒以杜盜源致政歸囊槖蕭然日與圖書爲伍年七十七卒子有聞案府志作開出爲兄如法後見如法傳康熙府志明史見孫燧傳

姜鏜字永新一字仲海父子貞嘉靖四十三年舉人知永定縣民好訟急則茹毒草自殺子貞燒其種使絕守和州歲大祲子貞方煮粥救荒而司李句稽入境子貞曰吾豈能觸熱送迎爲不急之務耶未幾引歸鏜由萬歷四十三年舉人授鄞學教諭沈延嘉葛世振皆所識拔士尊經閣圮念家中山木可用即伐之以充梁棟歷助教轉刑部司務其職上接科鈔須之各司黠者故遲速以自重鏜無留牘情弊盡絕陞本部主事丁憂服闋補工部員外郎治河

張秋尋告歸嘗曰吾纔得牢騷惟對聖賢書輒神移氣定終其身耕鑿於硯田書井足矣更號耕鑿翁初黄道周繫獄書孝經百本注疏無一同者鋟徧求諸士大夫間手自繕寫得七十餘本康熙志參康熙府志鄞縣志

褚伯五嘉靖中官紹興鎮參將賊臨郡城衝陳死之三十五年賜贈廕祭葬乾隆志叢談

黄尊素字眞長曰中子萬歷四十四年進士除寧國推官精敏強執黄宗羲家錄是時湯祭酒免歸鄉里所號爲宣一郡之事祭酒多先受牒判之有司理牒投牒者出祭酒所判有司判之一如祭酒相沿成習公視事有出祭酒之牒者怒曰湯祭酒乃欲土司寧國乎裂其牒扑出牒者郡中震慄大姓劉氏置私獄殺人欲按之或曰公已成名宛上似此盤錯宜俟後人答曰吾志掃姦鄙今當前而避之羞稱執法之吏矣訟劉氏數百人悉爲斷理收其僮客論

死劉氏飛章京師
鄒元標由此知公天啟二年擢御史謁假歸明年冬還朝
疏請召還余懋衡曹于汴劉宗周周洪謨王紀鄒元標馮
從吾而劾尚書趙秉忠侍郎牛應元通政丁啟睿頑鈍秉
忠應元俱引去山東妖賊既平餘黨復煽巡撫王惟儉不
能撫馭尊素疏論之因言巡撫本內外兼用今盡用京卿
不若敭歷外服者之練習又數陳邊事力詆大將馬世龍
忤樞輔孫承宗意時帝在位數年未嘗一召見大臣尊素
請復便殿召對故事面決大政否則講筵之暇令大臣面
商可否帝不能用四年二月大風揚沙晝晦天鼓鳴如是
者十日三月朔京師地震三乾淸宮尤甚適帝體違和人
情惶懼尊素歷陳時政十失末言陛下厭薄言官人懷忌

諱遂有剽竊皮毛莫犯中局者今阿保重於趙嬈禁旅近於唐末蕭牆之憂慘於敵國廷無謀幄邊無折衝當國者昧安危之機誤國者護恥敗之局不於此進賢退不肖而疾剛方正直之士如仇讎陛下獨不爲社稷計乎疏入魏忠賢大怒謀廷杖之賴韓爌力救乃奪俸一年既而楊漣劾忠賢被旨譙讓尊素憤抗疏繼之略言天下有政歸近倖威福旁移而世界清明者乎天下有中外洶洶無不欲食其肉而可置之左右者乎陛下必以爲曲謹可用不知不小曲謹不大無忌必以爲惟我駕馭不知不可駕馭則不可收拾矣陛下登極以來公卿臺諫纍纍罷歸致在位者無固志不於此稱孤立乃以去一近侍爲孤立耶今忠

賢不法狀廷臣已發露無餘陛下若不早斷彼形見勢窮復何顧忌忠賢必不肯收其已縱之韁而淨滌其腸胃忠賢之私人必不肯回其已往之棹而默消其冰山始猶與士大夫爲讎繼將以至尊爲注砦棚旣固毒螫誰何不惟臺諫折之不足卽干戈取之亦難矣忠賢得疏愈恨萬燝旣廷杖又欲杖御史林汝翥諸言官詣閣爭之小璫數百人擁入閣中攘臂肆罵諸閣臣俯首不敢語尊素厲聲曰內閣絲綸地卽司禮非奉詔不敢至若輩敢無禮至此乃稍稍散去無何燝以創重卒尊素上言律例非叛逆十惡無死法今以披肝裂膽之忠臣竟殞於磨牙礪齒之凶豎此輩必欣欣相告吾儕借天子威柄可鞭笞百僚後世有

秉董狐筆繼朱子綱目者書曰某月某日郎中萬燝以言事廷杖死豈不上累聖德哉進廷杖之說者必曰祖制不知二正之世王振劉瑾爲之世祖神宗之朝張璁嚴嵩張居正爲之奸人欲有所逞憚忠臣義士掣其肘必借廷杖以快其私使人主蒙拒諫之名己受乘權之實而仁賢且有抱蔓之形於是乎爲所欲爲莫有顧忌而禍卽移之國家燝今已矣辱士殺士漸不可開乞復故官破格賜卹俾遺孤得扶櫬還鄉燝死且不朽疏入益忤忠賢意八月河南進玉璽忠賢欲侈其事命由大明門進行受璽禮百僚表賀尊素上言昔宋哲宗得璽蔡確等競言祥瑞改年元符宋祚卒不競本朝弘治時陝西獻玉璽止令取進給賞

五金此祖宗故事宜從事獲中止五年春遣視陝西茶馬甫出都逆黨曹欽程劾其專擊善類助高攀龍魏大中虐燄遂削籍尊素謇諤敢言尤有深識遠慮初入臺鄒元標實援之即進規曰都門非講學地徐文貞已叢議於前矣元標不能用楊漣將擊忠賢魏大中以告尊素曰從來除君側者必有內援楊公有之乎一不中我儕無噍類矣萬燝死尊素諷漣去漣不從卒及於禍大中將劾魏廣微尊素曰廣微小人之包羞者也攻之急則鋌而走險矣大中不從廣微銜合於忠賢以興大難是時東林盈朝自以鄉里分朋黨江西章允儒陳良訓與大中有隙而大中欲駮尙書南師仲卹典秦人亦多不悅尊素急言於大中止之

最後山西尹同臬潘雲翼欲用其座主郭尙友爲山西巡撫大中以尙友數問遺朝貴執不可尊素引杜征南數遺洛中貴要爲言大中卒不可議用謝應祥難端遂作汪文言初下獄忠賢卽欲羅織諸人已知爲尊素所解恨甚其黨亦以尊素多智慮欲殺之會吳中訛言尊素欲效楊一淸誅劉瑾用李實爲張永授以祕計忠賢大懼遣刺事者至吳中凡四輩侍郎烏程沈演家居奏記忠賢曰事有迹矣於是日遣使譙訶實取其空印白疏入尊素等七人姓名遂被逮使者至蘇州適城中擊殺逮周順昌旂尉其城外人幷擊逮尊素者逮者失駕帖不敢至尊素聞卽囚服詣吏自投詔獄許顯純崔應元榜掠備至勒贓二千八百

五日一追比已知獄卒將害己叩首謝君父賦詩一章遂死時六年閏六月朔日也年四十三崇禎初贈太僕卿任一子福王時追謚忠端明史本傳子宗羲宗炎宗會自有傳

姜一洪字開初鏡仲子萬歷四十四年進士授武學教授累遷南京吏部郎中出爲山西副使俗多溺女緩葬一洪禁之俗爲一變轉河南參政分巡禹州時流賊屢犯境河決民不得耕一洪開倉振之流亡悉返老回回犯河北一洪多張疑兵而自率勁卒當中堅出賊不意破之賊遁走入秦河北獲全歷福建按察廣東布政入爲太僕卿以艱歸己酉五月魯王建國紹興毁家助軍饟尋以黄道周薦詣福州毛奇齡仲氏易黄道周招一洪入閩筮易得蒙六三爻曰妄動之婦將不爲人所取矣何以行爲道

周曰非彼取我我勿取彼也夫我不取彼而不當往耶唐王問卿來大不易一洪伏地脫幘曰臣髮固在也上喜手掖之除吏部右侍郎鄭芝龍專一洪上言曰今關外不發一矢而徵餉剝及細民此不可旦夕之勢也楊廷麟等死守贛州意氣激厲宜親赴其營荷戈爲諸臣倡王納之奉命至贛而仙霞嶺兵潰順治三年　大兵定福建唐王將出奔贛州命一洪兼戶部尚書先行集援師未至而汀州陷贛州亦破一洪次雩都慟哭曰吾間關萬里從朱氏子孫今已矣夜赴椰木里水中死案勝朝殉節諸臣錄作縊死賓從皆散獨兩僕不去哀動村里諸生鍾國士等爲具斂子天植走四千餘里以棺返葬子廷梧自有傳東南紀事參勝朝殉節諸臣錄三祠傳輯

姜道元字敬勝鏡子順天副榜授山東布政使理問攝臨清州篆歲旱漕河涸道元禱之雨隨澍崇禎十二年濟南被圍道元守北門以俸貲募丁壯戮力死守數旬不懈城陷被執不屈死妻來氏自沈署後湖中別見列女傳子廷檪從之事聞予褒卹 國朝乾隆四十一年 賜謚節愍入祀忠義祠廷檪祔乾隆通志參三祠傳輯

施邦曜字爾韜信玄孫萬歷四十七年進士不樂爲吏改順天武學教授歷國子博士工部營繕主事進員外郎魏忠賢興三殿工諸曹郎奔走其門邦曜不往忠賢欲困之使拆北堂期五日適大風拔屋免譙責又使作獸吻倣嘉靖間製莫考夢神告之發地得吻嘉靖舊物也忠賢不能

難遷屯田郎中稍遷漳州知府盡知屬縣奸盜主名每發輒得閩郡驚爲神盜劉香季魁奇橫海上邦曜縶香母誘之香就擒魁奇援鄭芝龍事請撫邦曜言於巡撫鄒維連討平之遷福建副使左參政四川按察使福建左布政使並有聲或餽之朱墨竹者姊子在旁請受之曰不可我受之卽彼得以乘閒而嘗我我則示之以可欲之門矣性好山水或勸之遊峨嵋曰上官遊覽動煩屬吏支應傷小民幾許物力矣其潔己愛民如此歷兩京光祿寺卿改通政使黃道周旣謫官復逮下詔獄國子生涂仲吉上書訟之邦曜不爲封進而大署其副封曰書不必上論不可不存仲吉劾邦曜邦曜以副封上帝見其署語怒下仲吉獄而

奪邦曜官踰年起南京通政使入都陛見陳學術吏治用兵財賦四事帝改容納焉出都三日命中使召還曰南京無事留此爲朕效力吏部推刑部右侍郎帝曰邦曜清執可左副都御史時崇禎十六年十二月也明年賊薄近郊邦曜語兵部尚書張縉彥檄天下兵勤王縉彥慢弗省邦曜太息而去城陷趨長安門聞帝崩慟哭曰君殉社稷矣臣子可偷生哉即解帶自經僕救之蘇恨曰是兒誤我賊滿衢巷不得還邸舍望門求縊輒爲居民所麾乃命家人市信石雜燒酒即途中服之血迸裂而卒邦曜少好王守仁之學以理學文章經濟三分其書而讀之慕義無窮魯時昇者里同年生也官庶吉士沒京師邦曜手治含斂以

女妻其子嘗買一婢命灑埽至東隅捧篲凝視而泣怪問之曰此先人御史宅也兒時墮環兹地不覺悽愴耳邦曜即分嫁女資擇士人歸之其篤於内行如此贈太子少保左都御史謚忠介 國朝賜謚忠愍明史本傳

葉憲祖字美度號六桐逢春子也萬歷四十七年進士知新會縣盗魁梁阿穗行劫十餘年憲祖竟得之尤勤課士建摩青館招致學者以治績最注擬臺省魏忠賢忌其爲黄尊素姻婭左遷大理評事轉工部主事奄黨建忠賢生祠於長安街憲祖曰此天子幸辟雍道也土偶豈能起立乎忠賢聞之怒削其籍崇禎庚午起補南刑部主事案乾隆志誤作郎中出守順慶有鄰水程九受者疏寃聽鞫莫可誰何既

而聚眾走險咸虞生變偶獄四自陳與程連情願致案下憲祖給符令往程得符泣下受服擢辰沅備兵副使屢斬獲叛苗最後古沖之捷總督朱燮上其功轉四川參政改廣西按察使未赴以疾歸憲祖與孫鑛以古文辭相期許鑛刻畫字句憲祖縱筆匠心不沾沾於離合所長尤在塡詞直追元人又與沈應文楊文煥邵圭同修邑志孫旦貢生以古文名於時黃宗羲撰墓誌銘參姚江逸詩傳三祠傳輯

方文炯萬歷中知藍山縣以縣治積弛力爲振作興學校築城隄旣去民懷其政湖南通志

鄭希聖字玉宇府學廩生醕謹退讓粥粥若無能客於潛主王氏家王忽失三十餘金讁其室希聖解囊償之年餘

復往而王曩所失金已在因還希聖希聖曰塘路將圯請以此佐修貲可乎嘗徵租滸山有負債鬻婦者婦哭甚慘希聖出金貸之全其夫婦子夢坤 國朝順治十六年進士鄭譜引劉崑撰墓誌

史萬金字汝南號少峰宦遊擊遼東兵起力戰死事廕子一成襲總旗三祠傳輯

餘姚縣志卷二十三列傳十三終　光緒重修